国家出版基金项目
NATIONAL PUBLICATION FOUNDATION

中国特色社会主义根本政治制度
人民代表大会制度纪实

人大选举制度和任免制度

徐从华 / 著

中国出版集团
中国民主法制出版社
全国百佳图书
出 版 单 位

图书在版编目（CIP）数据

人大选举制度和任免制度/徐丛华著．—北京：中国民主法制出版社，2023.9

（中国特色社会主义根本政治制度：人民代表大会制度纪实/杨积堂，吴高盛主编）

ISBN 978-7-5162-3348-1

Ⅰ.①人…　Ⅱ.①徐…　Ⅲ.①人大代表—选举制度—研究—中国②人大代表—任免—研究—中国　Ⅳ.①D622

中国国家版本馆 CIP 数据核字（2023）第 159762 号

图书出品人：刘海涛
出 版 统 筹：贾兵伟
责 任 编 辑：张　霞

书名/人大选举制度和任免制度
作者/徐丛华　著

出版·发行/中国民主法制出版社
地址/北京市丰台区右安门外玉林里 7 号（100069）
电话/（010）63055259（总编室）　83910658　63056573（人大系统发行）
传真/（010）63055259
http：// www. npcpub. com
E-mail：mzfz@ npcpub. com
开本/16 开　700 毫米×1000 毫米
印张/20. 5　**字数**/232 千字
版本/2024 年 6 月第 1 版　2024 年 6 月第 1 次印刷
印刷/三河市宏图印务有限公司

书号/ISBN 978-7-5162-3348-1
定价/80. 00 元

出版说明

“乔木亭亭倚盖苍，栉风沐雨自担当。”在第一届全国人民代表大会第一次会议上，毛泽东同志向世人宣告：“我们正在做我们的前人从来没有做过的极其光荣伟大的事业。我们的目的一定要达到。我们的目的一定能够达到。”

从1954到2024年，人民代表大会制度已走过70年。为记录人民代表大会制度发展历程，宣传中国特色社会主义根本政治制度，阐释中国特色社会主义道路自信、制度自信，中国民主法制出版社于2017年策划“中国特色社会主义根本政治制度——人民代表大会制度纪实”项目，计划用1600万字20册图书，对人民代表大会制度在我国的建立发展进行较完整的记录。

历时6年，几易框架，无数次讨论修改，最终收稿3000万字。3000万字分理论和纪实两大部分，详述人民代表大会的制度总论、发展历程、自身建设及立法、重大事项决定、选举任免、监督、代表、会议、对外交往等重要工作。理论部分340余万字，其中自身建设、重大事项和对外交往三个板块根据工作实际和写作安排，理论纪实合为一册，归入理论板块。立法、监督、选举任免、代表工作、会议五个板块的纪实部分共计2600余万字。两大部分通过梳理历届全国人民代表大会会议议程，记录我国根本政治制度的发展历程；通过收录全国人民代表大会及其常务委员会会议作出的决定、批准的重大事项等文件及各专门委员会的文件、报告，为研究中国特色人民代表大会制度整理、保存重要文献，宣传实现我国全过程人民民主的重要制度载体的工作机制。

为保持项目的完整性和对人民代表大会制度记录的客观性，同时适应新时代资料保存查阅的新方式新手段，经多次组织专家讨论、内部研究，项目用20册图书、40个视频、1个数据库将这3000余万字全部收录，将人民代表大会制度70年的历程完整记录、如实呈现。其中人大立法工作纪实、人大监督工作纪实、人大会议工作纪实的具体内容均收入“人民代表大会制度纪实”数据库，目录作为索引以图书形式呈现。

项目实施过程中，从总顾问王汉斌同志、编委会主任乔晓阳同志，到刚入校门的大学生，先后百余人参与其中。从框架搭建、内容研讨、资料收集、板块汇编、归类整理到书稿撰写、初稿审读、编辑加工，我们遇到许多意想不到的困难，好在“众人拾柴火焰高”，各方都投入了极大热情，这些困难也一一得到克服。其间，全国人大图书馆、全国人大有关同志给予了我们雪中送炭般的支持。

人民代表大会制度植根于中国历史文化沃土，蕴含着中华文明丰富的政治智慧和治理经验，体现了天下为公、天下大同的社会理想，九州共贯、多元一体的大一统传统，民惟邦本、本固邦宁的民本思想，德主刑辅、法明令行的法治精神。新的伟大征程上，我们要更加坚定制度自信，不断发展具有强大生命力的全过程人民民主。

2024 年是中华人民共和国成立 75 周年，也是全国人民代表大会成立 70 周年、地方人大设立常委会 45 周年，谨以“中国特色社会主义根本政治制度——人民代表大会制度纪实”向祖国献礼！

“六年磨一剑”，其中一定还有许多疏漏和不足，我们希望“中国特色社会主义根本政治制度——人民代表大会制度纪实”项目能为坚持好、完善好、运行好人民代表大会制度尽微薄之力。

2024 年 6 月

总序

习近平总书记指出，人民代表大会制度是坚持党的领导、人民当家作主、依法治国有机统一的根本政治制度安排，是党领导国家政权机关的重要制度载体。100 多年前，中国共产党一经诞生，就把为中国人民谋幸福、为中华民族谋复兴确立为自己的初心和使命，为实现人民当家作主进行了不懈探索和奋斗。在新民主主义革命时期，以毛泽东同志为主要代表的中国共产党人，创造性地提出实行人民代表大会制度的构想。1945 年 4 月，毛泽东同志就说："新民主主义的政权组织，应该采取民主集中制，由各级人民代表大会决定大政方针，选举政府。它是民主的，又是集中的，就是说，在民主基础上的集中，在集中指导下的民主。只有这个制度，才既能表现广泛的民主，使各级人民代表大会有高度的权力；又能集中处理国事，使各级政府能集中地处理被各级人民代表大会所委托的一切事务，并保障人民的一切必要的民主活动。"1954 年 9 月，第一届全国人民代表大会第一次会议召开，通过了《中华人民共和国宪法》，标志着人民代表大会制度这一国家根本政治制度正式建立。

经过 70 年的实践发展，人民代表大会制度更加成熟、更加定型，焕发出蓬勃生机活力。2021 年 10 月 13 日习近平在中央人大工作会议上的讲话中强调："实践证明，人民代表大会制度是符合我国国情和实际、体现社会主义国家性质、保证人民当家作主、保障实现中华民族伟大复兴的好制度，是我们党领导人民在人类政治制度史上的伟大创造，是在我国政治发展史乃至世界政治发展史上具有重大意义的全新政治制度。”

70 年来，在中国共产党的领导下，全国人大及其常委会、地方各级人大及其常委会不断探索实践、创新发展，人民代表大会制度的理论体系不断完善，人大工作积累了极其丰富的实践成果。这些理论和实践成果，是进一步坚持好、完善好、运行好人民代表大会制度的重要基石。为了深入贯彻习近平总书记关于坚持和完善人民代表大会制度的重要思想，积极发展全过程人民民主，健全人民当家作主制度体系，继往开来，守正创新，开创人大工作新局面，中国民主法制出版社组织立法机关有关同志、从事人大理论研究的相关学者和人大工作领域的实务专家，对人民代表大会制度的理论和实践进行了全面梳理，形成了“中国特色社会主义根本政治制度——人民代表大会制度纪实”项目，并获得了国家出版基金资助。

项目从人民代表大会制度总论、人民代表大会制度发展历程、人大代表选举制度和人大人事任免制度、人大立法制度、人大代表工作制度、人大讨论决定重大事项制度、人大监督制度、人大会议制度、人大自身建设、人大对外交往工作等十个方面，阐述了“中国特色社会主义根本政治制度——人民代表大会制度”的制度创建、自身建设和发展历程，全面梳理了人大行使立法、监督、决定、选举任免等职权的制度体系，并对人大会议制度、人大代表工作、人大对外交往工作做了详尽汇览。

项目在实施过程中，力图在梳理理论体系的同时，尽量根据现有文献和资料，将人民代表大会制度发展进程中和人大工作全过程各环节相关制度成果加以汇总，为现在和未来的人大工作者、人大理论研究者提供尽可能翔实的人大知识宝库。

这是迄今为止收录内容最为完整的一套人大纪实丛书，为了体现中国特色社会主义根本政治制度的伟力，让更多国人了解和熟悉这一制度的逻辑，每一板块我们都进行了导读设计，从而更有利于读者提纲挈领地加以掌握。

今年是中华人民共和国成立 75 周年，也是全国人民代表大会成立 70 周年。我们谨以“中国特色社会主义根本政治制度——人民代表大会制度纪实”项目，向人民代表大会制度致敬，向祖国献礼。

乔晓阳

2024 年 6 月

目录

/ 第一章 /

绪　　论

选举制度的产生，无疑是人类社会政治文明的伟大创造。没有民主选举，就没有对权力的限制，就不可能有真正的法治和完善的公民权利保障，社会的公平正义也因无坚实的基础而只能是奢望。广而论之，选举是民主政治的基石，是权力合法性的基础，它已经成为代议制民主制度的“标配”。因此，可以说民主不能没有选举。但是，选举等于民主吗？这是一个问题。

2021 年 12 月，国务院新闻办公室发布《中国的民主》白皮书，其中涉及选举与民主关系的论述非常透彻：“一个国家民主不民主，关键在于是不是真正做到了人民当家作主，要看人民有没有投票权，更要看人民有没有广泛参与权；要看人民在选举过程中得到了什么口头许诺，更要看选举后这些承诺实现了多少；要看制度和法律规定了什么样的政治程序和政治规则，更要看这些制度和法律是不是真正得到了执行；要看权力运行规则和程序是否民主，更要看权力是否真正受到人民监督和制约。”白皮书是从中国民主价值理念、发展历程、制度体系、参与实践和成就贡献几个方面，对中国特色的民主政治——全过程人民民主进行了全方位的总结，这其中一些重要概念的阐述或者重申，都对我们讨论中国的选举制度有着重要的启示和对标意义。

一是“全过程人民民主”。全过程人民民主，实现了过程民主和成果民主、程序民主和实质民主、直接民主和间接民主、人民民主和国家意志相统一，是全链条、全方位、全覆盖的民主，是最广泛、最真实、最管用的社会主义民主。全过程人民民主，把选举民主与协商民主结合起来，把民主选举、民主协商、民主决策、民主管理、民主监督贯通起来，涵盖经济、政治、文化、社会、生态文明等各个方面。

二是人民代表大会制度。人民代表大会制度，是适应人民民主专政国体的政权组织形式，是中国的根本政治制度，是中国人民当家作主的根本途径和最高实现形式，是实现全过程人民民主的重要制度载体。人民代表大会制度，坚持国家一切权力属于人民，最大限度保障人民当家作主，把党的领导、人民当家作主、依法治国有机结合起来，有效保证国家治理跳出治乱兴衰的历史周期率。人民代表大会制度，正确处理事关国家前途命运的一系列重大政治关系，实现国家统一高效组织各项事业，维护国家统一和民族团结，有效保证国家政治生活既充满活力又安定有序。

三是我国的民主选举包括国家机构选举和基层选举。国家机构选举是指选举产生全国人民代表大会和地方各级人民代表大会，由各级人大选举产生同级国家机关领导人员；基层选举是指村（居）委会选举、企事业单位职工代表大会选举等。〔1〕

本书探讨的就是国家机构选举，即各级人民代表大会代表的选举，以及由各级人大和各级人大常委会选举任命的国家机关组成人员及其他公职人员。不过，为探究竟，本书涉猎的范围实际更广一些，触及我国选举制度的“前世今生”：对“选举”的渊源、我国古代的选官制度、我国近现代选举制度的发端与探索也有所追溯。

---

〔1〕 中华人民共和国国务院新闻办公室：《中国的民主》白皮书（2021 年 12 月），人民出版社 2021 年版，第 24—25 页。

第一节　选举和选举制度的概念

一、选举

探究选举制度，要从厘清什么是选举开始。“选举”的字面含义很简单，就是选择、推举。

如要说起“选举”的前世今生就复杂得多。目前能够查到最早出现“选举”一词的文献，大概是刘安的《淮南子》：“选举足以得贤士之心。”《辞源》释义：“古代选举，兼指举士举官而言。自隋以来，分为二途，举士属礼部，包括考试与学校。举官属吏部，掌管铨选与考绩。”

我国古代的“选举”大致以隋唐为界分为两个阶段，隋唐以前“荐举”，隋唐之后“科举”。

商周先秦的官员以“世卿世禄”为主，以“乡举里选”为辅。所谓世卿，就是天子或诸侯国君之下的贵族，世世代代、父死子继，连任卿这样的高官；世禄就是官吏们世世代代、父死子继，享有所封的土地及其赋税收入。世袭卿位和禄田的制度十分盛行，但也辅之以“乡举里选”，周代的乡大夫秉承大司徒的“教法”（政教禁令），令乡吏施教于乡民，三年进行“大比”，“考其德行道艺”，将其中“贤者能者”贡于周王。两汉的官员是“察举征辟”。所谓察举，就是由州、郡等地方官在自己管辖区内进行考察、发现统治阶级需要的人才，以“孝廉”“茂才异等”“贤良方正”等名目，推荐给中央，经过一定的考核，任以相应的官职；所谓征辟，就是由皇帝或地方长官直接进行征聘。察举和征辟，相比之前的世禄世卿是一大进步，但是又带有举士和举官不分，选举和考课不分，选举与教育分离，没有选官的专职官员，先选后考等特点，给各级官吏在察举和征辟中徇私舞弊留下很多空间，所以至东汉末年已为门阀士族所操纵。他们左右乡间舆论，使察举滋生了种种腐败的现象，竟然出现了“举秀才，不知书；举孝廉，父别居；寒素清白浊如泥，高第良将怯如鸡”的怪现象。这就与要求参与政治的中小地主及其知识分子产生了尖锐的矛盾，在如何选官的问题上斗争激烈。

魏晋南北朝以“九品中正制”取代“察举征辟”，始于曹丕采纳尚书令陈群意见之举，至西晋渐趋完备，约有四百年之久。九品中正制也称“九品官人法”，所谓“中正”就是品评人才的官职名称，也就是中正官，大体是由各州郡分别推选大中正一人，所推举大中正必为在中央任职官员且德名俱高者，大中正再产生小中正。大、小中正产生后，由中央分发一种人才调查表，在该表中将人才分为九等：上上、上中、上下、中上、中中、中下、下上、下中、下下。此表由各地大小中正将各地人士无论是否出仕皆登记其上，分别品第，并加评语。小中正襄助大中正审核后将表呈交吏部，吏部依此进行官吏的升迁与罢黜。此项制度使得官吏选拔有了一定客观标准，保留了汉代乡举里选的遗意。九品中正制的实行，一方面解决了选拔官吏无标准的问题；另一方面缓解了中央政府与世家大族的紧张关系，为魏晋实现全国的统一打下了坚实的基础。

隋统一中国后，废除“九品中正制”，回归“察举制”实行分科举荐，到唐代发展为成熟的科举考试取士制度。科举考试通常分为地方上的乡试、中央的省试与殿试。乡试第一名为“解元”，中央省试为“省元”，殿试第一名为“状元”。科举制度大概是封建时代所能采取的最公平的人才选拔形式了。它扩展了封建国家引进人才的社会层面，吸收了大量出身中下层社会的人士进入统治阶级。这一制度在唐宋时期显示出生气勃勃的进步性，形成了中国古代文化发展的一个黄金时代。明清科举改为考八股文，科举的消极性越来越大。“科举制”经过历朝赓续至清末被废除，前后存续 1300 多年。

综上所述，可以将我国古代的“选举”分为“选”和“举”：“选”是上对下挑选官员，“举”是下对上举荐官员人选，即“选官”和“举士”，也就是历史上的“荐举”“科举”制度。不过，这类制度虽然也叫“选举”，却不是我们今天理解的近代民主意义上的选举制度。

《现代汉语词典》对“选举”一词的解释是“用投票或举手等方式选出代表或负责人”；而对“选举权”的解释，分别是“公民依法选举国家权力机关代表的权利”和“各种组织的成员选举本组织的领导人员或代表的权利”。

由此可见，现代的“选举”一般是指选举人依照民主原则和法定程序选拔、推举公职人员的一种制度，这分明是代议制民主的产物。

二、选举的广义和狭义

从国家制度层面看，广义的选举指的是一切选拔、推举代表或者领导者、负责人的活动；狭义的选举仅指依照法定程序和形式选出一定数量的代表机关的代表（议员）。

在人大工作语境中，“选举”既有广义也有狭义。广义的选举包括各级人大代表的选举、各级人大常委会组成人员的选举、国家机关领导人员或组成人员的选举任免；狭义的选举主要是指全国人民代表大会和地方各级人民代表大会代表的选举。

同理，选举法也有广义和狭义之分。广义的选举法是指选举产生国家政权机关的所有法律规范，我国现行的选举法律规范包括宪法、选举法、全国人大组织法、地方组织法、国务院组织法、监察法、法院组织法、检察院组织法、监察官法、法官法、检察官法、解放军选举人大代表办法，还包括全国人大及其常委会颁布的一系列有关选举的决议、决定，省级人大常委会制定的选举实施细则等，它们共同组成了完整的选举法律体系。而狭义的选举法仅指《中华人民共和国全国人民代表大会和地方各级人民代表大会选举法》，这是一部选举各级人大代表的基本法律。

三、选举制度

选举制度是国家政治制度的重要组成部分，它既是政治制度，也是法律制度，是选举国家各级代表机关的代表（议员）和其他国家公职人员的原则、范围、程序以及方式方法的总称，一般由宪法、选举法和其他相关法律规定，其主要内容包括选举制度的基本原则，选举权和被选举权的界定，以及选举的组织和选举机构、候选人提名、选举的程序和方式、投票及选票计算、选举经费、对破坏选举行为的认定与制裁及选举诉讼等内容。选举制度是衡量一个国家政治民主程度的重要标志。

人民代表大会制度是我国的根本政治制度，是全过程人民民主的集中体现。而选举制度既是人民代表大会制度的重要组成部分，也是人民代表大会制度的组织基础。作为国家制度层面的选举制度，与选举的广义和狭义相对应，也同样有广义和狭义之别。从广义上讲，我国的选举制度是指包括各级人大代表的选举，各级国家机关领导人员、组成人员及其他公职人员的选举任免的制度；从狭义上讲，这一制度仅指各级人大代表的选举制度。

另外，在人大工作语境中还有与“选举制度”相关的“选举任免权”概念，指的是人大及其常委会选举、任免国家机关组成人员及其他公职人员的法定职权。彭真同志在全国人大常委会委员长任上曾对国家权力机关的职权作过精辟的概括，即人大及其常委会有“四权”：立法权、重大事项决定权、选举任免权和监督权。选举任免权无疑是人大的一项重要职权，甚至是维系其他职权的职权。可以看出“选举制度”与“选举任免权”是既有内在逻辑关联又有所区别的两个概念。简单地说，“选举制度”是人民代表大会制度体系中的一项基本制度，“选举任免权”则是人大及其常委会“四权”中的一项重要职权。

第二节　选举制度的源流

如前所述，“选举”一词虽在《淮南子》中就已出现，但它离我们现在理解的选举相去甚远。不可否认，中国传统的封建君主专制政治体制里没有民主选举的内生土壤，其政治文化中缺乏民主选举的基因。近代意义上的民主选举制度是个“舶来品”。

一、雅典城邦民主

古希腊和古罗马时期的城邦民主，应该算是西方民主选举的发端，最著名的就是雅典（据记载出现于公元前508年，延续至公元前323年，即雅典城邦被马其顿击败之时）。据传“民主”（Democracy）一词即为雅典总结自身政治制度，融合古希腊文demos（人民）和cracy（权力或者统治）的发明，意即“人民统治”[1]。不分“贵贱”的公民大会（妇女和奴隶除外）作为雅典城邦的最高权力机构，投票决定公共事务、法律制定、对外宣战等重大事项。其下有各部落（选区）选出的五百人议事会作为其执行机构，在此基础上又有按部落组成的50人团作为常设机构，当政的50人团每人抽签轮流执政。这有点像我国民间的“抓阄”，不免游戏意味，由一帮工匠、小贩、商人治国理政，基本上是公民直接参与国家事务，城邦国家无君臣之分。因此，有学者戏称此乃“小人之邦”“小人之举”[2]，言下之意：这还不是近代意义的代议制民主制度。

二、英国“议会之母”

代议制是指公民通过选举代表组成代议机构行使国家权力的制度，因此，选举成为代议制的前提和基础，论其创始，一般认为起源于古罗马共和国的元老院。古罗马贵族于公元前510年驱逐国王后创设了新的政权组织制度，规定权力由罗马元老院行使，由百人会议每年选出两位执政官共同执政。这种有别于雅典直接民主的间接民主方式，已经有了代议制的雏形。

选举作为近代较为成熟的代议制民主国家制度，是在资产阶级革命取得胜利后逐步建立的。西方的启蒙思想家如英国的洛克、法

〔1〕 王绍光：《民主四讲》，生活·读书·新知三联书店2008年版，第2页。

〔2〕 易中天：《国家》，浙江文艺出版社、北京出版社2018年版，第14—17页。

国的卢梭和孟德斯鸠等人提出的社会契约论、天赋人权论、分权与制衡论、人民主权论等理论和主张，以国家权力来源于人民权利的让渡为核心，以人人平等的政治权利为基石，以间接民主和严格复杂的民主程序为特征，奠定了代议制民主政治的思想基础。

13、14 世纪，近代西方的议会选举兴起，英国议会被称为“议会之母”。威斯敏斯特宫是英国的议会大厦，在这座被誉为“英国的国家名片”的哥特式建筑里上演了700 多年的议会大戏，大体就是君主王权与资产阶级民主之间博弈的缩影。英国的议会为两院制，由上议院和下议院组成。上议院又称贵族院，主要由王室后裔、世袭贵族、新封贵族、上诉法院法官和教会的重要人物组成，但是上议院议员并不是选举产生。下议院又称平民院，其议员都由各选区选民直接选举产生。在历史上，上议院的权力曾凌驾于由选举产生的下议院之上，但如今下议院在两院中已占主导地位，执掌立法、监督政府及财政等大权，而上议院除保留历史上遗留下来的司法权外，权力相对有限，直至有了对上议院进行选举改革甚至废除上议院的呼声。产生如此历史颠倒的原因虽然复杂，但是选举赋予的权力合法性的民主政治进程无疑是根本原因。也因此，英国议会对西方的代议制民主模式包括选举制度产生了广泛的影响。

三、中国百年回望

我国自清朝末年至民国时期，面临民族危亡，各种政治力量都试图找到救国复兴的灵丹妙药，从洋务运动、戊戌变法到清末新政，无一例外寿终正寝；再以辛亥革命为起点，屡屡尝试模仿西方的宪政模式及其选举制度，君主立宪制、议会制、多党制、总统制，可谓你方唱罢我登场，各式花样翻新，但也总是“水土不服”，无一例外以失败告终。黑格尔说，中国是一切例外的例外，逻辑到了中国就行不通了。曾到访中国讲学的伯特兰·罗素也说过，中国是一切例外的例外。如果是指政治制度，这倒是对中国不能套用西方模式的最好注解。

习近平总书记指出：“中国产生了共产党，这是开天辟地的大事变，深刻改变了近代以后中华民族发展的方向和进程，深刻改变了中国人民和中华民族的前途和命运，深刻改变了世界发展的趋势和格局。”回望百年历史，只有中国共产党改变了国家蒙辱、人民蒙难、文明蒙尘的民族劫难局面，点亮了中国的民主之光。中国共产党怀揣人民当家作主初心，经过几十年艰苦卓绝的探索，吸吮中华优秀文化积淀，借鉴人类文明成果，带领人民创立了人民代表大会制度的国家根本政治制度和与之相应的具有鲜明中国特色的选举制度。

走过 70 年，新中国选举制度从确立到发展完善，是中国共产党领导人民走过的波澜壮阔的光辉历程。人大选举是坚持党的领导、人民当家作主、依法治国有机统一的重大政治和社会实践活动，是对上述三者有机统一的根本政治制度安排的生动诠释。

第三节　几点说明

一、探究的愿景

在我国人民当家作主、公民有序政治参与的代议制民主制度设计中，选举制度无疑具有重要的基础地位。选举是民主的题中应有之义，选举制度作为现代国家治理体系中民主政治的基石，几乎已成公论，无须再证。但是，我们也看到世界的一些地方，选举隔三差五、眼花缭乱，民选而不民主、民选而无民治。正如习近平总书记在阐述全过程人民民主问题时所说："如果人民只有在投票时被唤醒、投票后就进入休眠期，只有竞选时聆听天花乱坠的口号、竞选后就毫无发言权，只有拉票时受宠、选举后就被冷落，这样的民主不是真正的民主。"我们研究选举和选举制度的根本原因就在于此。

二、讨论的范围

本书的讨论范围涉及三个问题。

（一）选举制度与人民代表大会制度的关系问题

选举是代议制民主的题中应有之义，代议制民主与选举制度本就是密不可分的，我们的选举制度既是人民代表大会制度的重要组成部分，也是人民代表大会制度的组织基础，很难想象脱离人民代表大会制度单独论述其选举制度。因此，本书在论述我国选举制度的过程中，必然会涉及人民代表大会制度的诸多相关内容。同时，在阐述有关选举和任免的法律时，也会考虑整部法律不可剥离的完整性而对其他相关内容有所涉及。

（二）选举与任免的关系问题

前述人大工作语境中选举的广义和狭义之分，选举制度与选举任免权概念的关联与区别。鉴于此，在人大工作实操中，为具体业务讨论的便利和区分的清晰，有将代表选举与人事任免予以分割的情形，如"代表选举制度""人事任免制度"就是将二者分别予以界定的提法。但是另一方面，在法理上从人大代表（国家权力机关组成人员）的选举产生，到人大及其常委会选举任命国家机关组成人员，是一个完整的逻辑链条，从这一角度看选举与任免又是一个整体，这也契合《中国的民主》白皮书对国家机构选举和选举制度的阐释。

本书以讨论各级人大代表选举为主，同时涉及各级国家权力机关、行政机关、监察机关、审判机关、检察机关的领导人员及其他组成人员的选举任免，也就是由各级人民代表大会及其常务委员会选举任免的所有国家机关组成人员及其他公职人员。本书曾拟定以“人民代表大会选举制度概览”作为书名，但似乎与前述人大日常工作中某些概念的约定俗成不完全吻合，故最终定名为《人大选举制度和任免制度》，以图既清晰界定讨论范围，又符合人大工作语境的惯例。

（三）理论与实践的关系问题

我们力图从法理和实践两个维度，概述我国近现代选举制度的发端，人民代表大会选举制度的探索、确立、发展和完善，阐释、分析选举任免的法理依据和实现形式，着重论述我国选举制度的发展历程、基本原则、法律体系和选举任免的操作规范。

三、资料的引用

在我国选举制度的探索、建立和发展、完善历程中，已有很多领袖人物、专家学者及人大工作者就此作出或系统或零散的精彩论述和阐释，这些丰富的成果也成为本书借鉴、参考和转述的重要资料。本书在引述这些资料时尽可能标注出处，但是有些资料属于多重转述性质而未能标明原出处。另外，书中某些章节论述也参考了笔者主编、但有其他同志参与编写的《地方人大选举任免原则与实务》一书的相关部分内容，特此说明。

/ 第二章 /

选举制度的发展历程

新中国的选举制度，正式建立于20世纪50年代初期，其探索可以追溯到20世纪30年代的中华苏维埃革命根据地时期和40年代的陕甘宁边区参议会时期[1]。但是，我国近现代选举制度的发端更早，大致可以从清朝晚期溯源。

第一节　清末民初的选举光影

我国近代选举制度的发端可以追溯到清朝末年。当近代西方国家完成资产阶级革命和工业革命之时，中国这个曾经耀眼于世的东方古国仍在沉睡、自恋之中。以1840年鸦片战争为标志，西方列强的坚船利炮把中国推向了半殖民地半封建社会的泥淖，华夏面临“数千年未有之变局”，救亡图存遂成为中华民族交响乐的主旋律。

一、清末新政

晚清大致经历了洋务运动、戊戌变法、清末新政三次改良维新浪潮。

---

〔1〕 蔡定剑主编：《中国选举状况的报告》，法律出版社2002年版，第1页。

自1840年开始，伴随着国门被迫打开后的洋务运动，林则徐、魏源、徐继畬、崔国因等维新派人士、洋务派官员和驻外使节，分别在《四洲志》《海国图志》《瀛寰志略》等书刊或奏折中推介英、法、美等西方国家的议会选举制度[1]，这些民主思想的启蒙传播对后来的政局演变产生了一定影响。

1894年的中日甲午海战致使北洋舰队全军覆没，民怨沸腾，变法维新、开设议会成为“维新派”的主要政治诉求。1895年3月，被誉为“中国精通西学第一人”的严复发表《辟韩》一文，借批判韩愈的形式，以西方民主思想为武器，抨击中国两千多年来的封建专制制度，提出“重民抑君”的主张。1895年4月，《马关条约》的签订，使中国再次遭受割地、赔款，举国为之震惊。康有为发起赴京应试的1300多名举人联名上书光绪帝，提出包括“大开国会”推行君主立宪制度的变法主张，史称“公车上书”，揭开了晚清维新变法的序幕。1898年（农历戊戌年）6月，光绪“下诏定国是”，宣布变法，掀起史称的“戊戌变法”，其政治改良运动的目标，大体上就是康有为等主张的效法日本明治维新、变君主专制为君主立宪国家。此举遭到以慈禧太后为首的顽固守旧派强力扼杀，当年9月慈禧突发政变，光绪皇帝被囚，康有为、梁启超逃亡，谭嗣同等六君子被杀，变法历时103天失败，史称“百日维新”。其后，改良变革思潮成暗流涌动。

1900年，庚子事变爆发。八国联军进攻北京，胁迫清政府签订了丧权辱国的《辛丑条约》。遭此“庚子国变”，国土险遭瓜分，主权彻底沦丧，清廷成风中残烛，华夏濒临亡国之危。迫于

---

〔1〕 王敏：《民国国会简史》，中国民主法制出版社2015年版，第12—15页。

危难困局，1906 年 9 月 1 日（光绪三十二年七月十三日），清廷颁布光绪帝谕，即《宣示预备立宪先行厘定官制谕》（也称《宣示预备立宪谕》）。现据史料照录于此。

光绪三十二年七月十三日内阁奉上谕：朕钦奉慈禧端佑康颐昭豫庄诚寿恭钦献崇熙皇太后懿旨，我朝自开国以来，列圣相承，谟列昭垂，无不因时损益，著为宪典。

现在各国交通，政治法度，皆有彼此相因之势，而我国政令积久相仍，日处阽险，忧患迫切，非广求智识，更订法制，上无以承祖宗缔造之心，下无以慰臣庶治平之望，是以前派大臣分赴各国考察政治。

现载泽等回国陈奏，皆以国势不振，实由于上下相睽，内外隔阂，官不知所以保民，民不知所以卫国。

而各国之所以富强者，实由于实行宪法，取决公论，君民一体，呼吸相通，博采众长，明定权限，以及筹备财用，经画政务，无不公之于黎庶。又兼各国相师，变通尽利，政通民和有由来矣。

时处今日，惟有及时详晰甄核，仿行宪政，大权统于朝廷，庶政公诸舆论，以立国家万年有道之基。但规制未备，民智未开，若操切从事，涂饰空文，何以封国民而昭大信。

故廓清积弊，明定责成，必从官制入手，亟应先将官制分别议定，次第更张，并将各项法律详慎厘订，而又广兴教育，清理财务，整饬武备，普设巡警，使绅民明悉国政，以预备立宪基础。

著内外臣工，切实振兴，力求成效，俟数年后规模粗具，查看情形，参用各国成法，妥议立宪实行期限，再行宣布天下，视进步之迟速，定期限之远近。著各省将军、督抚晓谕士庶人等发愤为学，各明忠君爱国之义，合群进化之理，勿以私见害公益，勿以小忿败大谋，尊崇秩序，保守平和，以豫储立宪国民之资格，有厚望焉。

将此通谕知之。钦此。

此谕被视为“清末新政”登场。清廷采纳出洋考察的五大臣意见，宣布预备仿行宪政，并筹设省谘议局和中央资政院，作为地方议会和国会成立前的过渡机构。

1908 年 8 月，清政府颁布《钦定宪法大纲》，尽管通篇体现“仿行宪政，大权统于朝廷，庶政公诸舆论”的“谕旨”，且是抄袭日本之作，却还是有着近代中国第一个宪法性文件的标志性意义。《钦定宪法大纲》共计 23 条，由“君上大权”和“臣民权利义务”两部分构成，参照《日本帝国宪法》，但删去了限制君权的条款。大纲条文中多处出现“议院”一词，为此后代议制选举作了铺垫。

（一）宪政编查馆

这一时期，清政府设立的“宪政编查馆”值得一提。作为“预备立宪”的设计和督导机构，它拟订或核议了诸多与选举制度相关的“顶层设计”文件，如《议院法要领》《选举法要领》《各省谘议局章程》《谘议局议员选举章程》《资政院院章》《资政院议员选举章程》等。这些文件的拟订和颁布，标志着我国开启近代意义的选举制度大门。

（二）谘议局议员选举

依照《各省谘议局章程》和《谘议局议员选举章程》的规定，谘议局议员由各州县选举产生，但对选举资格有性别、年龄、财产、学历、职业等严格的限制：必须是本省籍贯或居住本省十年以上，年满 30 岁以上的男子又具有下列条件之一的，才能充当议员：曾在本省地方办理事务及其他公益事务3年以上卓有成绩；中等学校毕业或举贡生员以上出身；曾任文官五品、武官七品以上的实缺官员而未被参革；本省人在本省有五千元以上的资产、或外省人在本省有一万元以上的工商业资本。另外还规定："曾处监禁以上刑者""身家不清白者""不识文义者"以及学生、小学教师和军人等都不能当选议员。这些规定均表明，当时的选举权，只能为地主、官僚、绅士以及资产阶级上层人士所享有，而下层劳动者和妇女是不能问津的。当时，新选出的议员有不少出过国、留过学，他们在不同程度上已经是资产阶级的新官绅，因而谘议局不仅是一种地方议会性质的机构，而且也成为立宪派进行活动的合法场所。1909年10月14日，全国各省谘议局（除新疆）同时开议。

（三）资政院议员选举

《资政院院章》和《资政院议员选举章程》则规定，议员分"钦选"和"民选"两种。钦选议员包括宗室王公世爵、满汉世爵、外藩王公世爵、宗室觉罗、各部院官、硕学通儒及纳税多额者，按一定差额人选奏请皇帝按应选人数钦定。民选议员则由各省谘议局在议员中按差额二倍选出，然后由督抚圈定，民选议员大多出身地方绅民。资政院自1907年9月即启动筹备，于1910年10月正式开议，至辛亥革命爆发仅存1年时间。依《资政院院章》规定，资政院有议定国家预决算、制定法律、弹劾大臣之权责，可以看出它已具备相当明显的国家议会特征，或者说近似。

纵观谘议局、资政院议员的选举，可以得出两点结论。

一方面，尽管选举资格限制很多，参选民众比例很小，但其开议员选举之先河，毕竟是我国历史上第一次近代意义上的代议制民主选举，第一次让国民知晓“臣民”还有权利，世上还有选举这种民主样式，当时的舆论评价此乃“我国人民获有参政权之第一日”，因此民主选举的启蒙、教化意义和历史贡献不可否认，其对坚固的封建专制统治的削弱、对民众民主意识的催化和对中国议会民主制度的铺垫，都有着重要推动意义。

另一方面，皇权与民主无缘——封建君主专制与民主选举终归是背道而驰的，“新政”的种子在清朝皇权专制的土壤里不可能生长出真正的民主果实，议员选举不过是“君上大权”的点缀品、民主政治的装饰品。直至辛亥革命爆发，资政院仍于1911年10月26日上奏“本标兼治以救危局折”，诉求迅速组织完全责任内阁、提前召开国会、将宪法交资政院协定，但朝廷根本不予理睬，而是授袁世凯为钦差大臣全力进剿武昌起义之革命军。这进一步反证清末新政带来的所谓“钦定宪法大纲”和分别作为中央和地方谘议机构的资政院、谘议局选举，终究还是“皇权的宪法式表达”。虽然清政府此后又接受了资政院的议案，但已至清王朝将倾之时。

二、辛亥革命

1905年8月，中国民主革命的伟大先驱孙中山在日本东京创立革命党“中国同盟会”，确立“驱除鞑虏，恢复中华，创立民国，平均地权”的同盟会纲领，并在同盟会的机关报《民报》发刊词中首次提出民族、民权、民生的“三民主义”。其对民权主义的诠释是：人民有选举、罢免、创制、复决四权以管理政府，政府则有立法、司法、行政、考试、监察五权以治理国家。孙中山的革命纲领及其论述是辛亥革命和民国初期选举制度的思想和理论基础。

1911年10月10日，武昌起义，辛亥革命爆发，清王朝覆灭。中国彻底推翻了几千年封建专制统治制度，成为亚洲第一个“走向共和”的国家。民国创立之初，《中华民国临时政府组织大纲》作为中华民国第一部带有宪法性质的纲领性文件，由各省都督府代表联合会于1911年12月3日议决通过，规定中华民国实行“三权分立”的基本政治体制，并确定了议会职权和临时大总统、参议院等选举和组成方式。虽然这部纲领性文件为民国初期的仓促之作，全文仅有21条，但仍意义重大。它不仅是后来《中华民国临时约法》的法律基础，也是民国初期选举制度的法律基础。

这一时期，临时大总统选举和作为代议机构的“各省都督府代表联合会”“南京参议院”“北京参议院”选举，是构建民国初期民主选举制度的重要节点。

（一）临时大总统选举

首先值得一提的是在我国现代选举制度史上的标志性事件——选举临时大总统。根据《中华民国临时政府组织大纲》的规定，临时大总统由各省都督府代表选举之，以得票满投票总数三分之二以上者为当选。代表投票权，每省以一票为限。1911年12月9日，各省都督府代表联合会在南京召开选举临时大总统会议，有17个省的代表赴会，孙中山获17张有效票中的16票，当选中华民国第一任临时大总统。尽管孙中山担任此职务时间很短，选举也不是严格意义上的“民选”，但是确有与中国两千多年封建君主“世袭”制度彻底切割的“主权在民”的划时代意义。

（二）各省都督府代表联合会

前面已提及的各省都督府代表联合会是辛亥革命期间成立的

仿效美国制宪会议的过渡性议政权力机构。这个机构的代表产生有两种方式：一是由独立后的各省都督府指派，二是由谘议局选举。各省都督府代表联合会存续期间代表人数变动较大，各省派员 1 人到 3 人不等。这一机构自辛亥革命胜利即代行参议院职权，至 1912 年 1 月 28 日南京参议院成立时结束，因此，各省都督府代表联合会也可称为代理参议院。

（三）南京参议院

南京参议院于 1912 年 1 月 28 日举行了开院典礼，正式成立，但实际上它是由各省都督府联合会演化而来。根据此前由各省都督府代表联合会议决通过的《中华民国临时政府组织大纲》规定，参议院以各省都督府所派之参议员组成，每省以 3 人为限，其遣派方法由各省都督府自定。因此，南京参议院的议员选举产生方式并不一致，有的是省谘议局选举，有的是省府都督指派，尚未选举的省份则由原各省都督府代表联合会中的成员代理。同时，由于各省参议员不时更替，因此，参议院议员的实际人数也不断变动，少则 40 余人，多则近 70 人。另外，南京参议院存在的时间也很短，至 1912 年 4 月 5 日参议院议决迁移北京，仅存两个多月。不过，尽管有上述诸多不足，南京参议院对民国初期民主选举制度的贡献却不可低估。首先，它对从程序上赋予新生的共和国权力合法性发挥了不可替代的作用；其次，它拟定通过了与宪法有同等法律效力的《中华民国临时约法》，主权在民理念和国家制度得到确立，赋予国民选举权、被选举权和议会的国家机构选举权，并对议员选举及总统选举在选举资格、选举方式上作了规定，第一次以宪法的形式构建了民国初期选举制度的基本框架，成为中国资产阶级民主选举制度的奠基石；再次，它在更高层次上进行了民主选举的实践，接受第一任临时大总统的辞职请求，选举继任临时大总统，议决任命国务总理，对政府内阁成员的任命进行表决，并否决了其中交通总长人选；最后，南京参议院已初步草拟《国会组织法大纲》和《选举法大纲》，为正式国会议员选举作法律准备。其起草的《国会组织法大纲》规定：国会实行元老院和代议院两院制。元老院采取地域代表制，各地人数均等；代议院采取人口比例制；元老院议员任期每两年改选三分之一，代议院任期四年。尽管这些原则未被北京参议院全盘接受，但毕竟为后来者提供了法理基础。

（四）北京参议院

北京参议院于 1912 年 4 月 29 日举行开院典礼，以此为正式成立。它既是南京参议院的延续，又与南京参议院有明显区别。一是参议员人数增多、代表性增强。依照《中华民国临时约法》，参议员每行省、内蒙古、外蒙古、西藏各选派五人，青海选派一人的规定，北京参议院在法理上覆盖全部省级行政区域（实际有除西藏外的 25 个省级行政区派员），议员增加到 121 人，且有少数民族代表。二是议员选举产生的民主性增强，具备了一定的民意代表性质。参议员大多由各省的民意机构即临时议会选举产生，少数尚未成立省议会的由都督府选派后交之后成立的省议会批准追认。三是政党对峙出现。参议院北迁和议员人数增多后，为了与南京参议院时期一党独大的同盟会抗衡，争夺议会控制权，一些小党派如统一党、民社、国民协进会等合并筹组为共和党；同盟会遂联合统一共和党改组并成立国民党。从此，党派对峙愈演愈烈，政党利益甚至凌驾于国家利益之上，引起社会各界的谴责，民意代表机关在民众中的威望和信用大打折扣。北京参议院至 1913 年 4 月 8 日闭会，其存续 1 年时间，除制定《中华民国国会组织法》规定中华民国国会实行两院制外，还制定了

《大总统选举法》和《众议院议员选举法》、《参议院议员选举法》及其施行细则，另外还有《省议会议员选举法》等选举法律，这些法律规定了总统和议员的选举资格、选举程序、当选方式等，为第一届国会选举作了法理铺垫，初步构建了民国初期选举制度的法律框架。

三、国会之殇

中华民国国会的议员选举，承载着国人对于民主政治的期盼。从戊戌变法呼唤“立宪法、开国会”，经历清末的预备立宪，到民初的各省都督府代表联合会、南京参议院、北京参议院，历时15个年头，中华民国第一届国会于1913年4月8日在北京正式开幕，被国人视为代议制民主集大成者的“国会”终于隆重登场，举国上下翘首以待，各阶层民众和政党都寄予厚望。但是，它的“高开低走”令国人惊诧——初看好似登上了民主选举的巅峰，再看实则已跌入移植“西体”的泥淖。

（一）第一届国会议员选举

按照《中华民国国会组织法》《参议院议员选举法》《众议院议员选举法》的规定，国会实行参议院和众议院两院制。参议员由各省议会选举10人，华侨选举6人，中央学会[1]选举8人；众议员每80万人选举1人，人口不足800万的省也选举10人；众议员任期3年，参议员任期6年并每两年改选三分之一（当选议员以抽签分为三批依次改选）；国会两院同时开闭会，会期4个月，必要时可延长。按法定名额计，参议员274名，众议员

〔1〕 中央学会是北洋政府教育部直属官方学术团体，实际并未成立，但在国会议员选举中列有名额，有权选举议员。1914年（民国三年）2月19日教育部下令废止。

596 名，两院合计议员共 870 名。

国会两院议员的选举方式不同：参议员采取地域代表制由地方议会选举，其步骤是先选举各省议会议员，再由省议会选举参议员；众议员按人口比例制由公民在选区无记名投票直接选举，采取复选制，初选区以县为单位，复选区每省以 8 个为限，先选出各省国会众议员名额 50 倍的初步当选人，再由初步当选人互选产生众议员。

第一届国会两院议员正式选举自 1912 年底至 1913 年初进行，但实际上从启动到结束整个过程至少在半年以上，经历了选民登记、初选和复选等重要环节。选举人的条件仍有诸多限制：男性年满 21 岁，在选区居住满两年，年直接纳税 2 元以上，有价值 500 元以上不动产，有小学毕业以上学历；另外，现役军人、现任行政司法官及警察、僧道和宗教师没有选举权和被选举权，小学教师和肄业生也没有被选举权。上述限制条件依然把广大底层劳动者和妇女挡在了民主选举大门之外。但是，比之清末谘议机构的选举限制，国会议员的选举又有所放宽。第一届国会众议员选举的参选人数达 4290 多万人，占全国总人口 4 亿多人的 10.5%，比清末谘议机构参选人数 170 万、仅占总人口 0.4% 的比例[1]，已经有了很大提高，由此可见，议员选举产生的民选基础扩大、民意性质增强。

（二）第一届国会的跌宕异变

要想弄清楚民初的民意机构、立法机构的届期及几次选举，还真得花费一番心思，因为“国会”成立前尚属条缕分明，国会成立后反而极其混乱，“国会”和“政治会议”“约法会议”

〔1〕 王敏：《民国国会简史》，中国民主法制出版社 2015 年版，第 112 页。

“参政院”“立法院”“国民会议”等穿插其间，名目繁多，有的死而不僵，有的转瞬即逝，有的胎死腹中，有的你我混杂，令人眼花缭乱，实在是乱得不堪。第一届国会，既长寿又短命，几番休克又复活，前后存续时间长达13年之久，世所罕见。

1. 开启即隐忧。中华民国第一届国会于1913年4月8日在北京开幕，这是一个高光时刻，但是已经暗藏危机，直接原因就是宋教仁之死。由中国同盟会等改组的国民党在议员选举中如愿胜出，此时国民党的实际领导者宋教仁更是风头正劲，正当他即将乘车北上准备组织内阁之时，却在上海火车站遭暗杀，两天后逝世。此距国会开幕仅半月，而暗杀的最大幕后嫌疑直指临时大总统袁世凯，故袁世凯因国民党的极力反对而未出席国会开幕式。从此国会与袁世凯及北洋政府矛盾愈演愈烈，1913年11月初，袁世凯即以撤销国民党籍议员资格、收缴其证书等手段致国会瘫痪，遂于翌年元月下令解散国会，并以所谓“政治会议”取而代之，实际上国会僵而未死。

2. 政治会议、约法会议和参政院。所谓“政治会议”即袁世凯搭建的取代国会的代议机构，共有代表76人，非选举而派遣，由各省、大总统、国务总理和各部，以及蒙藏事务局、打箭炉〔1〕、热河、阿尔泰各派人数不等组成。其于1913年12月15日开幕，在完成袁世凯交办的解散国会及各省议会、筹设“约法会议”后，于1914年6月20日闭幕。

“约法会议”于1914年3月18日开幕，历时1年。约法会议共有议员60人，同样为派遣，主要任务就是为袁世凯量身定制《中华民国约法》及其他法律。其制定的《中华民国约法》

〔1〕“打箭炉”即今四川甘孜藏族自治州康定（炉城）。

推翻了《中华民国临时约法》的基本原则，主要内容包括：实行总统集权制；取消国会，设立立法院为总统操控下的立法机构；设立参政院为总统谘议机构，并在立法院成立前代行立法院职权。由此，袁世凯从法律上颠覆了辛亥革命确立的资产阶级民主制度。“约法会议”在完成上述御用使命后于1915年3月18日宣告闭幕。

“参政院”于1914年6月20日开院。议员70人亦非选举，而是由大总统在下列人士中钦点：一是有勋劳于国者，二是有法律、政治专业学识者，三是有行政经验者，四是硕学通儒者，五是具事业经验者。由于立法院一直未成立，故参政院始终代行立法院职权，事实上构成了总统独揽行政权和立法权的格局。参政院作为事实上的御用机构，通过立法确立了大总统事实上的终身制和世袭制；通过组建所谓国民议会，以“国民代表大会总代表”之名，假借民意推戴袁世凯为皇帝，上演了一场复辟帝制的丑恶闹剧。因此，1916年6月6日袁世凯一死，继任大总统黎元洪即在举国的讨袁声中于6月29日宣布恢复《中华民国临时约法》和第一届国会，裁撤参政院、国民会议等非法机关。

3. 第一届国会复活。在短命帝制覆灭的背景下，中华民国第一届国会于1916年8月1日复会，称为国会第二期常会。此后两个月，各省议会也复会。实际上，在国民党等政治力量的主导下，此前第一届国会采取南下广州等地、举行非常会议、另立政权机关等方式，未停止活动，并在讨袁斗争中发挥了重要作用。国会恢复后的主要任务就是制定宪法，但是在政体等根本问题上纷争不断，矛盾激烈，加之与时任国务总理段祺瑞对德宣战的主张尖锐对立，导致张勋率军北上武力胁迫，黎元洪遂于1917年6月12日下令再次解散国会。随即，段祺瑞组织北京政府，并筹备第二届国会议员选举；孙中山号召第一届国会议员再次南下广州组成国会非常会议，后称“护法国会”，并筹组广州军政府，至此南北对立。随着五四运动爆发，各地政治风云激荡，第一届国会又于1922年8月1日在北京二次复会。但是，国会其后的运行混乱无序、派系山头林立、政争冲突激烈，加之1923年10月曹锟收买议员贿选总统案的爆料，国会被称为“猪仔国会”，议员被称为“猪仔议员”，国会作为代议制民主的符号意义彻底崩塌。1924年10月23日，冯玉祥发动北京政变，曹锟被囚，国会无形中解散。

（三）御用的安福国会和流产的新新国会

1. 安福国会即第二届国会。其于1918年8月12日在北京正式开幕，实际上是北洋军阀段祺瑞的御用机构。第二届国会的规模已经缩小，参众两院议员分别定为168人、406人，选举人的资格条件也有所提高。同时为便于操控，将参议员由省议会选举改为地方选举会选举。这一届国会因安福俱乐部的操控而被称为“安福国会”。所谓安福俱乐部，系段祺瑞的心腹徐树铮所筹划组织的政党性组织，因俱乐部场所设在北京安福胡同故名安福俱乐部。在第二届国会参众两院574名议员中，安福俱乐部成员达到330人。第二届国会于1920年8月30日闭幕。

2. 新新国会即第三届国会。1920年8月安福国会解散之后，大总统徐世昌于10月30日宣布，根据1912年颁布的《中华民国国会组织法》开展新一届国会的选举，号称新新国会。只有江苏、安徽、山东、山西、甘肃、奉天、吉林、黑龙江、新疆、蒙古、青海、西藏等十二省区参加。议员选举获得了奉系军阀张作霖的支持，仍然是贿选和舞弊盛行。北京所处的直隶因直系军阀反对没有办成。而选出的议员始终未能集会，第三届国会有名无实、胎死腹中。

中华民国的国会选举在万民的欢呼中启幕，但又在万民的唾弃下收场，辛亥革命的政治成果也几乎在封建专制的轮番反扑下丧失殆尽。两院制议会终究是水土不服的“西体”移植，其失败终结是不可避免的。王敏在《民国国会简史》中表达的观点具有普遍的代表性：“但两院制其实并不适合中国。英国议会的两院制是适合君主立宪国情的，议会分为上院和下院，也称贵族院和贫民院，分别代表贵族和贫民。美国国会的两院制也是适合美国联邦国家体制的，国会参议院代表联邦各州利益，众议院代表全体公民利益。中国既不是君主立宪制国家，不存在贵族利益，也不是联邦制国家，在历史上就一直是一个单一制国家，并不存在实行两院制的条件。”其实不仅仅是两院制问题，清末民初的各种尝试——君主立宪制、议会制、总统制、多党制等，其纷争最终都是以各种政治势力的权力分配为核心，因此也不可能找到正确答案，甚至离辛亥革命的初衷和孙中山的理想都相去甚远。照搬来的西式选举、议会虽然齐全了，但中国依然山河破碎、积贫积弱。“主权在民”曾经从纸上走了下来，但并没有真正落地。

当然，中华民国国会的整个历程，尽管制度及选举有设计缺陷，但还是从正反两个方面让国人初步认识了近代民主选举制度和技术性层面的选举知识，促成了政党政治格局的形成，也为之后中国民主选举制度的选择和走向提供了可资观照的实践样本，其历史功绩不可全盘否认。

不过，终究还是因为民初国会的种种贿选、舞弊等操控腐败劣行昭著、声名狼藉，选举活动严重背离民主制度的实质，沦为专制独裁当政的合法途径，大大降低了选举的合法性和公正性，彻底败坏了代议制民主在民众中的“高大上”形象，以至于连后来的专制独裁者设置代议机构都对“国会”二字避之不及。

中国是否能找到别的出路？历史把中国民主革命的问卷留给了后来者。中国共产党登上历史舞台，初以“国共合作”、再以武装斗争的方式开启了新民主主义革命道路。

第二节　代表选举制度的探索

“中国产生了共产党，这是开天辟地的大事变”。1921 年中国共产党成立，不仅改变了中国的政党政治格局，而且为中国的民主革命和制度设计提供了新的选择。从诞生那天起，中国共产党就以人民当家作主为初心，开始为建立什么样的政权组织及其选举制度进行艰苦卓绝的探索，大致经历了早期工农运动、苏维埃政权建设、陕甘宁边区参议会和解放区人民代表会议四个阶段。

一、早期的工农运动与选举

中国共产党自成立起就重视发展工农运动，在第一次代表大会通过的纲领中明确提出把工人、农民和士兵组织起来，其根本目的是实行社会革命。从此，中国共产党领导的工农运动在各地蓬勃掀起。

党的“一大”之后，为贯彻党的纲领，加强对工人运动的领导，1921 年 8 月 11 日，中共在产业中心上海成立了领导工人运动的总机关——中国劳动组合书记部。1922 年 5 月，在广州举行第一次全国劳动大会，决定在全国总工会成立以前，由中国劳动组合书记部为各地工会总通讯机关。

从 1922 年 1 月到 1923 年 2 月，全国发生大小罢工 100 余次，参加人数超过 30 万人。毛泽东、李立三、刘少奇等多次到安源发动路矿工人，成立工会，领导了 1922 年 9 月的罢工。发生于 1923 年 2 月郑州等处的京汉铁路工人大罢工，更掀起了中国工人运动的第一个高潮，充分显示了中国工人阶级的伟大力量。工人领袖林祥谦、法律顾问施洋被军阀杀害，数十名工人牺牲，罢工失败，血的事实也使中国共产党更清醒认识到，推翻反动统治不能单靠工人阶级孤军奋战，必须发动广大的农民阶级，联合一切可以联合的力量。这就为中国共产党提出了一个重要问题：如何联合孙中山领导的国民党以反对军阀；如何开展农民运动，结成工农联盟。

农民运动成为中共另一工作重点。1923 年 8 月，受中共北方局负责人李大钊派遣，弓仲韬在河北省安平县建立了中共第一个农村党支部，即台城特别支部。南方的广东、湖南等处，农民运动也风起云涌。彭湃 1923 年元旦在家乡成立海丰县总农会并任会长，发动抗粮减租斗争，后在广州开办农民运动讲习所，著有《海丰农民运动》，被毛泽东誉为“农民运动大王”。毛泽东则在湖南发动农民，并先后写出《中国社会各阶级的分析》和《湖南农民运动考察报告》。

（一）农民协会

农民协会作为新民主主义革命初期农民阶级反对封建地主阶级斗争的一种组织形式，是在中国共产党领导的早期农民运动的实践中产生、随着波澜壮阔的农民运动兴起而发展与完备起来的。第一次国内革命战争时期，工人运动的蓬勃发展和农村阶级矛盾的进一步加剧，推动了农民协会组织的产生。

1. 农民协会的发展。最早成立农民协会的是浙江省萧山县，发起人即早期的共产党员沈玄庐。起因是萧山县衙前镇贫苦农民李成虎兄弟因租的油菜籽被抢，找沈玄庐主持公道，沈玄庐遂串联农民，以组织农民协会来维护农民的自身利益。1921 年 9 月 27 日，萧山县衙前镇第一次农民代表大会召开，宣告农民协会成立。大会选举产生 6 名委员组成农民协会执行委员会，并通过了《衙前农民协会宣言》和《衙前农民协会章程》，宣布土地归农民所有，农会与地主处于对立地位，中国新型的农民协会确立。在此影响下，附近地区的农民群起呼应，先后建立了 80 多个农民协会。随后，广东海丰、陆丰、惠阳和湖南衡山县的岳北、白果等地区相继建立农民协会。1924 年，中共与孙中山领导的国民党开始第一次国共合作，农民运动得到更大规模的展开。1924 年 7 月，广州农民运动讲习所创立，毛泽东任所长，萧楚女任教务长，周恩来、瞿秋白、吴玉章、彭湃、邓中夏等同志担任教员，讲授有关农民运动的课程，共举办了六期，培养了来自 22 个省的 781 名农民运动骨干，后来的许多重要的农运干部都出自这里。在农民运动讲习所的推动下，农民协会很快在更大范围由村、乡到县、省一级建立起来。1926 年 12 月，湖南省第一次农民代表大会召开，通过了成立全国农民协会决议案。1927 年 3 月，广东、湖南、江西、湖北四省农民协会和河南武装自卫军代表在湖北举行联席会议，成立中华全国农民协会临时执行委员会，推举毛泽东、彭湃、方志敏等 13 人为执行委员。到 1927 年 6 月，全国的农民协会已发展到 2100 多个，会员达 900 多万人。

2. 农民协会的性质。这一时期的农民协会，虽然在形式上仍属于自治性质的对抗封建统治的群众团体，但是实质上已有了政权组织的特征和职权。毛泽东在《湖南农民运动考察报告》中响亮地喊出“一切权力归农会”。农民协会制度的核心内容是一切权力归农会。农民代表大会是最高决策机构，拥有农会事务的最高决策权和最终裁定权。农会的常设机构为农会执行委员会，是农民代表大会闭会期间的决策机构，拥有对贯彻落实农民代表大会各项决议中有关事项的处置之权。

3. 农民协会的选举。选举权只属于贫雇农。1925 年 11 月，中国共产党在《中国共产党告农民书》中，对农会会员的入会条件提出了统一的要求，明确指出：农会会员以年满十六周岁之佃农雇农自耕农及农村中手工业者体力劳动者为限。凡不耕田之地主重利放债者，不耕田之宗教家如神甫牧师僧道尼巫等，均不得为会员。据此，各地农民协会对加入农会的资格限制进行了更为具体的划分，如广东省 1926 年 5 月召开的第二次全省农民代表会议上通过了《广东省农民协会修正章程》，对加入农会的资格作了如下具体规定：凡居住广东之自耕农，半自耕农，佃农，雇农，农村中之手工业者，及在农村中为体力劳动者，不论男女，凡年满十六周岁而履行第三条所列入会手续者，皆得为本会会员。若非农民而赞成农民协会，请求加入者，必须会员全体大会四分之三通过，始能正式承认其会员资格。有田地百亩以上者，以重利剥削农民者，与农民处于利益相冲突之地位者，受外国帝国主义操纵者，为宗教执教教师者，如神甫牧师僧尼巫等类和吸食鸦片及嗜赌者，均不得为农会会员。

选举制度是农民协会制度的一项重要内容，是农会机构和领导成员取得合法地位的唯一途径，是保证农民当家作主的重要形式。农民协会的选举方式分为直接选举和间接选举。直接选举适用于最基层的农会组织，选举的主体是农会会员，选举对象是农会的执行委员会和上一级农民代表大会代表。间接选举适用于区、县、省农民代表大会，间接选举的主体是农会代表。选举的对象是选举本级代表大会执行委员会和上一级农会代表。选举的方式是公开性质的举手表决。

农会领导的选举，无论是直接选举还是间接选举，由于当时历史条件的限制，均未建立起比较健全和完备的程序，选举的方法和过程也十分简单，绝大多数采用的是举手表决的形式，而且候选人的酝酿也缺少完备的程序。有些农会特别是一些基层农会，候选人的提出根本没有经过充分的酝酿和讨论，是在选举大会上由某些人临时提出就交付表决。选举者意志和民主权利的保障，主要依靠选举组织和领导机构的努力。在农会机构的选举中都强调尊重选举人的民主权利，使选举者能自由地发表意见和行使选举权，不允许对选举人的自由选择加以任何形式的干涉和强制。

（二）工人运动

中国工人运动是在中国共产党直接领导下发展壮大起来的。继 1921 年 8 月成立中国劳动组合书记部，并组织和领导安源路矿大罢工、京汉铁路大罢工之后，中共在 1925 年 5 月 1 日发起召开第二次全国劳动大会，宣告中华全国总工会正式成立，标志着全国工人阶级在党的领导下，实现了全国工会在政治上和组织上的团结与统一，揭开中国工人运动新篇章。

1. 五卅运动。1925 年 5 月，上海、青岛的日本纱厂先后发生工潮，遭到日本帝国主义和北洋军阀的镇压。5 月 15 日，上海工人领袖顾正红被日本资本家枪杀，并伤工人 10 余人。第二天，中共中央即发出第 32 号通告，紧急要求各地党组织号召工会等社会团体一致援助上海工人的罢工斗争。5 月 19 日，中共中央又发出第33号通告，决定在全国范围发动一场反日大运动。5月28日，中共中央召开紧急会议，决定以反对帝国主义屠杀中国工人为中心口号，发动群众于5月30日在上海租界举行反对帝国主义的游行示威。5月30日，上海2000余学生在公共租界分头进行声援讲演，100余人遭巡捕逮捕拘押，引起学生和市民极大愤慨，近万人聚集巡捕房门口要求释放被捕学生，英国巡捕向群众开枪，打死打伤多人。这就是震惊中外的“五卅惨案”。随后，英日等巡捕、军警继续在上海和其他地方进行屠杀，进一步激起了全国人民的公愤，广大工人、学生和部分工商业者举行游行示威和罢工、罢课、罢市，形成了全国规模的反帝爱国运动高潮。

为加强工会组织的力量，中共中央决定由李立三、刘华等主持成立上海总工会，随后刘少奇到达上海，参与上海总工会的领导。中共中央广州临时委员会和中共广东区委根据中央关于声援上海人民斗争的指示，决定指派邓中夏、黄平、杨殷、杨匏安、苏兆征组成党团，到香港组织罢工。经过短短几天的发动，工人们纷纷表示赞成举行罢工，声援上海反帝爱国运动，并成立全港工团联合会，作为香港组织罢工的公开指挥机关。6月中旬，中共广东区委又指定冯菊坡、刘尔嵩、施卜、李森、林伟民、陈延年组成党团，负责发动广州工人罢工和组织接待香港罢工工人。

为声援上海五卅运动，1925年6月23日，香港罢工工人和广州市的工人、农民、学生、青年军人及其他群众10万余人，在广州举行上海惨案追悼大会并游行示威。当游行队伍路经沙基时，突然遭到租界英国军警的排枪射击和停泊在白鹅潭的英、法军舰炮击，示威群众伤亡惨重。“沙基惨案”发生后，罢工进一步扩大，省港罢工工人很快扩展到25万人。在全国人民的声援和支持下，省港大罢工不仅在政治上而且在经济上沉重地打击了英帝国主义，对巩固广东革命根据地和准备北伐战争，发挥了巨大作用。

中国共产党在省港大罢工中发挥了领导作用。同时，这也是第一次国共合作之下的一次成功的反帝斗争，国民党左派政治家如廖仲恺、宋庆龄、何香凝等也在罢工中作出了重大贡献。1926年夏，广州国民政府出师北伐，10月，中共广东区委和省港罢工委员会根据形势的变化，宣告罢工胜利结束。省港大罢工持续16个月之久，在中国工人运动史上是空前的，在世界工人运动史上也是时间最长的一次罢工。

2. 工人代表大会和市民代表会议。在1925年的省港大罢工中，出现了最早的罢工工人代表大会。为加强对罢工斗争的领导，中国共产党发动香港、广州罢工工人选出代表，在广州召开罢工工人代表大会。大会选举产生由13人组成的省港罢工委员会，负责处理有关罢工的一切事宜。罢工委员会下设财政、纠察、法制、审计等办事机构，负责制定法规、决定罢工重大事项、分配食品、建立法庭、维持秩序等，执行了革命政权的一些重要职能。为了明确规定省港罢工工人代表大会的组织和职权，专门制定了《省港罢工工人代表大会组织法》和《省港罢工工人代表大会会议规则》。依照组织法的规定，由罢工工人选出100名代表组成的罢工工人代表大会，有权对罢工委员会及其所属机构主要职员进行选举或指派。依照《省港罢工工人代表大会会议规则》的规定，代表大会设主席团，并对主席团的产生办法、代表资格的审查、代表参加会议的守则、临时提案的提出及其通过的程序、代表发言的次数及时间、议案表决方法、会议制度以及散会后向各工会的传达等，都作了具体的规定。

1927年3月，上海工人举行第三次武装起义。在上海各界市民的支持和北伐革命军里应外合的配合下，经过浴血奋战，终于从反动军阀手中解放了中国最大的城市上海。在准备起义过程中，由工会和各民众团体选出了市、区两级市民代表会议。3 月 12 日，召开上海市临时代表会议第一次会议，通过《上海市第一次临时市民代表会议宣言》，并选出市民代表会议执行委员。起义胜利后，于 3 月 22 日，在周恩来的领导下召开第二次市民代表会议，选出 19 名市政府委员，组成“上海特别市临时市政府”。3 月 26 日召开第三次市民代表会，通过了《上海特别市市民代表会议政府组织条例》。上海市民代表会议中市、区两级代表会议的代表，都是由选民按职业、学校、机关、团体为单位直接选举产生。每个代表都有固定的联系单位，既便于代表及时反映群众意见，又便于对代表实行群众性的监督。

农民协会和罢工工人代表大会、市民代表会议的选举都为建立革命政权进行了有益的尝试。这一时期，可以说是人民代表大会及其选举制度的萌芽期。

二、苏维埃政权建设时期的民主选举

毛泽东在《论人民民主专政》一文中有一句很经典的话：“十月革命一声炮响，给我们送来了马克思列宁主义。”与马克思列宁主义相偕而来的还有一个令人耳目一新的外来词——“苏维埃”。中国共产党成立之初通过的第一个党纲就明确“本党承认苏维埃管理制度”。据著名学者高放考证，中文“苏维埃”一词是由当年北大教授、后来担任中国民主社会党主席的张君劢于 1918 年音译的，1922 年以后广为流行。

（一）十月革命与“苏维埃”

“苏维埃”原意即“代表会议”或“议会”，十月革命前的俄国已有苏维埃一词，沙皇统治时期的国务会议就叫作国务苏维埃。早在 1905 年 3 月，乌拉尔的阿拉帕耶夫斯克工厂的工人首先建立了工人代表苏维埃，作为领导罢工的机关。随着革命形势的发展，苏维埃由领导罢工的机关转变为领导武装起义的机关，成为革命政权的萌芽形式。1905 年俄国革命失败，苏维埃被沙皇专制政府取缔。1917 年 3 月 8 日（俄历 2 月 23 日），在布尔什维克党（后改称俄国共产党）领导下，首都彼得格勒工人开始总罢工，沙皇尼古拉二世下令镇压，于是罢工转变为武装起义。沙皇军队在革命感召下同起义工人一起占领冬宫，统治俄国长达 304 年的罗曼诺夫王朝被二月革命推翻，俄国民主革命获得了胜利。二月革命时期，各地重新建立了苏维埃，1917 年 6 月召开了全俄苏维埃第一次代表大会。二月革命后，俄国出现了历史上罕见的两个政权并存的局面：一个是临时政府，一个是工农兵代表苏维埃。1917 年 11 月 7 日（俄历 10 月 25 日），以列宁为首的布尔什维克党推翻了地主资产阶级政权，取得了十月革命的胜利。胜利的当天就召开了全俄苏维埃第二次代表大会，列宁提出“一切权力归苏维埃”，从此，苏维埃成为俄国无产阶级专政的政权组织形式。

1918 年，全俄苏维埃第五次代表大会通过的《俄罗斯苏维埃联邦社会主义共和国宪法》明确规定，全俄苏维埃代表大会是最高的国家权力机关，全国工人、农民、红军以及哥萨克代表组成全俄苏维埃代表大会。在全俄苏维埃代表大会闭会期间，由其选举产生的全俄苏维埃中央执行委员会执行最高权力机关的职责，并对全俄苏维埃代表大会负责。苏俄时期人民享有普选权。凡是俄罗斯苏维埃联邦社会主义共和国公民，不分性别，不问其信仰、民族以及居住期限等，只要在选举之前年满 18 周岁，都依法享有选举和被选举的权利，那些剥削他人的人除外。在苏俄，全俄苏维埃代表大会和地方各级苏维埃代表大会都由民主选举产生，实行直接选举和间接选举相结合的原则。地方苏维埃代表由工农兵群众直接选举，上级苏维埃由下级苏维埃推举的代表构成，而不是由选民直接选举。为了使选举能更好地代表人民的利益，列宁明确提出用苏维埃的生产单位代表制代替地域代表制，即在苏维埃制度下，选举单位和国家的基层组织不按地域划分，而是按经济和生产单位（工厂等）划分的。这种选举办法可以使苏维埃同各个行业和生产单位、经济单位建立密切的联系。在代表名额的分配上，苏维埃实行比例代表制，这是一种按照各政党所获选票数在总票数中所占比例分配代表名额的制度，能够比较客观地反映各种政治势力的力量对比，被列宁称为“最民主的选举”。

（二）“苏维埃”在中国的启动

1924 年 1 月，中国国民党第一次全国代表大会在广州举行。大会正式确认了中国共产党员以个人身份加入国民党的原则，标志着第一次国共合作的形成。中国共产党与孙中山领导的中国国民党共同领导了轰轰烈烈的“打倒列强，除军阀”的工农革命运动。

1927 年，北伐战争顺利发展，工农运动不断高涨，上海第三次工人武装起义胜利。但是，以蒋介石为代表的国民党右翼势力在上海发动了“四一二反革命政变”：4 月 11 日晚，蒋介石密令已光复的各省，一致实行清党。当晚，蒋介石指使杜月笙诱杀上海总工会委员长、共产党员汪寿华。12 日凌晨，被蒋介石收买的青帮武装分子冒充工人，向分驻各处的工人纠察队发动袭击，工人纠察队奋起抵抗。随后，国民党第二十六军周凤岐部借口调解

“工人内讧”，强行解除2000名工人纠察队的武装。13日上午，上海总工会在闸北青云路广场举行有10万工人参加的群众大会，会后整队游行。当队伍行至宝山路时，遭到国民党军队的屠杀。此后，蒋介石继续捕杀共产党人和革命群众。仅三天，即有300多人被杀，500多人被捕，5000多人失踪。蒋介石等右翼势力公开叛变革命，致使第一次国共合作破裂。

中国共产党毅然举行“八一南昌起义”，打响了武装反抗国民党反动统治的第一枪。1927年8月7日，中共中央在汉口召开紧急会议（简称“八七会议”），确定了实行土地革命和武装反抗国民党反动统治的总方针。中共中央临时政治局常委会于1927年8月21日通过《中国共产党的政治任务与策略的决议案》，第一次提出“工农兵代表苏维埃，是一种革命的政权形式”〔1〕。在此之前的8月9日，联共中央在关于国际形势的决议中也明确表态：“既然共产党促使国民党革命化的意图得不到成果，既然不能将该党转变为广大工农群众的组织，并使其实现民主化，而另一方面，革命势将走向高潮，那就必须将苏维埃这一宣传口号变为直接斗争的口号，并着手组织工农和手工业者苏维埃。”1927年9月19日，中共中央临时政治局会议通过《关于“左派国民党”及苏维埃口号问题决议案》：“现在的任务不仅宣传苏维埃的思想，并且在革命斗争新的高潮中应成立苏维埃。”〔2〕1927年11月，中共中央临时政治局扩大会议决定各革命根据地的政权形式采取工农兵苏维埃会议制度，并在此基础上进行民主选举。从

〔1〕全国人大图书馆编：《中华苏维埃代表大会重要文献选编》，中国民主法制出版社2019年版，第7页。

〔2〕全国人大图书馆编：《中华苏维埃代表大会重要文献选编》，中国民主法制出版社2019年版，第10页。

此，中国共产党领导的政权组织开始由农民协会等形式向工农兵代表苏维埃转变。1928 年 6 月至 7 月在莫斯科召开的中共“六大”，通过了《苏维埃政权的组织问题决议案》，对苏维埃政权的性质和组织制度以及应当贯彻的民主选举原则进一步作出明确规定：“苏维埃应在劳动群众直接选举的基础上组织起来……选举时应由工厂工人、各马路工人和贫民、工会工人、手工业者（手工业者工人大会，而不是职工会的执行委员会）、学生等执行，并宜包纳各地下层组织、职工会及党代表。代表成分的分配，应使大多数为直接选出的工人和贫民。并应随地酌定选举条例，务使苏维埃中革命影响得到保障。”〔1〕这些规定丰富了中国共产党政权建设的思想，成为土地革命战争时期中共创建农村根据地革命政权的重要理论指导。

由于第一次国共合作的历史原因，南昌起义仍然打着国民党左派的旗帜，起义后成立的政权也称中国国民党革命委员会，而其后爆发的湘赣边界秋收起义则完全不同。毛泽东在给中央的信中写道：“我们不应再打国民党的旗子了。我们应高高打出共产党的旗子，……只有共产党旗子才是人民的旗子。”毛泽东领导秋收起义后建立了井冈山革命根据地，开创了一条由农村包围城市、武装夺取政权的正确道路。

继毛泽东、朱德领导创建井冈山和赣西南、闽西红色割据区域，中共还建立了十多块革命根据地。如彭德怀、滕代远、黄公略等领导创建的湘赣和湘鄂赣红色区域；方志敏、邵式平等创建的赣东北红色区域；彭湃、古大存等领导创建的广东东江红色区域；杨善集、王文明等领导创建的琼崖红色区域；贺龙、周逸群

〔1〕全国人大图书馆编：《中华苏维埃代表大会重要文献选编》，中国民主法制出版社 2019 年版，第 50 页。

等领导创建的湘鄂和湘鄂西红色区域；吴光浩、戴克敏等领导创建的鄂豫皖红色区域；邓小平、张云逸、韦拔群等领导创建的广西左右江红色区域。到 1930 年 6 月，工农红军已发展到约 10 万人，建立的红色区域遍布赣、闽、湘、鄂、粤、皖、桂等 10 多个省份，人口达到 1000 万，形成了星火燎原之势。以江西为中心的南方革命根据地普遍建立了乡、区、县苏维埃政权，简称“苏区”。

但是，各苏区地域分割，中共中央机关地处上海，与苏区联系不畅，工作指导也较为困难。同时，随着中国苏维埃运动蓬勃发展，共产国际执委会认为，建立苏维埃中央政府，已经成为中国共产党议事日程上最主要的一项任务，要求中国共产党加强对全国各苏区斗争的领导，各苏区之间加强联络，以便在斗争中更好地互相配合。为此，中共中央于 1930 年 2 月 4 日发布“关于召集全国苏维埃区域代表大会”的通告，指出：“因此党的策略必更须注意于全国各苏维埃区域与红军的联系，要使广大的农民政权与武装不仅在土地革命的过程中发展起来，并要使其在无产阶级坚强的领导之下联合起来，更有组织性地行动起来，而成为新的革命高潮生长的一个直接动力。因此，中央特号召，全国各级党部尤其是农村地方党部在群众中公开宣传，今年五一节将开一全国苏维埃区域代表大会，以联系全国苏维埃区域与红军，以统一中国革命的指导行动。”〔1〕

（三）中华苏维埃第一次全国代表大会

1930 年 5 月，全国苏维埃区域代表大会在上海召开。大会通过了全国苏维埃区域代表大会宣言、劳动保护法、土地暂行法及其他相关决议文件，决定 1930 年 11 月 7 日召开第一次全国工农兵

---

〔1〕 全国人大图书馆编：《中华苏维埃代表大会重要文献选编》，中国民主法制出版社 2019 年版，第 135 页。

贫民苏维埃大会，建立全国工农兵贫民自己的政府，并决定组织全国苏维埃代表大会中央准备委员会（简称“中准会”）。1930 年 9 月 12 日，“中准会”第一次全体会议在上海召开，会议讨论通过了《中国工农兵会议（苏维埃）第一次全国代表大会苏维埃区域选举暂行条例》，以及准备提交大会的《中华苏维埃共和国国家根本法（宪法）大纲草案》和劳动法、土地法令、经济政策和关于红军问题决议案等草案。鉴于召开第一次苏维埃全国代表大会的准备工作尚未就绪，会议决定原定于 1930 年 11 月 7 日在上海召开的中华苏维埃第一次全国代表大会，推迟至 1930 年 12 月 11 日广州起义三周年纪念日召开，开会地点移至红一方面军活动的江西苏区。但是，当时在中央实际主持工作的李立三认为，苏维埃中央政府应当设在武汉，至少也要设在长沙、南昌等中心城市。李立三“左”倾冒险错误被纠正后，成立中央政府的准备工作继续进行。由于国民党军队对中央根据地连续发动军事“围剿”，致使第一次全国苏维埃代表大会一再延期举行。1931 年 2 月，中央政治局召开会议，决定由毛泽东担任中华苏维埃共和国临时中央政府主席，并报告共产国际，得到批准。5 月 9 日，中央政治局通过《关于目前政治形势及中共党的紧急任务决议案》，提出“建立苏维埃中央临时政府与各区政府来对抗南京国民政府，公布与实施苏维埃政府的一切法令”，是“苏区最迫切的任务”，并规定筹备工作由苏区中央局负责。6 月 1 日，苏区中央局发表《为第一次全国苏维埃代表大会宣言》，宣布在 8 月 1 日召开大会，成立中华苏维埃共和国临时中央政府。不久，因国民党军队发动第三次“围剿”，苏区中央局于 6 月下旬决定大会改在 11 月 7 日召开〔1〕。

〔1〕 中共中央党史研究室编：《中国共产党历史》第一卷上册，中共党史出版社 2021 年版，第 326—328 页。

1931年11月7日，中华苏维埃共和国第一次全国代表大会（简称“一苏大会”）在江西瑞金叶坪村隆重开幕，出席会议的代表分别来自中央苏区和湘鄂赣、赣西南、赣东北、闽粤、湘鄂西、鄂豫皖、湘南、广西、琼崖等苏区，以及红军部队和在国民党统治区的全国总工会、全国海员总工会代表等共610人。开幕当天上午举行了阅兵典礼，下午由项英致开幕词，晚上举行了提灯庆祝晚会。毛泽东代表苏区中央局作了《政治问题的报告》。大会通过了《中华苏维埃共和国宪法大纲》，规定：中国苏维埃政权所建设的“是工人和农民的民主专政的国家”，“苏维埃全部政权是属于工人、农民、红军兵士及一切劳苦民众的”，“中华苏维埃共和国之最高政权为全国工农兵会议（苏维埃）的大会”，中央执行委员会是大会闭会期间的最高执行机关，中央执行委员会之下设立人民委员会处理日常政务，对中央执行委员会负责并报告工作。大会还决定瑞金改名为瑞京，作为苏维埃共和国首都。大会选出毛泽东、项英、张国焘、周恩来、卢福坦、朱德、瞿秋白等63人组成中华苏维埃共和国中央执行委员会〔1〕，宣告中华苏维埃共和国成立。11月20日大会闭幕，毛泽东致闭幕词。11月27日，中央执行委员会举行会议，选举毛泽东为中央执行委员会主席和人民委员会主席，项英、张国焘为副主席。大会还组成了中央军事委员会，以朱德为主席，王稼祥、彭德怀为副主席。

中华苏维埃第一次全国代表大会的举行和中华苏维埃共和国的建立，在中国共产党政权建设史上有着非常重大的意义，它是我们党创建的第一个国家形态的工农民主政权，是人民代表大会

〔1〕 中国人民代表大会制度理论研究会编：《人民代表大会制度从这里走来》，中国民主法制出版社2021年版，第31页。

制度的最初尝试。同时，它也为探索建立国家形态的民主选举制度奠定了基础、提供了实践平台。

（四）选举制度的初步探索实践

从1930年筹备“一苏大会”到1934年，中国共产党在苏区进行了三次大规模的民主选举运动。第一次：从1930年9月起，根据全国苏维埃代表大会中央准备委员会通过的选举暂行条例规定，中央苏区和其他革命根据地选举产生了610名出席“一苏大会”的代表。第二次：1931年底，根据苏维埃中央执行委员会颁布的《中华苏维埃共和国的选举细则》规定，各级地方苏维埃政权进行了全部或部分改选。第三次：1933年6月，按照《中央执行委员会关于召集第二次全苏大会的决议》，各级苏维埃逐级选举产生了700多名参加“二苏大会”的代表。

苏维埃中央执行委员会制定的一系列法律，引导和规范了上述大规模的民主选举运动，有力地促进了苏区民主选举制度的建设。“一苏大会”闭幕后，苏维埃中央执行委员会随即颁布了《中华苏维埃共和国的选举细则》，它在总结各根据地苏维埃政权建设经验的基础上，对各级苏维埃代表的产生、承认、取消、召回和选举经费作了明确的规定，是赤色中国的第一部选举法，其内容分为“总则”“选举权和被选举权”“办理选举的机关”“选举的手续”“各级工农兵苏维埃代表产生的手续及代表与居民的人数的比例”“基本（城乡）选举之承认取消及代表之召回”“选举的经费”“附则”等八章，共五十五条。该细则还附有一份《中华苏维埃共和国选举委员会的工作细则》，共有五章，明确了选举的具体程序和负责选举的专门机构——选举委员会，对选举中的选民资格、选举单位、选举程序、选举经费保障、选民登记和候选人名单公布等方面作了非常详细的规定。

1933 年 8 月，为保障中华苏维埃第二次全国代表大会顺利召开，做好乡区县省四级选举工作，苏维埃中央执行委员会颁布《苏维埃暂行选举法》，其内容包括“总则”“选举权和被选举权”“选举的手续”“各级苏维埃的选举程序及代表的标准”“红军的选举手续及代表的标准”“基本（市乡）选举的承认取消及代表之召回”“选举委员会及其工作”“选举的经费”“附则”等九章，共五十九条，全面系统地规定了各级国家权力机关——各级苏维埃代表大会的民主选举程序和方法。中央执行委员会在相关决议中宣布《苏维埃暂行选举法》自同年 8 月 15 日起生效，此前所颁布的“选举细则”等法律文件同时废止。

三次大规模的选举实践和选举法律的不断改进，使苏区选举的普遍性、平等性原则得到确立，选举组织、选举程序等也初步成型。

1. 普遍选举权的相对性。《中华苏维埃共和国的选举细则》规定：“凡居住在中华苏维埃共和国境内的人民，年满 16 岁的，无论其性别、宗教、民族之同异，对苏维埃均有选举权和被选举权。但有下列情形之一的，没有此种权利：（一）剥削他人劳动的（富农包括在内）；（二）靠土地资本的盈利为生，而自己不劳动者；（三）商人资本家，及其代理人中间人和买办；（四）各宗教的教师、牧师、僧侣道师、地理阴阳先生，及一切以传教为职业的人；（五）国民党及其他反动政府的警察侦探宪兵官僚军阀及参加反对工农利益的反动派；（六）有神经病的人；（七）经法庭判决有罪，而在犯罪期间的人；（八）一、二、三、四、五各项人的家属。”[1]《苏维埃暂行选举法》第四条规定：“凡居

〔1〕 全国人大图书馆编：《中华苏维埃代表大会重要文献选编》，中国民主法制出版社 2019 年版，第 683 页。

住在中华苏维埃共和国领域的人民，在选举的日子，年满十六岁的，无男女、宗教、民族的区别……都得享受选举权和被选举权。”苏区妇女的参选权利也受到高度重视，中共中央组织局在“二苏大会”代表选举前指示各级党部，要求积极发动广大妇女参加选举，各级苏维埃代表中妇女必须占25%以上。从上述规定可以看出：一方面，苏区推行了广泛的选举制度，苏维埃公民年满16岁均享有苏维埃选举权利，苏维埃地区内的大多数人都参加了选举。毛泽东在“二苏大会”上的报告中指出：苏维埃实施选民登记制度。用红榜白榜的办法将有选举权的居民与无选举权的居民实行严格的划分。以不准任何剥削分子参加的选民大会的选举，代替了过去开群众大会选举的办法。所有工人、农民、红军及一切劳苦民众和他们的家属，不分男女种族宗教，凡在16岁以上都有选举权和被选举权。许多地方的选民达到了80%以上。妇女也当选苏维埃代表。广大劳苦大众充分享受民主权利，这是苏维埃政权最为成功的创举。对此，毛泽东盛赞：苏维埃政权的民主发展到了这样的程度，实在是历史上任何政治制度所不曾有的。另一方面，在当时对敌斗争严酷激烈的背景下，选举权的普遍性又受显著的阶级对立限制。

2. 选举权的平等性。中华苏维埃共和国的选举权是平等的，每一选民都平等地参加选举，在每次选举中都只有一次登记。《中华苏维埃共和国的选举细则》第十九条规定：“登记后有选举权的选民，选举委员会须给他一张选举通知书，通知他在什么时候什么地方开选举大会，选民取得这张通知书之后才能进选举的会场。”选举通知书就如同现今的“选民证”，只有符合登记要求的有选举权的选民方可取得通知书，每个选民都只有一个投票权。

3. 选举的组织。选举委员会是中华苏维埃共和国负责基层选举工作的专门机关，分为市选举委员会和区选举委员会。法律规定苏维埃代表会议召开前1至2个月成立选举委员会，各级选举委员会由同级的中共地方党组织和各级政府及群众团体采用民主方法推选出来的代表组成。《中华苏维埃共和国的选举细则》规定，在城市由城市苏维埃组织选举委员会，在农村由区执行委员会组织选举委员会。在大城市和大的区，选举委员会之下可设立分会。选举委员会的委员除民主推选外，还要由城市苏维埃及区执行委员会在主席团会议上讨论通过，然后报县执行委员会审查。县执行委员会审查通过后再报省执行委员会或主席团批准委任。为了使选举能真正代表民意，《苏维埃暂行选举法》规定："市苏维埃、乡苏维埃及区执行委员会的主席不得为选举委员会的委员。"

4. 选举的程序。苏区的选举已有了初步的程序设定，整个选举大致要经过选举动员、划分选举单位、选民登记、公布候选人名单、正式选举五个步骤。

第一，选举动员。宣传动员是选举前一项非常艰巨和重要的工作。由于受剥削和压迫，广大贫苦农民普遍缺乏文化知识和民主参政意识，更没有经历过选举，许多群众对民主选举的意义缺乏认识，对选举的法令茫然无知。为普及苏维埃选举的法律知识和提高群众的民主参政意识，苏区因地制宜采取了有针对性的宣传内容：一是号召群众为了彻底实现土地法、劳动法赋予的权利就应该参加选举，以建立真正能执行一切法令的有力量的政府。二是让工农群众明白苏维埃是人民自己的政府，如果让不称职的人当权，就不能为他们谋利。三是宣传选举权是工农珍贵的权利，地主、富农、资本家被剥夺了选举权，在政治上也就没有了地位。四是发动工会、贫农团等群众团体开会讨论选举问题，让每个选民都知道本地的选举事宜，以便积极参加。

1933 年 8 月 1 日，中共中央组织局作出关于第二次全苏大会准备工作的决定，提出“在苏区之内，要动员所有宣传机关和群众团体，进行普遍的宣传鼓动工作”。为此，党和苏维埃政府各级组织派工作人员挨门挨户做宣传工作，“普遍以乡为单位，组织了三人至七人的宣传队，比较先进的地方组织了化装讲演，演新戏，俱乐部开晚会，各学校上选举课等”。为使宣传动员取得好的效果，中央苏区直接领导选举运动的内务部，除大造声势分别召开了北部 18 县和南部 18 县两个选举动员大会外，还办了两期培训宣传和指导选举工作的干部培训班。各省、县、区也开办了选举运动的训练班。如江西省博生县〔1〕梅江区召集各乡宣传队到苏区集中训练，“讨论关于选举运动的各项问题，对于选举运动的重大意义和重要方法，宣传鼓动工作，选举手续及选举的条文，都有了相当的了解才回到各乡去工作”；有的乡“宣传的内容比较活泼，不是一般的背诵几个中心口号，能够实际地与群众的切身利益联系起来，使群众了解今年选举运动的重大意义”；有的“村组织了宣传队，深入各家各屋去作广泛宣传，使每个选民都来参加选举”〔2〕。通过深入开展阶级斗争，密切联系群众的实际生活，以及广泛的宣传和发动，提高了苏区乡村广大群众的民主觉悟和参加选举运动的主动性、积极性和广泛性。

第二，划分选举单位。在苏维埃共和国成立初期，由于对选

---

〔1〕 今江西省宁都县。为纪念宁都起义领导人赵博生烈士，中华苏维埃政府于 1933 年 1 月设置，1934 年 10 月红军长征，博生县取消。

〔2〕 中国井冈山干部学院中央档案馆编：《红色中华》全编（整理本）第 5 卷，江西人民出版社 2016 年版，第 2333 页。

举单位的划分缺乏感性认识，选举单位的划分以乡为单位，这样划分有明显的缺陷：一则选举单位太大，有的路上相隔十里或七八里地，使选民到会不容易；二则工农混合选举，使工人不容易选举他们所要选举的人。1933 年 8 月 9 日颁布的《苏维埃暂行选举法》规定："工人须由生产或以其职业与产业的组织为单位开选举大会。那些不能以生产为单位进行选举的人民，则须划区域或划街道，指定地点开选举大会。农民以屋子（小村子）为单位开选举大会，人数过少的小屋子，可合并附近一个至几个屋子为一起而开选举大会。"这些规定，一方面将选举单位划得较小，将过去的乡缩小为村子、企业，"使选民易于参加选举，增加了选民参加的人数，使选民有更多的发表意见的机会……使更广大的工农群众紧密地团结在苏维埃周围"。另一方面也注意到选举单位的划分要充分照顾选民的实际情况，并以一定数量的人口为基础来进行划分。

第三，选民登记。《苏维埃暂行选举法》规定，有组织的选民可经过该组织（如工会、贫民团等）去进行登记；无组织的选民，由选举委员会的登记员进行登记。登记要按照选民登记表填写，登记结束后，即由选举委员会指定专人审查登记表，并须在选举大会前 5 天，经过当地苏维埃政府，将选民的名单在当地公布，同时还要公布被剥夺选举权者的名单。在实际操作中，用红榜白榜的方式标明有无选举权，有选举权的名字写在红榜上，无选举权的名字写在白榜上。如福建上杭才溪乡和江西兴国长冈乡发榜公布时，16 岁以上有选举权的一张，16 岁以下无选举权的一张，地主、富农等无选举权的一张。前两张用红榜，后一张用白榜，在村和乡苏维埃门前张贴。选民名单公布后，选民将得到由选举委员会发给的"选举通知书"，通知什么时候在什么地方开选举大会。选举时选民持“选举通知书”才能进入会场，选举委员会在选举会场门口还要登记实到选民。

第四，公布候选人名单。根据《苏维埃暂行选举法》规定，只有年满16岁，享有选举权和被选举权的人才能成为代表候选人。对于候选名单，选举委员会应作充分的事先准备，候选名单，应该在选举前收集群众团体的意见，由选举委员会公布，使选民对于候选人能够加以充分的考虑。当实行选举时，须按名单逐一提出，逐一讨论，逐一表决，使选民尽量发表意见，使革命的民主精神表现出来。候选名单中首先要注意成分，不但要照着选举法使适当数目的工人及农民当选，而且要依照选举训令至少有占百分之二十五的劳动妇女者当选，应注意政治表现，凡属贪污腐化消极怠工，及同地主富农资本家妥协的分子都不要使他当选，当选全数是工作积极观念正确的分子。此外，还要注意工作能力方面，能力过于薄弱的亦不宜引进到政府来。

代表候选名单提出后，交选举委员会公布。目的是让全体选民审查候选人名单，对候选人进行充分的考虑。选举委员会负责收集群众特别是群众团体对候选人名单的意见。中央执行委员会第22号训令要求，“当实行选举时，须按名逐一提出，逐一讨论，逐一表决，使选民尽量发表意见，使革命的民主精神充分地表现出来”，绝对禁止用强迫命令方式选举代表。“当选民中有不赞同某人的表示时，须立即注意群众意见，如果多数人所反对，应立即撤销原议，而另提适当的候选人，或由群众提出候选人。”这就有利于选举的民主和公正。在苏区的不少地方，候选人名单公布后，立刻就有群众进行评判。有人在候选人名下注“好”“不好”，有人在候选人名下注“同意”“消极”，也有人在候选人名下注“官僚”二字。最典型的是福建上杭才溪乡，当候选人名单公布后，不少群众就提出了意见，有的甚至要求取消才溪乡两个最主要的党政负责人的候选资格。一个是中共党支部书记，一个是乡苏维埃政府主席。前者利己自私，查田运动中，把13块好田调给自己；后者有贪污嫌疑，募捐后不公布钱财清单，自己的生活水平明显地超过了一般群众。结果两人被选举委员会取消了候选资格。虽然这只是极端个案，但是从一个侧面反映了苏维埃对选民意见的重视程度和苏区民主的真实性。

第五，正式选举。苏区的选举是以召开大会的方式进行的，其会议程序包括：首先由选举委员会的代表根据法律规定宣布谁有选举权和被选举权，谁剥夺了选举权和被选举权；其次选举正式代表；再次选举候补代表；最后通过提案。

《苏维埃暂行选举法》规定："选举不用书面投票，以举手来付表决，举手多数者当选。""提出候选人付表决时，须用逐个表决的方法，不得拿整个人名单一次付表决。"同时规定："选举大会须有该地选民总数的半数以上到会，才能开会。倘若到会的选民不足法定人数时，须宣告延会，由选举委员会再定期重新召集。在重新召集选举大会的情形中，开会和地点须重新通知。倘第二次召集选举大会，无论足法定人数与否，可以开会，选举出应产生的代表人数。""选举大会的主席团，由三人组成，两人由大会推选，一人为选举委员会的代表。选举委员会的代表为选举大会主席团的当然主席。并推选书记一人，担任选举大会的记录。选举大会宣布开会后，主席须根据进会场时的登记册，宣布到会人数是否足法定人数。"

在确定代表候选人是否当选的问题上，苏维埃共和国选举制中采用的是绝对多数当选制。即获得该选区（选举大会）选民所投的有效票半数以上的候选人被认为当选。选举结束后，选举委员会将选举中的一切文件包括选举结果记录汇交城市苏维埃或区执行委员会，以备审查，同时将当选代表列榜公布。城市苏维埃和区执行委员会接到有关选举的文件和选举结果记录后，应立即组织专门委员会进行审查，如发现某部分（如某乡选区大会）选举不合法定手续，可以宣布这部分选举无效，重新进行选举。

上述三次民主选举运动，既为全国苏维埃代表大会做了组织准备，又巩固了新生的苏维埃政权，积累了民主选举实践经验。一系列法规文件的颁布使工农兵代表选举从探索走向初步制度建设，其形式和内容日益充实，是中国共产党深入探索中国民主政权建设的重大成果，尤其是选举的普遍性和平等性原则的确立及选举组织、选举程序等方面的实践，为当代中国选举制度建设提供了制度雏形和宝贵经验。

三、陕甘宁边区参议会的选举

自中央苏区建立起，蒋介石就坚持“攘外必先安内”的方针，置民族危亡于不顾，围剿工农红军。1933 年 9 月，蒋介石采取“堡垒主义”新战略，调集 100 万兵力对中央苏区进行第五次“围剿”。1934 年 10 月，工农红军第五次反“围剿”失利，中央苏区和南方其他苏区相继丧失，中华苏维埃共和国政府随军北迁。经过二万五千里长征，1935 年 10 月，中央红军到达陕北，建立陕甘宁革命根据地。此后，陕甘宁苏区成为中华苏维埃共和国的中心区域。

（一）从苏维埃到参议会的转变

1935 年 8 月，共产国际七大通过了《关于建立反法西斯统一战线的决议》，确定了必须把扩大苏维埃运动与人民反帝运动联结起来的方针，中国共产党也改变了苏维埃存在的方式，以适应抗日民族统一战线的需要。1935 年 12 月 27 日，毛泽东在陕北瓦窑堡党的活动分子会议上作了《论反对日本帝国主义的策略》的报告，他说："观察了反革命和革命两方面的形势以后，我们就容易说明党的策略任务了。党的基本的策略任务是什么呢？不是别的，就是建立广泛的民族革命统一战线。"毛泽东指出："如果说，我们过去的政府是工人、农民和城市小资产阶级联盟的政府，那么，从现在起，应当改变为除了工人、农民和城市小资产阶级以外，还要加上一切其他阶级中愿意参加民族革命的分子。""因此，这个政府的纲领，应当是以适合于反对日本帝国主义及其走狗这个基本任务为原则，据此以适当地修改我们过去的政策。"〔1〕

1937 年 5 月 3 日，毛泽东在中国共产党全国代表会议上所作《中国共产党在抗日时期的任务》的报告中进一步指出："由于中日矛盾成为主要的矛盾、国内矛盾降到次要和服从的地位而产生的国际关系和国内阶级关系的变化，形成了目前形势的新的发展阶段。"为此，中共中央决定："（1）共产党领导的陕甘宁革命根据地的政府改名为中华民国特区政府，红军改名为国民革命军，受南京中央政府及军事委员会的指导；（2）在特区政府区域内，实行彻底的民主制度；（3）停止武力推翻国民党的方针；（4）停止没收地主的土地。"〔2〕

正是因为抗日战争的爆发，阶级矛盾下降，民族矛盾上升为社会主要矛盾，国内阶级力量产生分化，各种政治力量重新组合。为了团结一切可以团结的爱国力量，赢得抗战的胜利，在

〔1〕《毛泽东选集》第一卷，人民出版社 1991 年版，第 151—152、156 页。

〔2〕《毛泽东选集》第一卷，人民出版社 1991 年版，第 252、258 页。

1937 年抗日民族统一战线初步形成后，中国共产党开始在陕甘宁边区实行适应抗日民族统一战线要求的新政体及其相应的制度。1937 年 9 月，中共中央正式宣布取消中华苏维埃共和国的称号，将中华苏维埃共和国临时中央政府西北办事处，改为中华民国特区政府即陕甘宁边区政府。同时，在苏维埃代表大会的基础上，建立由中国共产党领导的各革命阶级联合执政的政权形式，即边区参议会。

陕甘宁边区参议会作为革命根据地的民意机关、立法机关和权力机关，是由边区苏维埃代表大会转变而来，其前身为陕甘宁边区议会。1937 年 5 月 12 日颁布的《陕甘宁边区议会及行政组织纲要》规定，"边区各级民意机关，一律称议会"。陕甘宁边区实行议会民主制，各级议会议员由选民直接选举；行政长官乡长、区长、县长、边区政府主席由各级议会选举；县议会闭会期间设县常驻议员代行职权，边区议会闭会期间设边区常驻议员代行职权；各级政府直接对议会负责。1938 年 11 月，边区政府决定参照国民政府《省临时参议会组织条例》，将陕甘宁边区议会改称陕甘宁边区参议会，分为区参议会、县参议会和乡参议会。边区各级参议会选举产生各级政府，监察、弹劾各级政府工作人员，创制和议决重大事项。

（二）"三三制"民主选举原则

以毛泽东为代表的中国共产党人，坚持抗日民族统一战线中的独立自主原则，陕甘宁边区及中共创建和领导的其他根据地参议会虽然在形式上保持了与国统区地方政权的一致性，但本质上却与国民党统治区的"训政"和一党专制形成了鲜明的对比。"它不是由一个党选定的单纯咨询机关，而是经人民普选产生的、包括各党派各阶级在内的边区全体人民的代表机关和边区最高权力机关。它有广泛的职权，包括：选举或罢免边区政府主席、副主席、委员、高等法院院长；监察即弹劾边区各级政府工作人员；制定边区单行法规；审查批准边区政府预决算；决定征收、废除或增减地方税收；批准有关民政、经济建设、文化教育、地方军事等各项计划，以及其他应兴应革事宜等。边区参议会是由选民直接选举产生的，参议员对选民负责，受选民监督，代表选民的利益和意志决定重大问题，并监督其执行。”〔1〕边区参议会及各级政府（行政委员会）民主性最突出的体现，就是政权选举的“三三制”原则。

1940年3月6日，毛泽东在为中共中央起草的对党内的指示《抗日根据地的政权问题》中首次提出政权建设的“三三制”原则：“根据抗日民族统一战线政权的原则，在人员分配上，应规定为共产党员占三分之一，非党的左派进步分子占三分之一，不左不右的中间派占三分之一。”〔2〕5天后，在党的高级干部会议上，毛泽东作了题为《目前抗日统一战线的策略问题》的报告，进一步阐明了“三三制”的内涵：“在政权的人员分配上，应该是：共产党员占三分之一，他们代表无产阶级和贫农；左派进步分子占三分之一，他们代表小资产阶级；中间分子及其他分子占三分之一，他们代表中等资产阶级和开明绅士。只有汉奸和反共分子才没有资格参加这种政权。这种人数的大体上的规定是必要的，否则就不能保证抗日民族统一战线政权的原则。”〔3〕

党的这一主张即成为中国共产党创建和领导的抗日根据地政

〔1〕刘政：《人民代表大会制度的历史足迹》，中国民主法制出版社2008年版，第17页。

〔2〕《毛泽东选集》第二卷，人民出版社1991年版，第742页。

〔3〕《毛泽东选集》第二卷，人民出版社1991年版，第750—751页。

权的施政纲领。1941 年 5 月 1 日，中共中央和陕甘宁边区政府的机关报《新中华报》正式刊印了《陕甘宁边区施政纲领》（也称“五一施政纲领”）。这个纲领是由中共边区中央局提出、中共中央政治局批准的，而且毛泽东亲自审改了文稿，全文共 21 条，其中第五条有关民意机关和行政机关的民主选举“三三制原则”尤为引人注目：“本党愿与各党各派及一切群众团体进行选举联盟，并在候选名单中确定共产党员只占三分之一，以便各党各派及无党无派人士均能参加边区民意机关之活动与边区行政之管理。在共产党员被选为某一行政机关之主管人员时，应保证该机关之职员有三分之二为党外人士充任，共产党员应与这些党外人士实行民主合作，不得一意孤行，把持包办。”另外，五一施政纲领的第六条规定：“保证一切抗日人民（地主、资本家、农民、工人等）的人权、政权〔1〕、财权及言论、出版、集会、结社、信仰、居住、迁徙之自由权。除司法系统及公安机关依法执行其职务外，任何机关、部队、团体不得对任何人加以逮捕、审问或处罚，而人民则有用无论何种方式控告任何公务人员非法行为之权利。”同年 11 月，陕甘宁边区第二届参议会正式通过这个纲领，使党的政策上升为法律，由此“三三制”选举等民主制度全面实行。

人民普选的参议会与“三三制”的民主政权，对于巩固中国共产党领导的抗日民族统一战线，发展进步势力，争取中间势力，孤立顽固势力，团结、动员和组织最广大人民进行抗战，起到了重要作用。它是民主政治的集中表现，是中国共产党在当时中国土地上建立的、一切其他政权不能比拟的最民主、最廉洁、

〔1〕 此处的“政权”指政治权利。

最富有朝气、最受人民欢迎和拥护的政权，为全国树立了政权民主化的楷模，对于反对蒋介石的一党专政、推动民主化进程产生了广泛的积极影响。

（三）边区的历次选举及其特点

陕甘宁边区以“普遍的、直接的、平等的、无记名的选举制”为原则，从1937年5月到1946年3月进行了三次大规模的全民普选。在此基础上，陕甘宁边区参议会共召开三届四次会议。

第一次普选，从1937年7月开始，经过乡、区、县、边区四级选举，至12月选举完毕。选举结束后，原定1938年1月召开陕甘宁边区第一届参议会会议，但由于战事紧张等原因，会议延期。1939年1月17日，陕甘宁边区第一届参议会终于在陕北公学大礼堂开幕，至2月4日闭幕，出席大会的参议员146人，毛泽东、张闻天、陈云、王稼祥等中央领导到会，毛泽东先后三次发表重要讲话。会议听取和审议了林伯渠、高自立关于边区政府两年来的工作报告及政府各部门的工作总结，通过了《陕甘宁边区抗战时期施政纲领》《陕甘宁边区各级参议会组织条例》《陕甘宁边区政府组织条例》《陕甘宁边区选举条例》等，确立了“普遍的、直接的、平等的、无记名的”选举原则和边区民主政治的基本法规。会议选举高岗为参议会议长、张邦英为副议长，高岗、张邦英、王观澜、崔田夫、路志亮、毛齐华、陈伯达、周长安、高述先当选边区参议会常驻参议员；选举林伯渠为边区政府主席，高自立为副主席；选举雷经天为边区高等法院院长。随后，边区相继召开了各级参议会，建立了各级参议会机构，选举产生了各级政府。

第二次普选，也就是按照“三三制”的民主选举原则进行的民主选举，从1941年2月开始至8、9月间结束。由于这一时期乡之上的区级已不再作为一级政权，因此，第二次普选只进行乡、县、边区三级选举。同年11月6日，边区第二届参议会第一次会议〔1〕在延安新建的参议会大礼堂隆重举行，至21日闭幕。出席会议的参议员201人，候补参议员18人，以及各界来宾共500多人，正是因为“三三制”民主选举原则的贯彻，此次大会上出现了一大批在当地享有较高威望的士绅，如李鼎铭、李丹生、安文钦、白文焕、柳湜、贺连城、霍子乐等，可谓群星璀璨〔2〕。

毛泽东在开幕式上发表了主旨演说，林伯渠作政府工作报告，张邦英作参议会常驻会工作报告。会议还听取了边区政府各部门的军事、财政、经济、民主建设等方面的工作报告，通过了《陕甘宁边区各级参议会选举条例》。大会选举高岗为议长，安文钦、谢觉哉为副议长，选举的常驻议员9人，即高岗、安文钦、谢觉哉、李丹生、乔松山、任绍亭、王锡成、刘培基、崔田夫；选举林伯渠为边区政府主席，李鼎铭为副主席；选举雷经天为边区高等法院院长。

第三次普选是在抗战胜利迎来和平，但又是内战阴云压顶的1945年9月至1946年初进行的。1946年4月2日至27日，边区第三届参议会召开，出席会议的参议员121人，候补参议员21人，共142人。朱德代表中共中央出席开幕式并致贺辞。这次大会上，林伯渠作政府工作报告，李鼎铭作选举工作报告，边区各

---

〔1〕 因为本届参议会在1944年12月又召开过一次全体会议，所以分别称第二届参议会第一次会议和第二届参议会第二次会议。

〔2〕 汪成军：《陕甘宁边区民主政治建设探析》，《延安市人民政府政报》2020年11月26日。

部门负责同志分别就军事、财经、司法、保安、文教及干部等问题作了发言，通过了《陕甘宁边区宪法原则》和复员方案、1946年至1948年建设计划方案、婚姻条例、营业税暂行条例，通过提案157件、否决提案2件。大会选举高岗为参议会议长、谢觉哉和安文钦为副议长，选举的常驻议员12人，即高岗、谢觉哉、安文钦、习仲勋、刘培基、曹力如、高愉庭、房文礼、霍仲年、蔡丰、谷莲舫、杜洪源；选举林伯渠为边区政府主席，李鼎铭、刘景范为副主席；选举马锡五为高等法院院长。全面内战爆发后，边区第三届参议会的工作被迫中断。

抗日战争时期以陕甘宁边区为代表的抗日根据地民主选举运动，既是在中华苏维埃共和国选举制度基础上的完善，又显示出与此前不同的，以“三三制”为核心的“普遍的、直接的、平等的、无记名的选举制”的鲜明特征。

1. 选举权的普遍性。为适应抗日民族统一战线的新形势，毛泽东就中国共产党在抗日根据地的政权组织和选举的方针、政策作出一系列重要论述和指示。1940年初，他在陕甘宁边区文化协会第一次代表大会上的讲演中就新民主主义的政权问题特别指出：“必须实行无男女、信仰、财产、教育等差别的真正普遍平等的选举制，才能适合于各革命阶级在国家中的地位，适合于表现民意和指挥革命斗争，适合于新民主主义的精神。”[1] 同年3月，毛泽东在题为《抗日根据地的政权问题》的指示中进一步强调：“在抗日时期，我们所建立的政权的性质，是民族统一战线的。这种政权，是一切赞成抗日又赞成民主的人们的政权，是几个革命阶级联合起来对于汉奸和反动派的民主专政。”“抗日统一

〔1〕《毛泽东选集》第二卷，人民出版社1991年版，第677页。

战线的选举政策，应是凡满十八岁的赞成抗日和民主的中国人，不分阶级、民族、男女、信仰、党派、文化程度，均有选举权和被选举权。抗日统一战线政权的产生，应经过人民选举。”[1] 为此，相比苏维埃时期选举限定于工人和农民不同，抗日根据地的选举权普遍性有了较大扩展，享有选举权利的人口比例比明显扩大，取消了此前对地主、富农、资本家等剥削阶级选举资格的限制。《陕甘宁边区选举条例》第4条规定：“凡居住在边区境内的人民，在选举之日，年满16岁（后改为18岁）的，无男女、宗教、民族、财产、文化的区别，都有选举权和被选举权。”此后，《陕甘宁边区各级参议会选举条例》在选举资格上又增加了无“党派”差别的规定。

选举权普遍性的扩展，不仅扩大了选民基数，而且使抗日各阶层、各党派都有了与其地位相适应的政治参与权，扩展了政权的民主基础，有效地团结了一切可以团结的力量。毛泽东在陕甘宁边区第二届参议会开幕式上发表演说时强调：“中国共产党的主张就是要团结全国一切抗日力量打倒日本帝国主义，要和全国一切抗日的党派、阶级、民族合作，只要不是汉奸，都要联合一致，共同奋斗。共产党的这种主张，是始终一致的。”[2] “中国社会是一个两头小中间大的社会，无产阶级和地主大资产阶级都只占少数，最广大的人民是农民、城市小资产阶级以及其他的中间阶级。任何政党的政策如果不顾到这些阶级的利益，如果这些阶级的人们不得其所，如果这些阶级的人们没有说话的权利，要想把国事弄好是不可能的。”[3] 这是对抗日战争时期实行“三三

---

〔1〕《毛泽东选集》第二卷，人民出版社1991年版，第741、743页。

〔2〕《毛泽东选集》第三卷，人民出版社1991年版，第807页。

〔3〕《毛泽东选集》第三卷，人民出版社1991年版，第808页。

制”和选举普遍性原则的最好诠释，许多中间人士也深为感动，李鼎铭在会议第二天就讲：“昨天毛先生讲的几句话，真教我五体投地……说得这样透彻，真是绝顶聪明。”〔1〕正因为中国共产党制定并践行的选举制度，促成最广泛的抗日民族统一战线的建立和巩固，最大限度地调动了广大人民群众的抗战激情。

2. 直接选举。与苏维埃时期的选举不同，陕甘宁边区各级参议员由选民直接票选，无中间环节。“选民行使主权的方式，和以前也不一样，以前宝塔式的选举，站在塔尖上的是执行委员会，是一根直线形式的。”“延安五老”之一谢觉哉曾对此解释：苏维埃的选举是宝塔式的，“因为宝塔式的选举，在工农民主专政是适宜的，工农阶级单纯，选举转几个弯，不会失去工农本色，反而是经过几次的拣选，选出的人更好。现在参加选举的，各阶级选举的，各阶级的人都有，各阶级不同的利益，都反映到选举上来，要使最大多数的意见能表现，只有处处都由选民直接参加。”〔2〕

第一次普选时，“区”仍延续苏维埃时期的体制作为一级政权，区议员的选举与乡选的人数比额不同，乡代表每 20 人选举 1 名，区议会议员每 50 人选举 1 名，选举都是以乡为单位进行；县议员的选举以区为选举单位，议员的人数比额为每 200 人选举 1 名。一般的乡人数在 500 至 1000 名，可选举县议员 3 至 5 名。在选举过程中，区、县议员的选举是结合进行的，只是在候选人名单上加以区别，至于候选人的提名、讨论、选举，在程序上完

〔1〕 汪成军：《陕甘宁边区民主政治建设探析》，2020 年 11 月 26 日《延安市人民政府政报》。

〔2〕 陈文胜：《论陕甘宁边区的选举制度——兼论其在抗日民主政治建设中的作用》，《中国延安干部学院学报》2009 年第 4 期。

全一致。边区议员以县为单位进行选举，每 1500 人选举 1 名边区议员。中共中央和边区政府的一部分领导人被安排到各县，作为边区议员候选人参加选举。如林伯渠被安排到志丹县进行选举，朱德、徐特立被安排到安塞县进行选举，李富春、伍修权被安排到延安市进行选举等。

直接选举，减少了中间环节，更有利于民意的真实表达和选举权利的充分实现，比间接选举的民主性进一步增强。但是，直接选举的工作量增加，组织难度也更大。为激发民众的选举热情、提高参选率，为适应广大底层选民文化水平低的现实状况，边区在以下两个方面采取了卓有成效的措施。

一是广泛的宣传动员。在陕甘宁边区，宣传动员是选举准备工作的一个重要组成部分，其目的是通过对边区民主选举的宣传和阐释，使广大民众认识实现民主政治的方法和意义，提高其参政议政的积极性和自觉性。宣传方式采取文字宣传、口头宣传和文艺宣传等多种方式。文字宣传包括报纸、标语、图画、刊物等；口头宣传包括演说、报告、谈话、座谈会、家庭访问等；文艺宣传包括秧歌、歌曲、剧团演出等。还通过举办选举训练班有针对性地培训选举宣传骨干。宣传的内容包括选举的目的、意义和方式，民主选举运动对改善群众生产生活质量等切身利益的关联性，是自己的民主权利。“这一阶段，在庙会、香火会、集市和群众大会上，开始有人拿着喇叭沿街喊话。田间地头农闲时间，街头巷尾，经常看见选举宣传队的影子，挨家串户，穿梭其间，甚至连开明绅士和民族资产阶级代表也被他们邀请过来开茶话会，动员积极参与选举。墙上到处贴满了各种标语，‘人民是政府的主人’‘不让一人站在选举之外’‘选举是保卫边区的法宝’‘到农民家中去’，等等。边区报刊和发向各村庄的小册子、宣传单和各式街头小报，则采用了当地老百姓的日常用语，生动形象，通俗易懂。选举委员会可谓是煞费苦心，不放过任何形式的宣传，将选举故事改编进了秧歌、地方戏曲、乡村流动式剧团演出及农村小调中。如《选举小调》唱道：‘民主政治要实行，选举为了老百姓。咱们选举什么人？办事又好又公平，还不要私情。’‘清清的天，白白的云，大家选举要留神。选举票上看清楚，看清好人与坏人。选上好人大家好，选上坏人都糟糕。’”〔1〕

二是因地制宜的投票方式。针对广大底层选民文化水平低的现实状况，陕甘宁边区的选举投票，因地制宜，丰富多样：“识字会写的划写票，识字不多或是文盲的采用喜闻乐见的方法。比如‘投豆子’，即候选人背朝选民，或把候选人的名字写在纸条上贴在碗侧，选民在对应的碗中投豆；‘乍胳膊’，类似于举手表决，每唱一次候选人的名字，同意他当选的，就乍一次胳膊；‘香火烧小洞’，用点燃的香在同意选的候选人名字下烧一个小洞。”〔2〕

因地制宜、丰富多彩的宣传鼓动，简便易行、喜闻乐见的投票方式，激发了广大群众的参选热情，陕甘宁边区三次大规模民主选举的参选率渐次提高：“第一次普选达70%以上，第二次达80%，第三次达82.5%。”〔3〕

3. 政权组成人员任期制。陕甘宁边区议长、副议长、参议员，政府主席、副主席、委员，高等法院院长任期3年；县一级任期2

〔1〕 郑文阳：《陕甘宁边区的选举——一颗民主选举的璀璨新星》，《人大研究》2016年第7期。

〔2〕 中国人民代表大会制度理论研究会编：《人民代表大会制度从这里走来》，中国民主法制出版社2021年版，第71页。

〔3〕 刘政：《人民代表大会制度的历史足迹》，中国民主法制出版社2008年版，第20页。

年；乡一级任期1年。任期届满后可连选连任，任期未满也可通过法定程序罢免。“比如，1941年二次民主选举中，延安县连任者133人、新选者185人，安定县（今子长县）70%的乡市政府人员是新选的，绥德县的乡干部落选者达100人。”[1]

4. 选举制度的法律体系已现雏形。首先，中共中央在抗日战争期间制定的选举方针和政策通过民主程序成为陕甘宁边区的选举法规，如《陕甘宁边区选举条例》《陕甘宁边区各级参议会选举条例》《陕甘宁边区各级参议会组织条例》《陕甘宁边区政府组织条例》等。其次，细化选举的具体组织、规则和操作程序，如《陕甘宁边区各级参议会选举条例的解释及其实施》《陕甘宁边区各级选举委员会组织条例》等。再次，及时出台一系列指示、决议和决定，有针对性地解决选举中的问题。这一时期的选举法规及决议、决定，既吸收了苏维埃时期选举立法的有益经验，又修正了某些不适应抗日民族统一战线新形势的规定。上述三个层次的规范性文件共同构成了陕甘宁边区趋于规范和体系化的选举制度。晋察冀、晋冀鲁豫、晋绥以及山东、华中、华南等抗日根据地也大致形成类似的选举制度。

四、解放区人民代表会议的选举

人民代表会议的选举，大体可分为解放区和新中国成立初期两个阶段。

抗日战争胜利后，蒋介石即再图消灭中国共产党的武装力量和红色根据地的民主政权，稳固国民党的独裁统治。而中国共产

〔1〕 中国人民代表大会制度理论研究会编：《人民代表大会制度从这里走来》，中国民主法制出版社2021年版，第70页。

党则领导解放区军民开展了针锋相对的斗争：一方面，力图通过和平斗争，改变国民党政府的独裁统治，实现国家的民主改造；另一方面，积极把解放区建设成为全国的民主模范区。红色根据地的民主气象与国统区的一党专制形成强烈的对比，陕甘宁边区民主选举的实践、选举制度的建立、民主作风的培养，为红色根据地由参议会向人民代表会议过渡打下了坚实的基础。社会主要矛盾和政治局势的变化，解放战争的胜利推进，解放区不断巩固和扩大，为人民代表会议的选举创造了条件。

毛泽东对解放区的人民代表会议制度作了最好的诠释，他在1948年4月1日的晋绥干部会议上指出："在反对封建制度的斗争中，在贫农团和农会的基础上建立起来的区村（乡）两级人民代表会议，是一项极可宝贵的经验。只有基于真正广大群众的意志建立起来的人民代表会议，才是真正的人民代表会议。这样的人民代表会议，现在已有可能在一切解放区出现。这样的人民代表会议一经建立，就应当成为当地的人民的权力机关，一切应有的权力必须归于代表会议及其选出的政府委员会。到了那时，贫农团和农会就成为它们的助手。我们曾经打算在各地农村中，在其土地改革任务大致完成以后再去建立人民代表会议。现在你们的经验以及其他解放区的经验，既已证明就在土地改革斗争当中建立区村两级人民代表会议及其选出的政府委员会，是可能的和必要的，那末，你们就应当这样做。在一切解放区，也就应当这样做。在区村两级人民代表会议普遍地建立起来的时候，就可以建立县一级的人民代表会议。有了县和县以下的各级人民代表会议，县以上的各级人民代表会议就容易建立起来了。"[1]

---

〔1〕 全国人大常委会办公厅、中共中央文献研究室编：《人民代表大会制度重要文献选编》（一），中国民主法制出版社2015年版，第3页。

（一）参议会向人民代表会议的过渡

实际上，早在抗日战争进行时，陕甘宁边区就已经提出建立人民代表会议制度。边区政府在 1942 年 12 月通过的《陕甘宁边区简政实施纲要》中就提出："边区的参议会固然不是苏维埃时代的工农代表会议，但也不是三权分立的外国议会制，它是人民代表会议，是各级政权的最高权力机关。各级政府必须遵守和执行参议会的决议，并对它负责。"[1] 由此可以看出，当时的边区参议会实质上已经被赋予了人民代表会议的一些特征。1944 年，时任陕甘宁边区参议会副议长的谢觉哉在起草边区第二届参议会第二次会议的报告中，最早提出将边区参议会改为人民代表会议。

根据新民主主义理论和抗战胜利后的国内形势变化，边区参议会和政府于 1945 年 9 月决定，先将乡参议会改为乡人民代表会议。9 月 6 日，陕甘宁边区政府发布《关于今年选举工作的训令》，指出全国已经进入和平、民主、团结奋斗的时期，更要全心全意地继续提高边区的建设，在政治、经济、军事、文化各方面建设上作出更好的榜样。经中共中央批准，陕甘宁边区选举委员会于 10 月 5 日发出《关于今年乡选工作致各专员县市长的信》，正式决定将乡一级参议会改名为乡人民代表会议。与此同时，陕甘宁边区政府对边区各级参议会组织条例、各级参议会选举条例进行了相应的修改。同年 11 月，乡人民代表选举完成，1946 年 1 月各乡召开了人民代表会议，这成为参议会制度向人民代表会议制度过渡的重要标志。

中国共产党与国民党达成停战协定及在重庆召开的政治协商

〔1〕《陕甘宁边区抗日民主根据地》文献卷（下），中共党史资料出版社 1990 年版，第 123 页。

会议（“旧政协”）之后，陕甘宁边区于1946年4月23日召开第三届参议会第一次会议，通过了指导边区政权建设的宪法性文件——《陕甘宁边区宪法原则》，全文包括政权组织、人民权利、司法、经济、文化共五个部分，最重要的就是规定人民代表会议制度的原则，其“政权组织”部分明确规定，边区、县、乡人民代表会议（参议会）为人民管理政权机关；人民普遍直接平等无记名选举各级代表，各级代表会选举政府人员；各级政府对各级代表会负责，各级代表对选举人负责；乡代表会即直接执行政务机关；人民对各级政权有检查、告发及随时建议之权，每届选举时则为大检查；各级代表会每届大会应检查上届大会决议执行的情况；各级政府人员，违反人民的决议或忽于职务者，应受到代表会议斥责或罢免，乡村则由人民直接罢免之。各级人民代表会议（参议会）：乡一年改选一次，县二年改选一次，边区三年改选一次；边区各少数民族，在居住集中地区，得划成民族区，组织民族自治政权，在不与省宪抵触原则下，得订立自治法规。[1]

上述宪法原则，以法定形式明确边区三级一律实行人民代表会议制度。同一时期，晋察冀边区决定察哈尔、热河两省建立人民代表会议制度，召开两省人民代表会议，由代表会议选举省政府委员。所有这些，都标志着中国共产党领导的政权组织形式，由“三三制”参议会制度向人民代表会议制度的全面转变，开启了人民政权建设的新模式。

随后不久，虽然因战事而暂停了人民代表会议召开，但是随着战场局势的变化，特别是以刘邓大军挺进大别山为标志，中国共产党领导的武装力量开启战略反攻，解放区迅速扩大，各解放

---

〔1〕 甘肃省社会科学院历史研究所编：《陕甘宁革命根据地史料选辑》第三辑，甘肃人民出版社1981年版，第130页。

区又纷纷召开人民代表会议。1947 年 4 月 23 日，内蒙古人民代表会议在兴安盟王爷庙（今乌兰浩特）隆重召开，内蒙古境内的蒙古、达斡尔、鄂温克、汉、满、回、朝鲜等各民族代表共 393 人与会，会议听取了乌兰夫作的政治报告，通过了《内蒙古人民代表会议宣言》和《内蒙古自治政府施政纲领》《内蒙古自治政府暂行组织大纲》等文件，“决定于今年 5 月 1 日成立内蒙古自治政府”，规定“内蒙古自治政府是内蒙民族各阶层联合内蒙古区域内各民族，实行高度区域性的地方民主联合政府，并非独立自治政府”。会议选举产生了内蒙古临时参议会。5 月 1 日，内蒙古临时参议会选举乌兰夫为内蒙古自治政府主席，同时选出自治政府副主席、政府委员，内蒙古临时参议会议长、副议长和驻会参议员。5 月 19 日，毛泽东主席、朱德总司令致电祝贺。内蒙古自治政府的成立，是中国共产党领导建立的我国第一个民族区域自治的省级政权。〔1〕

1947 年 11 月，中共中央转发的“中央工委关于政权形式问题给冀东区党委的指示”提出：“目前解放区各级政权形式，应采取从下至上的代表会议制度，其名称或称农民代表会，或称人民代表会均可（一般以称人民代表会议为妥。中央注）……望在土地改革中，应将解放区政权，改组为人民代表会政权。”此后，华北、东北、晋绥等解放区相继召开各级人民代表会议，选举产生了各级政府。这一时期，华北临时人民代表大会的召开尤为令人瞩目。

（二）华北临时人民代表大会

1947 年 11 月 12 日，晋察冀野战军全歼石家庄国民党守军，

〔1〕 中国人民代表大会制度理论研究会编：《人民代表大会制度从这里走来》，中国民主法制出版社 2021 年版，第 112 页。

华北重镇石家庄获得解放，晋察冀、晋冀鲁豫两大解放区连成一体。在此形势下，中共中央于 1948 年 5 月决定将两个区合并，尽快建立华北人民政府，以迅速巩固和发展有利的政治军事形势。因此，筹备成立新生的华北人民政权，为中国共产党探索全国执政之路被提上重要议事日程。

晋察冀和晋冀鲁豫两个中央局按照中共中央的部署合并为华北中央局，迁至石家庄合署办公，负责华北临时人民代表大会的各项筹备工作。大会筹备委员会经过紧张工作，完成了组织机构、文件拟定、代表选举等筹备工作：草拟了包括《华北人民政府组织大纲》《华北区村县人民代表会议代表选举条例》等涉及会议的一系列重要文件，并报中央审查批准。1948 年 6 月，两个边区联合发布选举办法，所属 5 省据此选举区域代表 394 人、职业和团体代表 173 人，另有特邀代表 31 人，共计 598 人。

1948 年 8 月 7 日，华北临时人民代表大会在石家庄人民礼堂秘密召开。参加这次大会的有聂荣臻、邓小平、薄一波等中国共产党高级领导人和各解放区推选出的 500 多名代表。为了防止国民党特务破坏，会议对外称石家庄生产工作会议，十几天的会议都是在晚上进行。大会开幕前，召开了党外人士座谈会，举行了预备会议，选举产生大会主席团，推选出董必武等 33 人为大会主席团成员，宋劭文兼任大会秘书长，成立代表资格审查委员会和提案审查委员会，通过大会议事规程。大会由主席团主持，共召开了七次全体会议，华北联合行政委员会主席董必武致开幕词，中原军区政委邓小平作来宾致辞，聂荣臻作华北军区军事报告，薄一波作施政方针的建议报告，杨秀峰和宋劭文分别作两个边区的政府工作报告。会议审议通过了 4 个法案：华北人民政府组织大纲、村县（市）人民代表大会组织条例、人民代表大会选举条例、农业税税则法案。会议审查了涉及军事、政治、农业、工商、民政等八方面 1180 件提案。大会通过无记名投票，选举董必武等 27 人组成华北人民政府委员会。本次大会会期 13 天，于 8 月 19 日胜利闭幕。[1]

华北临时人民代表大会是新中国成立前以“人民代表大会”命名的最高层次区域性权力机构，它在代表产生和领导人员选举、会议组织及程序、政权机构职权等方面已经具备后来确立的人民代表大会一些特征。正如董必武当年在华北临时人民代表大会开幕式上所言：“它是一个临时性的，也是华北一个地区的，但是，它将成为全国人民代表大会的前奏和雏形。因此，它是中国民主革命历史中划时代的一次大会，在中国民主革命历史中将占有光荣的篇幅。”[2]

此后，基于华北临时人民代表大会模式召开的华北各城市各界代表会议或人民代表会议，进一步探索建立了人民代表会议召开的基本模式和议事方法。1949 年 10 月 29 日，薄一波就此向中央提交了专题报告。毛泽东随即转发该报告并批示：“这个报告总结了华北各城市所开各界代表会议的主要经验，写得清楚明确，可为一切各界代表会议或人民代表会议所取法。”[3]

（三）解放区人民代表会议的选举特征

人民代表会议制度是适应解放战争和新中国成立前夕的需要，具有过渡性质的政权组织形式。因此，一方面其选举实践为人民代表大会选举制度的建立奠定了基础，选举办法已有人民代

〔1〕 中国人民代表大会制度理论研究会编：《人民代表大会制度从这里走来》，中国民主法制出版社 2021 年版，第 100—102 页。

〔2〕《董必武政治法律文集》，法律出版社 1996 年版，第 22 页。

〔3〕 中央档案馆编：《共和国雏形——华北人民政府》，西苑出版社 2000 年版，第 245 页。

表大会选举制度的一些基本特征；另一方面，这一时期的代表产生等选举政策又带有特殊的历史特征。

1. 选举权的普遍性。《华北区村县人民代表会议代表选举条例》和《华北区村县人民政权组织条例》规定，在本村、县居住的人民，凡年满 18 岁者，不论性别、民族、阶级、职业、宗教信仰、财产及教育程度差别，均有同等选举权和被选举权。同时规定：“村代表会议代表妇女不得少于十分之三，如选不足时，得由村政府协同妇女团体召集妇女选民会议，选举其不足之数作为候补代表。”由此可见，妇女政治权益得到高度重视。

但是，这一时期的选举权普遍性与抗战时期民族统一战线政策指导下的普遍性是有区别的。中共中央转发的“中央工委关于政权形式问题给冀东区党委的指示”规定：“但在土改中被打倒的地主富农及其它反动分子，均不应有选举权与被选举权（新式富农除外。中央注）。”同时，1948 年 11 月 30 日，中共中央专门下发了《中共中央关于在新解放区城市中成立各界代表会办法的规定》，明确指示：“如查明某人系属反动分子，即使有某一为我承认之合法团体推荐，亦可拒绝，如已聘请，亦得撤消。”此时对选举权这一重要政治权利的新界定，是由即将建立的人民民主专政的国家政权性质和新解放区极其复杂的阶级斗争形势所决定的。

2. 代表的广泛性。华北临时人民代表会议代表的选举办法，对代表名额及分配作了具体规定，确立了 10 种代表产生模式及其产生方式，包括区域代表、妇女代表、职工代表、军队代表、回民代表、文化界代表、社会贤达代表、商会代表、指定代表和聘请代表等，多数代表由选举产生。董必武在华北临时人民代表会议开幕式上就此指出，我们这个代表会，虽然是临时的、一个地区的，但是没有种族、信仰、性别的歧视……主席团中还有工人代表、农民代表、工商业者代表、学生代表、军队代表、党派代表、无党无派社会贤达、开明绅士的代表等。人民的选举权利受到充分的尊重。我们的民主制度比起资本主义国家的民主制度是优越得多。

3. 直接选举与间接选举相结合。中共中央转发的“中央工委关于政权形式问题给冀东区党委的指示”明确各级代表会议代表的产生，县以下由区、村人民直接选举，县以上由区、县代表会间接选举。按照《华北区村县人民代表会议代表选举条例》规定，“村、县人民代表会议代表，由选民用普遍、平等、直接、无记名秘密投票法选举之”。村人民代表会议代表按居民区域划分选区，其代表名额以居民 500 人为起点，居民不满 500 人者 15 名至 20 名，居民 500 人以上按 1：100 比例推举候选人。可以看出，此时的村、县基层政权的代表由选民直接选举，县以上政权的代表由下级代表会议间接选举。直接选举与间接选举相结合的做法传承至今，直接成为后来确立的人民代表大会选举制度的一项基本原则。

4. 选举与指派、邀请相结合。这一时期，就全国范围而言，许多地方民主政权建设刚刚起步，特别是新解放区的群众基础相对薄弱，最初的城市接收和社会管理大都采取军事管制或半军事管制。中共中央下发的《中共中央关于在新解放区城市中成立各界代表会办法的规定》：“在城市解放后实行军管制的初期，应以各界代表会为党和政权领导机关联系群众的最好组织形式。当城市初解放后，即使党在该城市原来有党的组织和群众工作，但究因是地下党的关系，不可能有广大群众的联系，故不仅正式的人民代表会议一时不易召开，即成立人民团体，例如工会、学生会、青年团、妇女联合会等，也须根据我们原来工作的有无好坏，分别先后进行，不能一下组织好。而各界代表会，则可根据我们在该城市原有的或可能动员的力量，由军事管制委员会及临时市政府出面首先邀请若干人为各界代表，组成各界代表会，成为军管会和临时市人民政府在军管初期传达政策、联系群众的协议机关。"〔1〕 因此，新解放区初始并没有召开人民代表会议，而是根据中共中央的部署，在党的组织领导和军事管制委员会的强制力保障下召开各界代表会。各界代表会议的代表，一般由指定、推举、协议、邀请或者聘任方式产生。其代表产生方式，决定了新解放区各界代表会的协商民主性质。此后，新解放区的人民代表会议代表的产生，一般也是从初始业内推举或军管会聘请为主，逐渐过渡到各团体和各界的选举为主、推举和聘请为辅。

此外，以一人一票为核心的选举平等性和因地制宜的多种投票方式，基本延续了以往的惯例。但是，总体看上述选举特征，仍然与抗日民族统一战线的"三三制"参议会选举有明显差别。对此，刘少奇在1949年8月28日的东北局干部会议上的讲话作了精辟的阐释："人民代表会议是接近苏维埃制，人民代表会议要与资产阶级议会制区别开，资产阶级旧的民主主义议会制和这个不同，今天人民代表会议与过去参议会（议会制）根本不同，这是无产阶级领导的以工农联盟为基础的人民民主专政，本质上不同。"〔2〕

---

〔1〕 全国人大常委会办公厅、中共中央文献研究室编：《人民代表大会制度重要文献选编》（一），中国民主法制出版社2015年版，第8页。

〔2〕 全国人大常委会办公厅、中共中央文献研究室编：《人民代表大会制度重要文献选编》（一），中国民主法制出版社2015年版，第27页。

第三节 新中国选举制度的确立和发展

经过28年艰苦卓绝的浴血奋斗，中国共产党领导人民取得新民主主义革命的伟大胜利，建立了中华人民共和国，开启执政之路。

革命的根本问题是政权问题。从大革命时期罢工工人代表大会到农民协会，从土地革命时期工农兵代表大会到建立苏维埃政权……中国共产党一直为建立人民当家作主的政权进行艰辛探索。抗战时期，毛泽东多次提出人民政权建设的伟大构想，1940年1月，他在《新民主主义论》中第一次提出“人民代表大会”的概念，“没有适当的政权机关，就不能代表国家。中国现在可以采取全国人民代表大会、省人民代表大会、县人民代表大会、区人民代表大会直到乡人民代表大会的系统，并由各级代表大会选举政府”〔1〕。

1948年1月，毛泽东再次强调：“在将来，革命在全国胜利以后，中央和地方各级政府，都应当由各级人民代表大会选举。”〔2〕 1948年4月30日，《中共中央纪念“五一”劳动节口号》通过新华社正式对外发布，中共中央号召“各民主党派、各人民团体、各社会贤达迅速召开政治协商会议，讨论并实现召集人民代表大会，成立民主联合政府”。

---

〔1〕《毛泽东选集》第二卷，人民出版社1991年版，第677页。

〔2〕《毛泽东选集》第四卷，人民出版社1991年版，第1273页。

一、新政协及各界人民代表会议

毛泽东的一系列论述和中国共产党的号召，其逻辑起点就是执政的合法性源于人民的授权并代表人民的利益，这是由中国共产党的初心使命决定的。因此，新中国成立在即，建立与人民民主专政的国体和人民代表大会的政体相适应的选举制度，已成为关系国家政权的基础性重大命题。

（一）中国人民政治协商会议

1. 新政协会议的发起。1948 年春天，我军转入战略进攻并取得了重大胜利，新中国的成立事宜已经摆在面前。4 月 27 日，毛泽东给晋察冀中央局城市工作部部长刘仁写信，要他转告在北平的民主人士张东荪、符定一等，中共拟请他们到解放区，参加各民主党派和人民团体代表会议，讨论召开人民代表大会、成立民主联合政府问题，“会议的名称拟称为政治协商会议”。4 月 30 日，中共中央发布的“五一口号”中公开使用了“政治协商会议”的名称。5 月 1 日，毛泽东在给民主人士李济深、沈钧儒的信中指出，为召集人民代表大会，成立民主联合政府，首先要邀集各民主党派、各人民团体的代表召开一个会议，“此项会议似宜定名为政治协商会议”。此后，中国人民政治协商会议进入筹备阶段。

筹备期间，中共及党外民主人士都称即将召开的政治协商会议为“新政协会议”。因为抗战胜利后，中共与国民党举行重庆谈判，双方同意“由国民政府召开政治协商会议，邀请各党派代表及社会贤达协商国是，讨论和平建国方案及召开国民大会各项问题”。1946 年 1 月，“政治协商会议”在重庆召开，会议通过了包括政府组织、军事问题、和平建国纲领、宪法草案和国民大会等决议，但不久便被国民党撕毁，此次重庆会议即为“旧政协”。

1949 年 1 月，北平和平解放。1949 年 3 月 5 日至 13 日，中共在西柏坡召开了七届二中全会，毛泽东代表中央政治局作报告，他指出：“召集政治协商会议和成立民主联合政府的一切条件，均已成熟。一切民主党派、人民团体和无党派民主人士都站在我们方面……中国第一次由我党领导下的政协会议即将召开，民主联合政府即将成立，革命即将在全国胜利。”与“旧政协”截然不同的中国人民政治协商会议——人民政协即将拉开大幕。

2. 新政协会议代表的产生。新政协会议的筹备工作最艰巨复杂的首要任务是新政协会议代表的产生，采取的是协商产生参加新政协会议人选的办法。从 1948 年 8 月开始，应中国共产党邀请，各民主党派领导人和无党派人士，从全国各地和海外陆续进入解放区，参与筹备新的政治协商会议工作。10 月，中共同到达解放区的民主人士协商召开新政治协商会议的问题，并征询香港民主人士的意见。11 月 25 日，中共中央的代表与民主人士在哈尔滨就召开新政协筹备会和新政协的性质、任务等达成一致意见。1949 年 6 月 15 日，新政协筹备会议在北平召开，参加会议的有中国共产党、各民主党派、人民团体和无党派人士等 23 个单位 134 人，会议选出毛泽东、周恩来、李济深、沈钧儒、郭沫若、陈叔通等 21 人组成筹备会常务委员会。筹备会议一致通过了《关于参加新政治协商会议的单位及其代表名额的规定》。根据规定，参加新政治协商会议的单位及其代表名额为 45 个单位，代表总额 510 名，其中党派代表 142 人、区域代表 102 人、军队代表 60 人、团体代表 206 人；每一单位，其代表名额满 10 人或

10人以上者，得推候补代表2人，其代表名额不足10人者，得推候补代表1人；此外，另设一特别邀请单位，其代表资格、名额与人选，均由新政治协商会议筹备会常务委员会协商之。

依照上述规定，共有30个团体和个人提出参加新政协会议的书面请求。协商、酝酿中，“时常为了某一个代表的适当与否而函电往返，斟酌再三，费时达数周之久。代表名单产生之后，又经过筹备会反复协商，郑重研究”，经过3个多月的协商、酝酿，直至中国人民政治协商会议召开前一天，才终于确定了一份包括中国共产党和各民主党派、地区、军队、人民团体和特别邀请的5个方面、662位的政协代表名单。当时，中央统战部把参加新政协的单位人选和各项统计印制了一本很厚的表册，送到中共中央，毛主席看了，风趣地说“这就是一本天书嘛”。这个名单具有极大的代表性和广泛性，体现了全国人民在爱国主义基础上的大团结，正如林伯渠9月22日在《关于中国人民政治协商会议筹备工作的报告》中所说：“这样一个虽然不是普选的、然而却是具有十分广大的代表性的人民政治协商会议，事实上具有了全国人民代表大会的性质。”

3. 新政协会议的召开。1949年9月21日，肩负着创立中华人民共和国伟大历史重任的盛会——中国人民政治协商会议第一届全体会议，在北平中南海怀仁堂盛大开幕。由于当时还不具备召开人民代表大会的条件，而政协这次会议又具有广泛的代表性，因而有着划时代的标志性意义。毛泽东在开幕词中点明了这次政治协商会议区别于三年前重庆旧政协的“新”：“现在的中国人民政治协商会议是在完全新的基础之上召开的，它具有代表全国人民的性质，它获得全国人民的信任和拥护。因此，中国人民政治协商会议宣布自己执行全国人民代表大会的职权。中国人民政治协商会议在自己的议程中将要制定中国人民政治协商会议的组织法，制定中华人民共和国中央人民政府的组织法，制定中国人民政治协商会议的共同纲领，选举中国人民政治协商会议的全国委员会，选举中华人民共和国中央人民政府委员会，制定中华人民共和国的国旗和国徽，决定中华人民共和国国都的所在地以及采取和世界大多数国家一样的年号。”[1]

9 月 29 日，新政协会议一致通过了具有临时宪法性质的《中国人民政治协商会议共同纲领》，明确规定：“中华人民共和国的国家政权属于人民。人民行使国家政权的机关为各级人民代表大会和各级人民政府。各级人民代表大会由人民用普选方法产生之。”“在普选的全国人民代表大会召开以前，由中国人民政治协商会议的全体会议执行全国人民代表大会的职权。”“在普选的地方人民代表大会召开以前，由地方各界人民代表会议逐步地代行人民代表大会的职权。”由此可以看出，中国人民政治协商会议虽然是协商机构，但是它不仅在特定时期代行了国家权力机关的职能，而且为人民代表大会的创立及新中国选举制度的诞生作了决定性、合法性的铺垫。

（二）各界人民代表会议的选举

根据共同纲领的规定，中央人民政府委员会随即于 12 月 2 日颁布了关于地方各界人民代表会议的三个重要的规范性文件，即《省各界人民代表会议组织通则》[2]《市各界人民代表会议组织通则》《县各界人民代表会议组织通则》，进一步规范了全国地方各级各界人民代表会议代表的产生。

1. 代表名额。“省各界人民代表会议的参加单位及代表名额

---

〔1〕《毛泽东文集》第 5 卷，人民出版社 1996 年版，第 343 页。

〔2〕本通则适用于大行政区各界人民代表会议。

由省人民政府和省各界人民代表会议协商委员会共同商定之。尚未成立协商委员会之省，则由省人民政府决定之。”“市各界人民代表会议的代表名额：二十万人口以上的市，二百人至五百人左右；三万人口以上的市，一百人至二百人左右。”[1] “县各界人民代表会议的代表名额：五十万人口以上的县，三百人至五百人左右；二十万至五十万人口的县，二百人至三百人左右；二十万人口以下的县，一百人至二百人左右。”[2] 代表名额的上下限幅度和弹性都比较大。

2. 代表资格。省、市、县各界人民代表会议的代表资格规定一致。如《省各界人民代表会议组织通则》规定：“省各界人民代表会议代表资格：凡反对帝国主义、封建主义、官僚资本主义，赞成共同纲领，年满十八岁之人民，除患精神病及褫夺公权者外，不分民族、阶级、性别、信仰，均得当选为代表。”[3]

3. 代表任期。省各界人民代表会议代表的任期定为二年；市和县各界人民代表会议代表的任期为一年。均可连选连任。

4. 代表产生。“省各界人民代表会议代表之产生：区域代表以县市为单位，由县市各界人民代表会议或市协商委员会推选之；在尚未召开各界人民代表会议之县市，则由县市人民政府召集各该县市的民主党派、人民团体及有关的各界人士举行联席会议推选之。在少数民族聚居的地区，实行民族的区域选举。省人民政府的代表，由省主席、副主席、秘书长、各厅厅长、法院院

---

〔1〕 全国人大常委会办公厅、中共中央文献研究室编：《人民代表大会制度重要文献选编》（一），中国民主法制出版社 2015 年版，第 95—98 页。

〔2〕 全国人大常委会办公厅、中共中央文献研究室编：《人民代表大会制度重要文献选编》（一），中国民主法制出版社 2015 年版，第 101 页。

〔3〕 全国人大常委会办公厅、中共中央文献研究室编：《人民代表大会制度重要文献选编》（一），中国民主法制出版社 2015 年版，第 95—98 页。

长等充任之。各民主党派、各人民团体、省级专区级各机关及驻在该省的部队的代表，由各党派、团体、机关及部队自行推选之；其他方面的代表，经省人民政府与省各界人民代表会议协商委员会共同商定，由省人民政府邀请之。尚未成立协商委员会之省，则由省人民政府直接邀请之。”〔1〕“市各界人民代表会议代表的产生：市各界人民代表会议的参加单位及代表名额之分配，由军管会、市人民政府和上届市各界人民代表会议协商委员会（以下简称协商委员会）共同商定之。尚未成立协商委员会之市，则由军管会和市人民政府决定之。军管会、市人民政府的代表由军管会主任、副主任、市人民政府市长、副市长等充任之。各民主党派、各人民团体、驻在该市的各机关及部队的代表由各党派、各团体、各机关及部队自行选派之。其他方面的代表经军管会、市人民政府和协商委员会商定，由军管会、市人民政府邀请之；或由军管会、市人民政府商定邀请之。”〔2〕“县各界人民代表会议的产生：县各界人民代表会议的参加单位及代表名额之分配，由县人民政府决定之。农民的代表，由（乡行政村）农民代表大会或农民大会产生之，亦可由区或县农民代表会议产生之。县人民政府的代表，由县长、副县长等充任之。各民主党派（已有组织者）、各人民团体、驻在该县的机关及部队的代表，由各党派、团体、机关及部队自行选派之。其他方面的代表，由县人民政府决定邀请之。”〔3〕

---

〔1〕全国人大常委会办公厅、中共中央文献研究室编：《人民代表大会制度重要文献选编》（一），中国民主法制出版社 2015 年版，第 95—96 页。

〔2〕全国人大常委会办公厅、中共中央文献研究室编：《人民代表大会制度重要文献选编》（一），中国民主法制出版社 2015 年版，第 98—101 页。

〔3〕全国人大常委会办公厅、中共中央文献研究室编：《人民代表大会制度重要文献选编》（一），中国民主法制出版社 2015 年版，第 98—101 页。

各界人民代表会议代表的产生，随着时间的推移，在实践中逐渐由指派、商定、邀请为主向以选举为主转变。刘少奇在1951年2月28日北京市第三届人民代表会议上的讲话中说：“北京市第三届人民代表会议在它的民主化的基础上比前两届是更进了一步的。代表的人数增加了，百分之八十三的代表是由人民选举的，只有百分之十七的代表是经协商邀请的。其中只有百分之三的代表是政府代表。”[1] 他同时指出：“我认为不独北京市的人民代表会议应该如此，在其他地方，凡是条件业已具备了的，也应该如此地来召集人民代表会议。在人民已经有了相当组织的城市，在土地改革已经完成了的乡村，人民已经开始能够选出自己的代表的时候，就应该不迟疑地让人民直接地或间接地来选举各级人民代表会议的代表。选举的方式，也大体上可以采用北京市的经验。”[2]

如前所述，根据《中国人民政治协商会议共同纲领》的规定，地方各界人民代表会议在普选的地方人民代表大会召开以前，逐步地代行人民代表大会的职权。因此，通则赋予省、市、县各界人民代表会议代行本级人民代表大会的职权。“到1952年底，全国范围内的各级人民代表会议的代表已有1300余万人，其中直接选举和间接选举的占80%以上，全国各省和直辖市，2/3以上的市，1/3以上的县和绝大多数的乡，都由人民代表会议代行了人民代表大会的职权，选出了人民政府。”[3]

---

〔1〕 全国人大常委会办公厅、中共中央文献研究室编：《人民代表大会制度重要文献选编》（一），中国民主法制出版社2015年版，第108—109页。

〔2〕 全国人大常委会办公厅、中共中央文献研究室编：《人民代表大会制度重要文献选编》（一），中国民主法制出版社2015年版，第108—109页。

〔3〕 中国人民代表大会制度理论研究会编：《人民代表大会制度从这里走来》，中国民主法制出版社2021年版，第153页。

综上，新中国成立初期的各界人民代表会议，从其代表资格、代表产生和组织结构及法律定位等方面不难看出，它既是解放区人民代表会议的延续，但与之前相比又有明显不同。它既有政治协商机关的特征，又代行权力机关的职权。刘少奇说："目前的各级人民代表会议已在代行各级人民代表大会的职权，在不久的将来，就要直接地过渡为各级人民代表大会。"[1] 之所以是"代行"，根本原因就在于《中国人民政治协商会议共同纲领》设计的国家权力机关由"各级人民代表大会由人民用普选方法产生之"；如何"过渡"？就是有待法定程序为其开启国家权力机关的殿堂大门，这就是人民代表大会选举制度。

二、新中国选举制度的确立

1953 年 1 月 13 日，中央人民政府委员会第二十次会议通过了《关于召开全国人民代表大会及地方各级人民代表大会的决议》，指出全国普选并召开各级人民代表大会的时机已经成熟："三年以来，由于中国共产党和毛主席的领导，全国各民族、各民主阶级、各民主党派、各人民团体的团结和努力，我们已在全国范围内基本上完成了土地改革、工矿企业民主改革以及其他各种社会改革，进行了胜利的抗美援朝运动、三反五反运动和各种知识分子的思想改造运动，坚决地镇压了反革命分子，肃清了残余土匪，特别是由于采取了正确的措施，稳定了物价，恢复并提高了工农业生产，争取了国家经济状况的根本好转，使人民生活有了初步的改善；这一系列的伟大的胜利，大大地

〔1〕 全国人大常委会办公厅、中共中央文献研究室编：《人民代表大会制度重要文献选编》（一），中国民主法制出版社 2015 年版，第 111 页。

提高了人民的组织程度和觉悟程度，大大地巩固了人民民主专政，并为第一个国家五年建设计划准备好了条件。”“为此，必须依照共同纲领的规定，及时地召开由人民用普选方法产生的全国人民代表大会，代替现在由中国人民政治协商会议的全体会议执行全国人民代表大会职权的形式，用普选的地方各级人民代表大会，代替现在由地方各界人民代表会议代行人民代表大会职权的形式，俾能进一步地加强人民政府与人民之间的联系，使人民民主专政的国家制度更加完备，以适应国家计划建设的要求。”[1] 会议决定“于1953年召开由人民用普选方法产生的乡、县、省（市）各级人民代表大会，并在此基础上接着召开全国人民代表大会”。为此，这次会议成立了以毛泽东为主席的中华人民共和国宪法起草委员会和以周恩来为主席的中华人民共和国选举法起草委员会。选举法起草委员会的委员包括：安子文、李维汉、李烛尘、李章达、吴玉章、高崇民、陈毅、张治中、张奚若、章伯钧、章乃器、许德珩、彭真、彭泽民、廖承志、刘格平、刘澜涛、刘宁一、邓小平、蔡廷锴、蔡畅、谢觉哉、罗瑞卿。[2]

（一）新中国第一部选举法

选举法起草委员会经过一个月的紧张工作，完成了《中华人民共和国全国人民代表大会及地方各级人民代表大会选举法（草案)》的拟定。选举法草案总则第一条开宗明义：“根据中国人民政治协商会议共同纲领第十二条，中华人民共和国全国人民代

〔1〕 全国人大常委会办公厅、中共中央文献研究室编：《人民代表大会制度重要文献选编》(一)，中国民主法制出版社2015年版，第133—134页。

〔2〕 全国人大常委会办公厅、中共中央文献研究室编：《人民代表大会制度重要文献选编》(一)，中国民主法制出版社2015年版，第134—135页。

表大会及地方各级人民代表大会由各民族人民用普选方法产生之。”草案全文分为总则、地方各级人民代表大会代表名额、全国人民代表大会代表名额、各少数民族的选举、选举委员会、选民登记、代表候选人的提出、选举程序、对破坏选举的制裁及附则十章，共计六十六条。

法律草案随即提交中央人民政府委员会审查批准。选举法起草工作由周恩来主持，实际工作由邓小平负责，因此，邓小平在中央人民政府委员会第二十二次会议上作了关于选举法草案的说明。邓小平说：“《选举法（草案）》贯穿着一个总的精神，就是如何根据国家的情况，规定一个合乎当前实际的最民主的选举制度。”〔1〕我们可以从其说明中看出制定这部选举法遵循的宗旨和基本原则。

1. 选举权的普遍性与限制性。选举权的普遍性表现在选举法规定：“凡年满十八周岁之中华人民共和国公民，不分民族和种族、性别、职业、社会出身、宗教信仰、教育程度、财产状况和居住期限，均有选举权和被选举权。”对妇女的选举权和被选举权作了专款规定，对少数民族、人民武装部队和国外华侨的选举，也都作了明确的规定。邓小平指出：“至于所规定的对于一部分人的选举权利的限制，如对于尚未改变成分的地主阶级分子的选举权利的限制，不消说这只是一种临时的办法，是今天历史条件所不可避免的，而在不久的将来，当条件变化之后，现在所实行的这一类的限制就成为不必要的了。”〔2〕

〔1〕全国人大常委会办公厅、中共中央文献研究室编：《人民代表大会制度重要文献选编》（一），中国民主法制出版社 2015 年版，第 149 页。

〔2〕全国人大常委会办公厅、中共中央文献研究室编：《人民代表大会制度重要文献选编》（一），中国民主法制出版社 2015 年版，第 150 页。

2. 选举权的平等性与城乡不同人口比例。选举法规定，每一选民只有一个投票权。同时，在一个乡镇和市辖区的范围内，每一代表所代表的人口数是相等的。但是，选举法规定了城市和乡村应选代表的不同的人口比例。

全国人大代表名额分配。各省应选全国人大代表的名额，按每八十万人选代表一人；中央直辖市和人口在五十万的省辖工业市应选全国人大代表的名额，按每十万人选代表一人。这就是所谓的城乡人口比例“八比一”。

地方各级人大代表名额分配。省、市、县人大代表名额，同样按城市与乡村不同的人口比例分配。

“各县应选省人民代表大会代表的名额：人口在二十万以下者，选代表一人至三人；人口超过二十万至六十万者，选代表二人至四人；人口超过六十万者，选代表三人至五人。省辖市、镇和省境内重要工矿区，按人口每二万人选代表一人，其人口不足二万人但满一万人者亦得选代表一人。”

市人大代表名额，“郊区每一代表所代表的人口数，应多于市区每一代表所代表的人口数”。

“各乡应选县人民代表大会代表的名额：人口在二千以下者，选代表一人；人口超过二千至六千者，选代表二人；人口超过六千者，选代表三人。”“县辖城、镇和县境内重要工矿区，按人口每五百人选代表一人，其人口不足五百人但满二百五十人者亦得选代表一人。”

对城乡不同人口比例规定，主要是因新中国成立之初我国人口构成的工农比例、城乡比例相差非常悬殊，如果按照统一标准分配代表名额，农民代表所占的比例就会大大超过工人及其他各界代表的比例，把人民代表大会开成“农民代表大会”。只有规定城市和乡村代表分别代表不同的人口比例，才能保证工人阶级和其他各界在各级人大代表中占相当比例，才能保证人大代表的广泛性，才能充分调动各方面的积极性。对此，邓小平特别指出："这些在选举上不同比例的规定，就某种方面来说，是不完全平等的。但是只有这样规定，才能真实地反映我国的现实生活，才能使全国各民族各阶层在各级人民代表大会中有与其地位相当的代表，所以它不但是很合理的，而且是我们过渡到更为平等和完全平等的选举所完全必需的。"〔1〕

3. 直接选举与间接选举并用。乡镇和市辖区和不设区的市人大代表，由选民直接选举；县以上各级人大代表，由下一级人民代表大会间接选举。

4. 举手表决和无记名投票并存。选举法规定："乡、镇、市辖区和不设区的市人民代表大会代表和乡、镇出席县人民代表大会代表的选举，采用以举手代投票方法，亦得采用无记名投票方法。县以上各级人民代表大会之选举，采用无记名投票方法。"也就是说，乡镇、市辖区及不设区的市代表选举以举手表决为主，县以上代表选举实行无记名投票。之所以如此规定，邓小平说："这是由于我国目前的社会情况、人民还有很多缺乏选举经验，以及文盲尚多等实际条件所决定的。如果我们无视这些实际条件，现在就勉强地去规定一些形式上好像很完备而实际上行不通的选举方法，其结果，除了增加选举的困难和在实际上限制许多公民的选举权利之外，没有任何的好处。"〔2〕

---

〔1〕 全国人大常委会办公厅、中共中央文献研究室编：《人民代表大会制度重要文献选编》（一），中国民主法制出版社 2015 年版，第 150 页。

〔2〕 全国人大常委会办公厅、中共中央文献研究室编：《人民代表大会制度重要文献选编》（一），中国民主法制出版社 2015 年版，第 151 页。

5. 组织提名与选民、代表提名相结合。选举法规定：“中国共产党、各民主党派、各人民团体和不属于上述各党派、团体的选民或代表均得按选举区域或选举单位联合或单独提出代表候选人名单。”有学者研究认为：“虽然规定了选民或代表的提名权，但代表候选人的提出基本上是组织提名。”〔1〕邓小平当时就指出：“当然，在实际上是应该而且可能以由中国共产党、各民主党派和各人民团体联合提名的方式，作为提出各级人民代表大会代表候选人名单的主要方式。但同时规定选民或代表能有单独提出候选人的权利，使选民或代表能有更多表达意见的机会，这在我们现在的情况下是有益无害的。”〔2〕

《中华人民共和国全国人民代表大会及地方各级人民代表大会选举法》于1953年2月11日由中央人民政府委员会通过。3月1日，毛泽东签署中央人民政府命令，公布实施第一部选举法。

第一部选举法的颁布实施，为全国的普选提供了法律依据，标志着新中国选举制度的确立。这部重要的基本法律，既吸收了革命根据地和新中国成立后政权建设的经验，也借鉴了国外特别是苏联的选举制度，对各级人大代表选举的组织机构、选举方式和程序、选区划分、选民登记、代表候选人的提出、代表名额、选举经费以及对破坏选举的制裁等都作了明确规定，从法律上奠定了当代中国选举制度的基础。选举法实现了真正意义上的民主选举，开启了我国人民民主选举制度的新时代。邓小平在关于选举法草案的说明中这样评价：“《选举法》的通过和公布，是我们国家一件具有伟大历史意义的事件。如果说我们国家正开始的

〔1〕 蔡定剑主编：《中国选举状况的报告》，法律出版社2002年版，第6页。

〔2〕 全国人大常委会办公厅、中共中央文献研究室编：《人民代表大会制度重要文献选编》（一），中国民主法制出版社2015年版，第159页。

第一个五年建设计划标志着我国经济、文化发展的新阶段，那么，《选举法》的颁布标志着我国人民民主政治发展的新阶段。”〔1〕

（二）第一次全国普选

选举法规定：“在中央人民政府和地方各级人民政府下成立中央和地方各级选举委员会。中央和地方各级选举委员会为办理全国和地方人民代表大会选举事宜之机关。”“中央选举委员会由中央人民政府委员会任命之。地方各级选举委员会由上一级人民政府任命之。”根据这一规定，中央人民政府委员会任命了以刘少奇为主席的中央选举委员会。中央选举委员会于 1953 年 4 月 3 日下发关于基层选举工作的指示，对全国范围的基层选举工作作了全面部署。由此，中国历史上第一次规模空前的人民普选有序展开。

乡镇、市辖区和不设区的市等基层单位的选民直接选举，从 1953 年 7 月开始，到 1954 年 5 月结束。毛泽东、朱德、刘少奇、周恩来等中央领导人也于 1953 年 12 月 8 日晚在北京市西单区中南海投票站参加了投票。据统计：全国进行基层选举的单位共 21. 4798 万个；登记选民总数为 3. 23809684 亿人，占 18 周岁以上人口总数的 97. 18%；参加投票选举的选民有 2. 78093100 亿人，占选民登记总数的 85. 88%；共选出基层人大代表 566. 9144 万人，其中妇女代表占 17. 31%。〔2〕

省、市、县人民代表大会召开及全国人大代表的选举情况，我们可以从 1954 年 9 月 3 日的《中央选举委员会关于中华人民

〔1〕 全国人大常委会办公厅、中共中央文献研究室编：《人民代表大会制度重要文献选编》（一），中国民主法制出版社 2015 年版，第 163 页。

〔2〕 刘政：《人民代表大会制度的历史足迹》，中国民主法制出版社 2008 年版，第 46—49 页。

共和国第一届全国人民代表大会代表选举工作完成的报告》中得到全面、准确的信息。

根据中央选举委员会和中央人民政府政务院于1954年4月15日下达的“对于召开省、市、县人民代表大会的几个问题的决定”，1954年6、7月间，全国150个省辖市，2064个县、自治县及县一级的单位和170个中央直辖市的区，全部召开了人民代表大会会议。有些暂时不进行基层选举的少数民族地区的专区级、县级单位也召开了人民代表会议。各地均按照《中华人民共和国全国人民代表大会及地方各级人民代表大会选举法》的规定，以无记名投票的方法，分别选举了省、直辖市和自治区的人民代表大会代表共16680人。

在此基础上，1954年7月底到8月中旬，各省、直辖市和内蒙古自治区先后召开了人民代表大会会议，选举了全国人民代表大会代表。西藏地方和昌都地区采取代表会议的形式选出了全国人民代表大会代表。全国25个省、内蒙古自治区、西藏地方、昌都地区和14个直辖市共选出全国人民代表大会代表1136人。军队召开了军人代表大会，选出了全国人民代表大会代表60人。华侨事务委员会在所召开的有国外华侨代表参加的侨务扩大会议上，选出了全国人民代表大会代表30人。上述各地区和各单位所选举产生第一届全国人民代表大会代表1226人（台湾省应选全国人民代表大会代表，因该省尚待解放，名额暂缺）。其中妇女代表147人，占代表总数的11.99%；少数民族代表除选举法规定的150人外，各省市还选出27人，共177人，占代表总数的14.44%。[1] 代表中包括所有民主党派代表人物，劳动模范，军

---

〔1〕 全国人大常委会办公厅、中共中央文献研究室编：《人民代表大会制度重要文献选编》（一），中国民主法制出版社2015年版，第187—188页。

队英雄人物，著名文学艺术和科学教育工作者，工商界、宗教界的代表人物，少数民族、海外侨胞的代表。代表的年龄从十八岁到九十多岁。

全国第一次人民普选的完成和地方各级人民代表大会的召开，全国人民代表大会代表的产生，极大地推动了民主选举制度的实践，为全国人民代表大会的召开奠定了坚实基础。

（三）第一届全国人大第一次会议及其选举

1954 年 9 月 15 日下午 3 时，第一届全国人民代表大会第一次会议在北京中南海怀仁堂隆重开幕。向大会报到的代表 1211 人，会议实到代表 1141 人。另外，列席会议的政府负责人 14 人，旁听人员 136 人，各国驻我国的外交使节和外交官员 44 人、外宾 39 人应邀参加了开幕式。[1]

毛泽东主持会议并致开幕词，他说，这次会议的任务是制定宪法和几个重要的法律，通过政府工作报告，选举新的国家领导工作人员。“我们这次会议具有伟大的历史意义。这次会议是标志着我国人民从一九四九年建国以来的新胜利和新发展的里程碑，这次会议所制定的宪法将大大地促进我们的社会主义事业。”“我们的总任务是：团结全国人民，争取一切国际朋友的支援，为了建设一个伟大的社会主义国家而奋斗，为了保卫国际和平和发展人类进步事业而奋斗。”会议选举产生由毛泽东、王崇伦、司徒美登、朱德、朱海德、何香凝、吴玉章等 97 人组成的大会主席团，选举李维汉为秘书长，通过了大会议程。会议听取了刘少奇所作的《关于中华人民共和国宪法草案的报告》。

9 月 16 日至 26 日，会议就各项议程进行分组审议和大会发

〔1〕 万其刚等编著：《人民代表大会制度简史》，中国民主法制出版社 2015 年版，第 38 页。

言。大会先后审议通过了宪法、全国人民代表大会组织法、地方各级人民代表大会和地方各级人民委员会组织法、国务院组织法、人民法院组织法和人民检察院组织法。宪法规定了全国人大和地方各级人大都由民主选举产生和其他国家机关领导人员都由人大选举任免的总原则。其他几部法律也都包含了相应机关及人员的选举任免规定。这些法律的诞生，以宪法为最高准则，以此前颁布施行的《中华人民共和国全国人民代表大会及地方各级人民代表大会选举法》为基础，初步构建了我国选举制度的法律体系。

9 月 27 日，大会根据 33 个代表团的 109 名代表联合提名，以无记名投票方式，选举毛泽东为中华人民共和国主席，朱德为副主席；根据大会主席团的提议，选举全国人大常委会组成人员 79 人。刘少奇为全国人大常委会委员长，宋庆龄、林伯渠、李济深、张澜、罗荣桓、沈钧儒、郭沫若、黄炎培、彭真、李维汉、陈叔通、达赖喇嘛·丹增嘉措、赛福鼎·艾则孜等 13 人为副委员长，彭真兼秘书长，王昆仑、王维舟等 65 人为委员；选举董必武为最高人民法院院长，张鼎丞为最高人民检察院检察长。根据国家主席毛泽东的提名，决定周恩来为国务院总理。

9 月 28 日，大会根据国务院总理周恩来的提名，决定任命陈云、林彪、彭德怀、邓小平、邓子恢、贺龙、陈毅、乌兰夫、李富春、李先念等 10 人为国务院副总理以及各部部长，任命习仲勋为国务院秘书长。根据国防委员会主席毛泽东的提名，决定任命朱德、彭德怀、林彪、刘伯承、贺龙、陈毅、邓小平、罗荣桓、徐向前、聂荣臻、叶剑英、程潜、张治中、傅作义、龙云等 15 人为国防委员会副主席，于学忠等 81 人为委员。会议还根据主席团的提名，分别通过了第一届全国人大民族委员会、法案委员会和预算委员会组成人员名单。[1]

9月28日下午，毛泽东宣布第一届全国人大第一次会议已经顺利地完成了自己的任务，本次会议的全部议程已经进行完毕。大会在庄严的国歌声中闭幕，开启了中华人民共和国人民民主的新阶段。

由人民选举产生各级人民代表大会，然后由各级人大选举产生同级国家机关及其领导人员，是人民授权的法定程序。第一届全国人民代表大会第一次会议的召开，大会选举和任命的通过，是人民代表大会选举制度的成功实践，是国家权力合法性的标志，也是新中国选举制度的一座里程碑。

三、选举制度的挫折

新中国选举制度的走向，按照其确立时的预设，本该有着健康顺利的逐步发展、完善轨迹，但是令人心痛的事实却是新中国的选举制度遭遇了一度停滞继而被彻底破坏的厄运。

1954年9月底，第一届全国人民代表大会第一次会议闭幕，全国人大常委会开始其任期，这是一个高光时刻。至1957年的3年多时间里，全国人大及其常委会依法履职有序展开，立法、监督、选举等各项工作渐入佳境，民主气氛也比较浓厚。但是，从1957年下半年开始，异常情况出现，反右斗争扩大化以及随之而来的“左”的思想激进、阶级斗争激化，民主集中制遭到侵害，人大工作开始出现滑坡状态。虽然到1965年初三届全国人大基本按期换届选举，人大例会也基本如期举行，但是民主政治建设

---

〔1〕 万其刚等编著：《人民代表大会制度简史》，中国民主法制出版社2015年版，第40—41页。

已遭到侵蚀，人民代表大会制度建设及其民主选举实践也徘徊不前。

1966 年“文化大革命”兴起，首先遭到职权侵害和停止的就是人民代表大会。1966 年 7 月 7 日，三届全国人大常委会举行第三十三次会议，康生到会宣布：一个轰轰烈烈的史无前例的无产阶级“文化大革命”运动开始了，这是全国性的大鸣、大放、大辩论、大字报的全面的大民主运动。在革命运动中，少开一次会（指人民代表大会）或迟开一次会，是可以的，允许的。于是没有经过讨论就通过决定：三届全国人大二次会议改期召开，具体日期另行决定。[1] 此后至 1974 年底，全国人大及其常委会未再举行过一次会议，直至 1975 年 1 月召开第四届全国人民代表大会第一次会议。地方人大及其人民委员会则被所谓的“临时权力机构”“革命委员会”所取代，公、检、法机关被砸烂，造成了全国性的大动乱。“文化大革命”十年浩劫，全国人大有名无实，地方人大更是名实全无，人民代表大会选举制度遭到彻底破坏，其历史教训极其惨痛而又深刻。

1978 年 2 月 26 日，五届全国人大一次会议举行，至此各级人大恢复活动。同年 12 月 18 日至 22 日，中国共产党在北京召开了具有重大历史性意义的第十一届中央委员会第三次全体会议，实现了对国家命运有深远意义的伟大转折，中国从此迈向改革开放和社会主义现代化建设新的历史时期，人民代表大会制度进入了新的发展阶段，选举制度也迎来恢复重建的希望之光。

---

〔1〕 刘政：《人民代表大会制度的历史足迹》，中国民主法制出版社 2008 年版，第 17 页。

四、选举制度的重建

1979 年 6 月 28 日，正值五届全国人大二次会议召开之际，邓小平在会见以竹入义胜为团长的日本公明党第八次访华团时这样说道："民主和法制，这两个方面都应该加强，过去我们都不足。要加强民主就要加强法制。没有广泛的民主是不行的，没有健全的法制也是不行的。我们吃够了动乱的苦头。""我们好多年实际上没有法，没有可遵循的东西。这次全国人大开会制定了七个法律。"〔1〕正是在此背景下，1979 年 7 月 1 日，五届全国人大二次会议通过了包括《中华人民共和国全国人民代表大会和地方各级人民代表大会选举法》在内的七部法律。

"另起炉灶"重新制定的选举法，被视为选举制度的恢复、重建和提升的标志。与 1953 年制定的第一部选举法相比，有一系列重大修改和新的规定。新的选举法更好地体现了选举权利普遍性原则，除依法被剥夺政治权利者外，实现更广泛意义的普选；直接选举由乡级扩大到县级；把等额选举改为差额选举；表决方式全部实行无记名投票；按居住状况、生产单位、事业单位、工作单位划分选区；代表候选人提名方式除政党团体提名外，增加选民或代表联合提名，并允许用各种合法形式宣传代表候选人；对如何监督、罢免和补选人大代表增设专章予以规定等。这部选举法坚持了 1953 年选举法的基本原则、基本精神、民主内容和仍然适用的民主形式，同时进一步扩大了人民民主，健全了社会主义民主法制，刻画了当代中国选举制度新的模板，

〔1〕全国人大常委会办公厅、中共中央文献研究室编：《人民代表大会制度重要文献选编》（二），中国民主法制出版社 2015 年版，第 403 页。

标志着人民代表大会的选举制度重新确立。

（一）选举制度的基本原则定型

选举制度的基本原则是选举制度的核心，是选举组织、程序、方式等各项具体制度的基本遵循。新的选举法总结选举实践，确立并较好地体现了我国选举制度的五项基本原则，即普遍性原则、平等性原则、差额选举原则、直接选举和间接选举并用原则、无记名投票原则。这些原则也同样是其他法律涉及选举任免规范的基本准则。

（二）选举制度的法律体系形成

以新的选举法诞生和实施为标志，其他涉及代表选举和国家机构人员选举任免的相关法律文件也同步或相继出台。如全国人大组织法、地方组织法，以及关于县级以下人民代表大会代表直接选举的若干规定、解放军选举全国人民代表大会和县级以上地方各级人民代表大会代表的办法等；另外涉及法官、检察官任免的一些专门法律也陆续颁布施行。由此，共同构成并丰富了选举制度的法律体系。

（三）地方人大选举机构运行

1979 年制定的地方组织法规定，县级以上地方各级人民代表大会设立常务委员会，作为本级人大的常设机关。这一新规定对人民代表大会制度的发展有着多方面的重大意义，其中之一就是为地方人大选举任免工作的拓展和完善创设了基础条件。县级以上地方人大常设机关建立运行以后，其内设的选举任免机构普遍建立，并依法开展了相关工作，如人大代表换届选举工作指导，常委会任免国家机关工作人员的相关事务等，极大地丰富了人大行使选举任免权的实践。

五、选举制度的完善

1979 年至今的四十多年，我国的选举制度随着民主选举实践的深入发展不断趋于完善，突出体现在以下几个方面。

一是缩小代表名额城乡人口分配比例差距，直至实现城乡人口“同票同权”，切实体现平等性原则。

二是设计“等额提名、差额选举”规则，维护选民、代表提名权，进一步体现民主原则。

三是简化选民登记手续、保障流动人口参选，提高公民参选率。

四是完善选举委员会组成、回避等规定，更好体现公正原则。

五是代表资格审查，从程序性向实体性审查转变。

六是加大对贿选等破坏选举行为的制裁力度。

当然，选举制度的完善并非一蹴而就，我们通过选举法等涉及选举制度的法律历次修改，可以比较清晰地看出我国选举制度不断完善、与时俱进的步履。现行选举法先后经历了 1982 年、1986 年、1995 年、2004 年、2010 年、2015 年、2020 年 7 次修改。

（一）1982 年 12 月五届全国人大五次会议依据刚刚通过的新宪法和选举实践，对选举法作出第一次修改。

1. 对代表的城乡人口数之比作了一些调整：县、自治县境内，镇的人口特多或者企事业组织职工人数比例较大的，经省、自治区、直辖市人大常委会决定，农村每一代表与镇或企事业组织职工每一代表所代表的人口数之比可以小于四比一直至一比一。

2. 对介绍代表候选人的情形作了规定：推荐代表候选人的政党、团体或者选民，在选民小组会上介绍所推荐的代表候选人。

3. 对另行选举的代表当选票数作了调整：直接选举县乡两级人大代表，因代表名额未选足进行另行选举时，当选代表的得票数由此前规定的过半数选票改为不得少于三分之一选票。

4. 地方各级人大代表在任期内调离或迁出本行政区域的，其代表资格自行终止。

5. 增加规定：全国人民代表大会和归侨人数较多地区的地方人民代表大会，应当有适当名额的归侨代表。

选举法第一次修改后不久，1983 年 3 月五届全国人大常委会二十六次会议通过《全国人民代表大会常务委员会关于县级以下人民代表大会代表直接选举的若干规定》，作为选举法的重要补充和完善，对直接选举中的一些具体问题作了细化规定和法定诠释，使人大代表的直接选举操作更加明确和规范。

（二）1986 年 12 月六届全国人大常委会十八次会议根据改革开放的新形势和几年来的选举工作实践经验对选举法进行了第二次修改。

1. 完善选民登记制度，简化选民登记手续："选民登记按选区进行，经登记确认的选民资格长期有效。每次选举前对上次选民登记以后新满十八周岁的、被剥夺政治权利期满后恢复政治权利的选民，予以登记。对选民经登记后迁出原选区的，列入新迁入的选区的选民名单；对死亡的和依照法律被剥夺政治权利的人，从选民名单上除名。"

2. 减少全国人大代表名额：将"全国人民代表大会代表的名额不超过三千五百人"修改为"全国人民代表大会代表的名额

不超过三千人”。

3. 修改选民和代表推荐代表候选人的联名人数：由此前规定的“三人以上附议”改为“选民或者代表十人以上联名”。

4. 缩小直接选举的差额幅度：由选民直接选举的代表候选人名额，由修改前的应多于应选代表名额二分之一至一倍改为三分之一至一倍，适当缩小差额幅度有利于控制候选人过多，便于民意集中和提高选举效率。

5. 代表名额分配再向少数民族适当倾斜：将“聚居境内同一少数民族的总人口数占境内总人口数百分之十以上的，每一代表所代表的人口数应相当于当地人民代表大会每一代表所代表的人口数”修改为“聚居境内同一少数民族的总人口数占境内总人口数百分之三十以上的，每一代表所代表的人口数应相当于当地人民代表大会每一代表所代表的人口数”。将“聚居境内同一少数民族的总人口数不及境内总人口数百分之十的，每一代表所代表的人口数，可以少于当地人民代表大会每一代表所代表的人口数”修改为“聚居境内同一少数民族的总人口数占境内总人口数百分之十五以上、不足百分之三十的，每一代表所代表的人口数，可以适当少于当地人民代表大会每一代表所代表的人口数”。

6. 规定华侨的参选权：“旅居国外的中华人民共和国公民在县级以下人民代表大会代表选举期间在国内的，可以参加原籍地或者出国前居住地的选举。”

7. 限定委托投票人数：规定每一选民接受的委托不得超过三人。

8. 理顺选举机构的领导关系：将乡镇选举委员会受乡镇政府领导修改为受县级选举委员会领导，并规定：“省、自治区、直辖市、设区的市、自治州的人民代表大会常务委员会指导本行政区域内县级以下人民代表大会代表的选举工作。”

9. 明确罢免、补选代表的具体程序由省级人大常委会规定。

（三）1995 年 2 月八届全国人大常委会十二次会议根据完善人民代表大会制度的要求和十多年选举实践的发展，对选举法进行了第三次修改。

1. 明确地方各级人大代表名额的确定办法。1953 年的选举法曾对地方各级人大代表名额作出具体规定，1979 年的选举法改为由省级人大常委会自行决定。但是，由于各省、自治区、直辖市确定代表名额的标准不同，造成地域、人口等相近的省、市、县的代表数量相差悬殊。为改变各地代表名额标准不一的状况，此次修改依照“基数 + 人口代表数”的计算办法，分别规定了地方各级人大代表名额确定的具体标准，以及人口特多、特少地方的代表名额上下限。与 1953 年选举法规定代表名额的方法不同，这次规定的名额基数保证了各级、各地人大代表相同的基本规模，按人口数增加名额又保证了代表与人口数在总体上的比例均衡。

2. 规定代表名额一经确定不再变动。“地方各级人民代表大会的代表总名额经确定后，不再变动。如果由于行政区划变动或者由于重大工程建设等原因造成人口较大变动的，该级人民代表大会的代表总名额依照本法的规定重新确定”。

3. 进一步理顺选举机构的领导关系。将乡镇选举委员会受县级选举委员会领导修改为受县级人大常委会领导。

4. 统一代表与人口数的比例。缩小了 1979 年选举法中规定的比例，将省、自治区和全国人大代表中农村每一代表与城市每一代表所代表的人口数，从原来的五比一、八比一，统一修改为四比一。这一规定在一定程度上缩小了城乡不平等的投票“含金量”，以适应我国经济社会发展的状况。

另外，“逐步提高妇女代表的比例”成为法定要求，同时还适当简化了直接选举的程序，增加“流动票箱”的规定，确定了选区划分的原则，对代表的辞职、罢免程序作了补充完善。

（四）2004 年 10 月十届全国人大常委会十二次会议对选举法进行了第四次修改。

1. 恢复直接选举中的预选规定，通过预选完善直接选举确定正式代表候选人的方式。如果所提候选人人数超过规定的最高差额比例，交选民小组讨论、协商，根据较多数选民的意见确定正式候选人名单；对正式代表候选人不能形成较为一致意见的，进行预选，根据预选时得票多少的顺序，确定正式代表候选人名单。

2. 改进介绍代表候选人的方式。增加规定选举委员会可以组织代表候选人与选民见面，回答选民的问题。通过候选人与选民见面交流的环节，引入了选举前的竞争因素。

3. 将提议罢免县乡两级人大代表的联名人数加以区分：提议罢免县级人大代表，由选区三十人以上联名改为五十人以上联名；提议罢免乡镇人大代表仍维持三十人以上联名。

4. 完善对破坏选举的制裁。规定了破坏选举的行政违法和刑事犯罪行为的种类，对以金钱或其他财物贿赂选民或代表的给予法律制裁等。

（五）2010 年 3 月十一届全国人大三次会议对选举法进行了第五次修改。

党的十七大提出逐步实行城乡按相同人口比例选举人大代表的建议。为此，新修改的选举法最大的亮点就是“每一代表所代表的城乡人口数相同”，切实贯彻“人人平等、地区平等、民族平等”的原则，规定城乡按相同人口比例选举各级人大代表。这一修改具有重大而深远的意义，标志着我国选举制度的重要完善和社会主义民主政治建设的新境界。

1. 按照“每一代表所代表的城乡人口数相同”的原则分配各级人大代表名额，体现人人平等。“全国人民代表大会代表名额，由全国人民代表大会常务委员会根据各省、自治区、直辖市的人口数，按照每一代表所代表的城乡人口数相同的原则，以及保证各地区、各民族、各方面都有适当数量代表的要求进行分配。”“地方各级人民代表大会代表名额，由本级人民代表大会常务委员会或者本级选举委员会根据本行政区域所辖的下一级各行政区域或者各选区的人口数，按照每一代表所代表的城乡人口数相同的原则，以及保证各地区、各民族、各方面都有适当数量代表的要求进行分配。”“本行政区域内各选区每一代表所代表的人口数应当大体相等”。

2. 确定“相同的基本名额数”，体现地区平等。保障各地方在国家权力机关有平等的参与权，各行政区域不论人口多少，都应有相同的基本名额数，都能选举一定数量的代表。

3. 保障各民族都有适当数量的代表，人口再少的民族，也要有一名代表，体现民族平等。

4. 代表的广泛性突出基层代表。各级人大代表“应当具有广泛的代表性，应当有适当数量的基层代表，特别是工人、农民和知识分子代表”。

5. 增设“选举机构”专章。根据1983年全国人大常委会制定的《全国人民代表大会常务委员会关于县级以下人民代表大会代表直接选举的若干规定》，进一步完善选举的组织机构，对选举委员会的产生、回避、职责和工作要求等分别作出具体规定。

6. 提高乡镇人大代表名额上限。将乡镇人大代表总名额的上限从不得超过一百三十名修改为“代表总名额不得超过一百六十名”。

7. 禁止“两地代表”。对公民是否可以担任两个不同地方的人大代表问题予以明确，规定“公民不得同时担任两个以上无隶属关系的行政区域的人民代表大会代表”。

8. 明确“等额提名，差额选举”规则。在各级人大代表实行差额选举的前提下，增加规定：“各政党、各人民团体联合或者单独推荐的代表候选人的人数，每一选民或者代表参加联名推荐的代表候选人的人数，均不得超过本选区或者选举单位应选代表的名额。”

9. 增进选民对代表候选人的了解。“选举委员会根据选民的要求，应当组织代表候选人与选民见面，由代表候选人介绍本人的情况，回答选民的问题。”

10. 强化对选民和代表的选举权利保障。增加规定：“全国人民代表大会和地方各级人民代表大会代表的选举，应当严格依照法定程序进行，并接受监督。任何组织或者个人都不得以任何方式干预选民或者代表自由行使选举权。”同时增加规定：“选举时应当设有秘密写票处。”

此外，新修改的选举法还对流动票箱的管理、接受代表辞职的程序、对破坏选举行为的调查处理等进行了补充完善。

（六）2015 年 8 月十二届全国人大常委会十六次会议通过了关于修改地方组织法、选举法、代表法的决定，对选举法进行了第六次修改。

1. 禁止接受境外资助，确保选举合法公正。增加规定：“公民参加各级人民代表大会代表的选举，不得直接或者间接接受境外机构、组织、个人提供的与选举有关的任何形式的资助。”“违反前款规定的，不列入代表候选人名单；已经列入代表候选人名单的，从名单中除名；已经当选的，其当选无效。”

2. 强化代表资格审查。参照全国人大组织法等法律的相关规定，对代表资格审查委员会的职责和审查程序进一步予以补充和完善：“代表资格审查委员会依法对当选代表是否符合宪法、法律规定的代表的基本条件，选举是否符合法律规定的程序，以及是否存在破坏选举和其他当选无效的违法行为进行审查，提出代表当选是否有效的意见，向本级人民代表大会常务委员会或者乡、民族乡、镇的人民代表大会主席团报告。”“县级以上的各级人民代表大会常务委员会或者乡、民族乡、镇的人民代表大会主席团根据代表资格审查委员会提出的报告，确认代表的资格或者确定代表的当选无效，在每届人民代表大会第一次会议前公布代表名单。”这一规定标志着代表资格审查从程序性审查向程序性与实体性审查并重转变。

3. 明确当选代表的公布。增加规定：“当选代表名单由选举委员会或者人民代表大会主席团予以公布。”

（七）2020 年 10 月十三届全国人大常委会二十二次会议为贯彻落实党的十九届四中全会关于健全人大选举制度、适当增加基层人大代表数量的部署，对选举法进行了第七次修改。

1. 适当增加县乡两级人大代表名额基数。针对各地基层行政区划撤乡并镇、改设街道致基层人大代表数量逐届减少的情况，一是将县级人大代表名额基数由 120 名提高至 140 名，每 5000 人可以增加一名代表，人口超过 155 万的代表总名额不得超过 450 名，人口不足 5 万的代表总名额可以少于 140 名；二是将乡镇人大代表名额基数由 40 名提高至 45 名，每 1500 人可以增加一名代表，但是代表总名额不得超过 160 名，人口不足 2000 的代表总名额可以少于 45 名。

2. 坚持党对选举工作的领导。增加规定：“全国人民代表大会和地方各级人民代表大会代表的选举工作，坚持中国共产党的领导，坚持充分发扬民主，坚持严格依法办事。”

3. 重新确定代表名额的报备。为便于全国人大常委会及时了解和掌握各地因行政区划变动等原因依法重新确定代表名额的变动情况，增加规定，重新确定代表名额的，省、自治区、直辖市人大常委会应当在三十日内将重新确定代表名额的情况报全国人大常委会备案。

4. 明确对破坏选举的国家工作人员实行处分的主管机关。国家工作人员破坏选举，违反治安管理规定的给予治安管理处罚、构成犯罪的追究刑事责任，此外，“还应当由监察机关给予政务处分或者由所在机关、单位给予处分”。

另外，包括地方组织法等法律也同样经过了多次修改，其中就包括涉及选举任免的重要内容。这些法律的修改，不断适应中国发展的时代特征、现实需求，最大限度发扬社会主义民主，保障人民当家作主的权利。

毋庸讳言，在我国选举制度完善和选举实践的进程中，也有挑战选举制度的恶行发生。这当中有两起特别案例值得记述，虽属极端、个别事件，但其恶劣性令人震惊，查处力度空前，当引为镜鉴。

一起是衡阳贿选案。2013 年初，湖南省衡阳市召开换届的市十四届人大一次会议，其中最重要的议程之一是选举省人大代表。但是选举过程中发生了以贿选手段破坏选举的严重违法事件。56 名省人大代表候选人向 518 名衡阳市人大代表（共 527 名市人大代表出席会议）和68名大会工作人员行贿，金额高达1.1亿元，人均行贿近200万元，人均受贿近20万元，行贿者均当选。该案涉案人员之多、涉案金额之大、涉及范围之广实属新中国成立以来罕见。中共湖南省委和有关国家机关，分两批给予466人党纪、政纪处分；贿选的省人大代表当选无效，受贿的市人大代表全部劝辞。

另一起是辽宁贿选案。2012年底至2013年初，有45人为当选全国人大代表，在省人大会议之前或会议期间向523名辽宁省人大代表送钱送物。该案被揭露后，受贿的省人大代表由原选举单位罢免或劝辞，其中有108名的省人大常委会组成人员职务或省人大专门委员会职务相应终止。行贿的全国人大代表当选无效。此后，辽宁15个基层法院对41名贿选涉案人员作出一审判决，分别判处有期徒刑等刑罚。同时上述事件中负有领导责任的相关人员也被撤销领导职务。

这两起案件是对选举制度的严重挑战，因此，对其严厉制裁不仅最大限度挽回了恶劣的社会影响，也维护和彰显了我国选举制度的权威和尊严，更从一个侧面体现了我国选举制度在实践中的纠错和完善能力。

/ 第三章 /

选举制度的基本原则

选举制度的基本原则是选举制度的核心，是选举组织、程序、方式等各项具体制度的基本遵循。这些基本原则决定了选举的平等性、广泛性、真实性等基本特征，也决定了不同的选举规则和方式。如西方国家代议制选举采取的比例代表制、多数代表制和混合代表制等不同取向，就是由其选举原则的价值取向决定的，其背后政治逻辑的最终指向就是要有利于选举产生统治集团或者说是社会主流价值取向利益和意志的代表者、维护者及推行者。

我国选举制度的基本原则可以概括为五大原则，即普遍性原则、平等性原则、差额选举原则、直接选举和间接选举并用原则、无记名投票原则。从这些基本原则的逐渐定型和发展完善过程可以清晰地把握我国民主选举制度不断进步的路径。

第一节　普遍性原则

所谓普遍性是指公民行使选举权和被选举权的广泛程度，公民参选的法定限制条件越少则普遍性越强。之所以强调这一原则，正是因为在代议制民主选举的近现代发展历程中，无论是作为“议会之母”的英国，还是“西学东渐”的清末民初，都对公民的选举权和被选举权有性别、财产、地域等诸多法定限制条件。如民国第一届国会的众议员选举，虽然是按人口比例由公民在选区无记名投票直接选举，但是选举人必须具有以下资格条件：男性年满21岁，在选区居住满两年，年直接纳税2元以上，有价值500元以上不动产，有小学毕业以上学历；另外，现役军人、现任行政司法官吏及警察、僧道和宗教师没有选举权和被选举权，小学教师和肄业生也没有被选举权。上述诸多限制条件把最广大的底层劳动者和妇女挡在了民主选举大门之外，第一届国会众议员选举的参选人数仅4290多万人，只占当时全国总人口4亿多人的10.5%。[1] 只有中国共产党领导人民取得新民主主义革命的胜利，建立新中国，才彻底改变了这种状况。

中华人民共和国一切权力属于人民，宪法的这一定位从根本上奠定了我国人民享有选举权和被选举权的普遍性基础。宪法及选举法同时规定，中华人民共和国年满十八周岁的公民，不分民族、种族、性别、职业、家庭出身、宗教信仰、教育程度、财产状况、居住期限，都有选举权和被选举权，但是依照法律被剥夺政治权利的人除外。也就是说选举权和被选举权为绝大多数公民所享有。公民只要符合上述规定，在我国都有选举权和被选举权，任何组织和个人都不得以其他理由剥夺其选举权和被选举权，这充分体现了我国公民享有选举权的最大普遍性。具体来说，根据上述规定，个人享有选举权和被选举权，要满足中国国籍、法定年龄、政治权利这三个条件。

一、中国国籍

必须具有中国国籍，这是确认中华人民共和国公民的法律依

[1] 王敏：《民国国会简史》，中国民主法制出版社2015年版，第112页。

据。按照国籍法规定，下列人员具有中国国籍：

（一）父母双方或一方为中国公民，本人出生在中国，具有中国国籍。

（二）父母双方或一方为中国公民，本人出生在外国，具有中国国籍；但父母双方或一方为中国公民并定居在外国，本人出生时即具有外国国籍的，不具有中国国籍。

（三）父母无国籍或国籍不明，定居在中国，本人出生在中国，具有中国国籍。

（四）申请加入中国国籍获得批准的，即取得中国国籍。

国籍法第三条同时规定："中华人民共和国不承认中国公民具有双重国籍。"有下列两种情况的，即丧失中国国籍：一是定居外国，自愿加入或取得外国国籍的；二是申请退出中国国籍获得批准的。

基于上述原则，法律同样赋予华侨享有选举权和被选举权。选举法规定，全国人民代表大会和归侨人数较多地区的地方人民代表大会，应当有适当名额的归侨代表。旅居国外的中国公民在县级以下人民代表大会代表选举期间在国内的，可以参加原籍地或者出国前居住地的选举。

二、法定年龄

必须年满十八周岁，这是我国公民"成年"的标志。民法典规定："十八周岁以上的自然人为成年人。""成年人为完全民事行为能力人，可以独立实施民事法律行为。"这一法定年龄的界定，从其出生日期（以身份证或户口簿为准）到当地规定的选举日为止计算。

三、政治权利

宪法和选举法规定，中华人民共和国年满十八周岁的公民，都有选举权和被选举权，但是依照法律被剥夺政治权利的人除外。

（一）所谓“依照法律被剥夺政治权利”，是指被法院判决剥夺政治权利。被剥夺的政治权利包括：选举权和被选举权；言论、出版、集会、结社、游行、示威自由的权利；担任国家机关职务的权利；担任国有公司、企业事业单位和人民团体领导职务的权利。

（二）被剥夺政治权利的时间计算：单独适用剥夺政治权利的从判决执行之日起计算；判处管制附加剥夺政治权利的，剥夺政治权利的期限与管制的期限相等，同时执行；附加剥夺政治权利的刑期，从徒刑、拘役执行完毕之日或者从假释之日起计算，剥夺政治权利的效力当然适用于主刑执行期间。刑法同时规定，对于被判处死刑、无期徒刑的犯罪分子，应当剥夺政治权利终身。

（三）能否行使选举权利还有一些特殊情况。在选举实践中，实际上还有一个涉及选举权与投票权的关系问题。通常情况下，选举权即等同于投票权，二者可以互通，也就是有选举权即有投票权。但是，在特殊情况下享有选举权的人也可能不具备参加选举活动的资格或条件。例如，享有选举权的公民可能会因为没有进行选民登记，精神病患者暂时没有行为能力等，就不能在投票日行使选举权。为此，《全国人民代表大会常务委员会关于县级以下人民代表大会代表直接选举的若干规定》对下列特殊情况作了补充规定。

1. 停止行使选举权利。因危害国家安全或者其他严重刑事犯罪案被羁押，正在受侦查、起诉、审判的人，经人民检察院或者人民法院决定，在被羁押期间停止行使选举权利。也就是说这是一种临时性措施。之所以停止这些人在被羁押期间行使选举权利，是因为其是否享有选举权利还处于判决前的不确定状态。因此，检察院和法院是否决定停止其行使选举权利的依据，是看其是否可能被依法判处剥夺政治权利。

2. 准予行使选举权利。一是被判处有期徒刑、拘役、管制而没有附加剥夺政治权利的；二是被羁押，正在受侦查、起诉、审判，人民检察院或者人民法院没有决定停止行使选举权利的；三是正在取保候审或者被监视居住的；四是正在被劳动教养的〔1〕；五是正在受拘留处罚的。“以上所列人员参加选举，由选举委员会和执行监禁、羁押、拘留或者劳动教养的机关共同决定，可以在流动票箱投票，或者委托有选举权的亲属或者其他选民代为投票。被判处拘役、受拘留处罚或者被劳动教养的人也可以在选举日回原选区参加选举。”

3. 不行使选举权利。不行使选举权利不是没有赋予选举权利，更不是被剥夺选举权利，而是因为自身特殊情况难以承担选举权利。也就是公民难以认识和承担自己行为的后果而无法实现选举权利。因此，选举法规定：“精神病患者不能行使选举权利的，经选举委员会确认，不列入选民名单。”即不行使选举权利。

普遍性原则的确立和发展经历了一个演进过程。1953 年我国

〔1〕 2013 年 12 月 28 日，十二届全国人大常委会第六次会议通过《全国人民代表大会常务委员会关于废止有关劳动教养法律规定的决定》，废止 1957 年开始实施的劳动教养制度。

制定第一部选举法时，新中国成立初期，敌对势力尚存，根据当时的现实情况，选举法规定四类人不享有选举权，一是依法尚未改变成分的地主阶级分子，二是依法被剥夺政治权利的反革命分子，三是其他依法被剥夺政治权利者，四是精神病患者。

1953 年中央选举委员会在“关于选民资格若干问题的解答”中进一步明确：“一切在关押（包括在监狱、劳动改造队及看守所等）中的已决犯，其已经依法宣布剥夺政治权利者，无选举权和被选举权；其未经宣布剥夺政治权利者和未决犯，由于他们在监禁或羁押中，故均应停止其选举权利的行使，并不把他们列入选民名单。”同时规定缓刑的刑事犯也无选举权利。1954 年宪法规定“有精神病的人和依照法律被剥夺选举权和被选举权的人”不享有选举权利。1979 年重新修订的选举法和 1982 年宪法，将没有选举权利的人仅限定在“依照法律被剥夺政治权利的人”之内，选举权的普遍性原则得到更加广泛的体现。

第二节　平等性原则

选举的平等性是民主性的前提。

作为政治概念的平等，涵盖面很广，包括男女平等、地域平等、民族平等、人人平等各个方面。例如，男女平等在政治层面就集中体现在选举权利的平等。人民代表大会制度确立至今，我国在法律规定和实践指导上都突出体现了保障妇女平等政治参与权的一贯原则。新中国第一部选举法就特别规定：“妇女有与男子同等的选举权和被选举权。”邓小平在 1953 年《关于〈中华人民共和国全国人民代表大会及地方各级人民代表大会选举法（草案）〉的说明》中强调："必须着重指出，草案中虽无须专门规定妇女代表的名额，但在各人民代表大会代表选举中，必须注意选出适当数目的妇女代表。不能设想，没有适当数目的妇女代表的人民代表大会，会具有广泛的代表性。"〔1〕

根据经济社会发展和民主政治建设的状况，如今平等性原则更侧重"人人平等、地区平等和民族平等"，这突出体现在2010年的选举法修改时首次明确提出的"三个平等"原则。王兆国在2010年3月十一届全国人大三次会议上作《关于〈中华人民共和国全国人民代表大会和地方各级人民代表大会选举法修正案（草案）〉的说明》指出："根据我国国体、政体，实行城乡按相同人口比例选举人大代表，应当体现以下原则要求：一是保障公民都享有平等的选举权，实行城乡按相同人口比例选举代表，体现人人平等；二是保障各地方在国家权力机关有平等的参与权，各行政区域不论人口多少，都应有相同的基本名额数，都能选举一定数量的代表，体现地区平等；三是保障各民族都有适当数量的代表，人口再少的民族，也要有一名代表，体现民族平等。这三个平等是我国国体、政体的内在要求，是有机统一的整体，不能强调其中一个方面而忽视其他方面。"〔2〕

一、人人平等

人人平等是选举权平等的基石。其内涵包括参选权平等、提

〔1〕 全国人大常委会办公厅、中共中央文献研究室编：《人民代表大会制度重要文献选编》（一），中国民主法制出版社2015年版，第156页。

〔2〕 全国人大常委会办公厅、中共中央文献研究室编：《人民代表大会制度重要文献选编》（四），中国民主法制出版社2015年版，第1458页。

名权平等、选举权与被选举权的统一和一人一票，其中的核心无疑是“一人一票”。“一人一票”不仅是指每个选举人都只有一个投票权，或者说每个选举人在一次选举中所投的票数相同，而且更是指所有选举人的投票效力完全相等，即“一人一票一值”。

（一）每个选举人都只有一个投票权。现在看“一人一票”似乎天经地义、理所当然，但是实际上在代议制民主选举的历史上并非原来如此，无论是作为“议会之母”的英国，还是“西学东渐”的清末民初，都曾实行所谓“复数投票制”。如英国的《国民参政法》规定复数投票权：一是拥有固定资产的选民除在其居所的选区拥有投票权外，还可以在其产业或营业地的选区投票；二是大学可以单独设立选区，凡是在该大学获得某种学位、任过某种职务或取得某种资格的选民除在其居所的选区拥有投票权外，还能够在其大学选区拥有投票权。也就是说上述选民拥有两次投票权，这种复选制直到第二次世界大战后的20世纪中叶才被废除。而新中国第一部选举法就明确规定：“每一选民在一次选举中只有一个投票权。”

自1953年新中国第一次普选以来，我国各级人大代表和国家机关领导人员的选举都始终贯彻了这一原则，并且相应的法律规定也随着实践积累和形势发展不断与时俱进。例如，根据改革开放以来市场经济发展、人口流动增大出现的“两地代表”问题，选举法作出了体现平等性原则的针对性规定。所谓“两地代表”，是指公民在两个互不隶属的行政区域分别当选为人大代表的现象。例如，某人既在其户籍地广州市越秀区参选并当选为区人大代表，又在其投资地安徽省芜湖市当选为市人大代表，这显然有悖平等性原则。为此，2010年修改的选举法规定：“公民不得同时担任两个以上无隶属关系的行政区域的人民代表大会代表。”这里的重点是“无隶属关系的行政区域”，不论行政级别高低，相互之间无行政隶属关系，也就是说，在法理上不可以同时担任北京市西城区人大代表和天津市人大代表，也不可以同时担任上海市人大代表和浙江省宁波市人大代表，但是在法理上可以同时担任有行政隶属关系的浙江省、杭州市、西湖区人大代表。

（二）所有选举人的投票效力完全相等。投票效力完全相等，就是所有选票的“含金量”都一样，即“同票同权”“同票同值”。就这个意义上的平等而言，我国经历了一个逐步实现的过程。

1. 八比一。受经济、文化等状况的制约，新中国成立之初还难以彻底实现“同票同权”“同票同值”。此时，同一选区的选民、同一选举单位的选举人是“一票一值”，但不同选区、不同选举单位并未实现“一票一值”，这集中体现在人大代表名额的分配上，没有完全按照人口数量平等分配。1953 年 2 月，由中央人民政府委员会颁布的《中华人民共和国全国人民代表大会及地方各级人民代表大会选举法》规定，全国人大代表的选举，各省按每 80 万人选代表 1 人，直辖市和人口在 50 万以上的省辖市按每 10 万人选代表 1 人，通俗地说就是农村每一代表所代表的人口数八倍于城市，这就是城乡“八比一”的由来。之所以这样规定，主要是从我国的政治制度和当时的实际情况出发的，因为新中国成立初期以工人阶级为代表的城市人口比重很低（据统计只占总人口的 13.26%），为了体现工人阶级在国家政治生活中的领导地位和工业化发展方向，作出了不完全平等的过渡性规定。邓小平在 1953 年《关于〈中华人民共和国全国人民代表大会及地方各级人民代表大会选举法（草案）〉的说明》中指出：“这些在选举上不同比例的规定，就某种方面来说，是不完全平等的。但是只有这样规定，才能真实地反映我国的现实生活，才能使全国各民族各阶层在各级人民代表大会中有与其地位相当的代表，所以，它不但是很合理的，而且是我们过渡到更为平等和完全平等的选举所完全必需的。”[1]

2. 四比一。现在的选举法是1979年重新制定的。虽然新中国成立已经30年，但城市化的步伐依然较慢，当年的城镇人口也只占总人口的18.96%，因此1979年重新制定的选举法对选举人大代表的城乡人口比例没有进行大的改动，基本延续了1953的选举法规定，只是对各个层级代表的城乡人口比例规定得更加明确：全国人大代表八比一，省、自治区人大代表五比一，自治州、县、自治县人大代表四比一。

改革开放后，我国经济社会快速发展，城镇化不断推进，城乡人口结构比例发生较大变化，全国人大常委会适时完善选举制度，逐步对城乡按不同人口比例选举人大代表的规定进行修改。1982年修改选举法，增加规定：县、自治县境内，镇的人口特多的，或者企业事业组织的职工人数比例较大的，经省、自治区、直辖市人大常委会决定，农村每一代表同镇或企事业组织职工每一代表所代表的人口数之比可以小于四比一直至一比一。1995年修改选举法时，进一步缩小了城市与农村每一代表所代表的人口数的差距，将全国和省、自治区人大代表中农村与城市每一代表所代表的人口数的比例，从原来的八比一、五比一，统一改为四比一，自治州、县、自治县仍维持四比一不变。

3. 一比一。1995年我国城镇人口的比重上升为29.04%，之

---

[1] 全国人大常委会办公厅、中共中央文献研究室编：《人民代表大会制度重要文献选编》（一），中国民主法制出版社2015年版，第150页。

后我国的工业化、城镇化进一步加速，农村经济文化水平大幅提高，社会结构发生深刻变化。与此同时，我国各级人大经历了数次换届选举，积累了丰富的经验，社会主义民主政治建设和法制建设取得巨大成就，党领导的人民民主专政的阶级基础和群众基础不断巩固和扩大。2007 年党的十七大报告指出“建议逐步实行城乡都按相同人口比例选举人大代表”，2009 年我国的城镇人口占比已达到 46.6%，所有这些都为修改选举法，实行城乡按相同人口比例选举人大代表提供了有利条件。因此，2010 年 3 月，十一届全国人大三次会议审议通过了选举法修正案，最大的亮点就是“每一代表所代表的城乡人口数相同”“全国人民代表大会代表名额，由全国人民代表大会常务委员会根据各省、自治区、直辖市的人口数，按照每一代表所代表的城乡人口数相同的原则，以及保证各地区、各民族、各方面都有适当数量代表的要求进行分配”“地方各级人民代表大会代表名额，由本级人民代表大会常务委员会或者本级选举委员会根据本行政区域所辖的下一级各行政区域或者各选区的人口数，按照每一代表所代表的城乡人口数相同的原则，以及保证各地区、各民族、各方面都有适当数量代表的要求进行分配”。

二、地区平等

地区平等就是保障各地方在国家权力机关有平等的参与权。由于自然地理、经济发展和历史积淀等原因，我国行政区划的人口悬殊很大，省级行政区有的人口过亿，有的只有几百万人；有的县人口高达二百多万人，有的仅有几万甚至几千人。如果仅以人口数作为分配代表名额的唯一依据，那么就会造成各地代表名额分配悬殊极大，使人口偏少的地方没有适当数量的代表参与国家权力机关的工作，失去平等的话语权，出现看似平等实则不平等的结果。为此，2010 年选举法修改时更加明确地体现了地区平等的原则："各行政区域不论人口多少，都应有相同的基本名额数，都能选举一定数量的代表，体现地区平等。"2010 年选举法规定："省、自治区、直辖市应选全国人民代表大会代表名额，由根据人口数计算确定的名额数、相同的地区基本名额数和其他应选名额数构成。"地方各级人大代表名额的分配也都贯彻了这一原则。但需要说明的是，县乡两级人大代表名额分配的构成中并没有"相同的地区基本名额数"。因为县乡两级人大代表，是按照本行政区域内每一代表所代表的人口数大体相等的原则，按选区直接选举，不是按行政区域选举，也不是按选举单位由下一级人大会议选举上一级代表的间接选举，所以名额分配不存在"地区基本名额数"问题。

三、民族平等

民族平等就是保障各民族都有适当数量的代表在国家权力机关的参与权。我国宪法在总纲中就明示："中华人民共和国各民族一律平等。"其关键是少数民族与汉族的平等，在政治权利上就集中体现在人人平等与民族平等的关系问题上。少数民族的"少数"就是从其与汉族人口数之比而言的，我国少数民族的人口数大体占总人口数的 8% 到 9%〔1〕，如果不考虑民族问题，一律按照每一代表所代表的人口数相等的规则分配人大代表名额，

〔1〕 2020 年第七次全国人口普查统计结果显示，全国人口共 141178 万人，汉族人口为 1286311334 人，占 91.11%；各少数民族人口为 125467390 人，占 8.89%。

那么就会削弱甚至扼杀少数民族在国家权力机关的参与权，造成实质上的不平等。因此，我国从选举制度的设计上就确保少数民族代表的适当数量，并规定人口再少的民族也要有一名代表。2010年选举法就全国人大代表名额分配特别规定："全国少数民族应选全国人民代表大会代表，由全国人民代表大会常务委员会参照各少数民族的人口数分布等情况，分配给各省、自治区、直辖市的人民代表大会选出。人口特少的民族，至少应有代表一人。""地方各级人民代表大会代表名额的分配办法，由省、自治区、直辖市人民代表大会常务委员会参照全国人民代表大会代表名额的分配办法，结合本地区的具体情况规定。"选举法还专列"各少数民族的选举"一章，根据少数民族的居住状况、人口数量等因素，对少数民族的代表名额分配、代表比例、具体选举形式等都作了专门规定。这些规定，对切实体现民族平等原则，发挥各族人民当家作主的积极性，巩固和发展平等团结互助和谐的社会主义民族关系都具有重要意义。

总而言之，2010年选举法的重大修改及此后的选举法实施，在我国社会主义民主政治建设的进程中具有里程碑的意义，正如邓小平预言的那样，"过渡到更为平等和完全平等的选举"，平等性原则得到了更加完全彻底的体现。

第三节　直接选举和间接选举并用原则

直接选举是由选民按选区直接投票选举产生人大代表的选举。这种选举方式没有委托传递的中间过渡环节，有利于选民真实意愿的直接表达，选民与被选举人之间的关系也更为直接、密切。但是，直接选举的成本相对较高，选举组织和技术处理的难度也相对更大。

间接选举，则是在由选民按选区选出本级人大代表的基础上，再由这些代表依法投票选举产生本级国家机关组成人员和上一级人大代表的选举。与直接选举相比，间接选举的成本相对较低，选举组织和技术处理难度也相对较低，但是选民与被选举人之间的关系有一定程度的阻隔。因此，直接选举和间接选举各有利弊。

我国是一个地域辽阔、人口众多、历史积淀深厚的国家，各地经济社会发展水平很不平衡，交通优劣状况也有很大差别，如果不顾实际一味追求全部实行直接选举，不仅难以实现，而且将使“人民当家作主”成为一句空话。新中国的选举实践已经证明，我国现阶段采取直接选举与间接选举并存的方式，不仅符合国情，而且有利于社会主义民主政治的顺利、平稳、健康发展。直接选举和间接选举并存作为我国选举制度的一项基本原则，具体表现为：

一、县乡两级人大代表直接选举

不设区的市、市辖区、县、自治县、乡、民族乡、镇的人民代表大会的代表，由选民直接选举产生。

二、其他三级人大代表间接选举

全国人民代表大会代表，省、自治区、直辖市、设区的市、自治州的人民代表大会的代表，均由下一级人民代表大会选举产生。

我国实行直接选举和间接选举并用的方式是从 1953 年开始的。1953 年颁布的选举法规定：“全国人民代表大会之代表，省、县和设区的市人民代表大会之代表，由其下一级人民代表大会选举之。乡、镇、市辖区和不设区的市人民代表大会之代表，由选民直接选举之。”按照这一规定，当时直接选举只限于乡、镇一级和不设区的市、市辖区，全国和省、自治区、直辖市、设区的市、自治州、县、自治县的人大代表实行间接选举，这是由当时的经济和社会发展实际情况决定的。

1979 年制定的选举法规定直接选举扩大到所有县级，即县、自治县、不设区的市、市辖区和乡、民族乡、镇的人大代表都由选民按选区直接投票选举产生。将直接选举扩大到所有县级，是党的十一届三中全会以后在政治体制改革方面采取的一项重大举措，是发展社会主义民主迈出的重要一步。

随着我国经济社会的进一步发展和社会主义民主政治建设的深入推进，有理由相信，直接选举的范围也将进一步扩大，但是直接选举和间接选举仍将在一个时期内继续并存。

第四节　差额选举原则

差额选举是与等额选举相对而言的。差额选举是指选举时的正式候选人数多于应选名额；而等额选举是指选举时的正式候选人数等于应选名额。选举实践中，等额选举的投票设计“选”的成分很小（虽有另选他人的选项），“举”的成分更大（对候选人可以赞成、反对或弃权），因此在某种意义上等额选举是无“选”之选。

选举就其本质而言，差额选举本应是题中应有之义和民主选举的本质要求。实践证明，只有差额选举才能使选举人有更多选择余地，才能更自由地表达选举意愿，才能提高选举的民主化程度，才能选出人民群众满意的、高素质的人大代表和国家机关领导人员。差额选举是一种竞争性选举，对候选人特别是当选者而言，差额选举能够促进其更强的履职责任感，更自觉地同选民或者选举单位密切联系，更切实地反映和落实选民或者选举单位的意见和要求，同时也更有利于优秀人才的选拔，更有利于最优人选脱颖而出。

之所以要强调选举制度的差额选举基本原则，正是因为我国的选举制度经历了从实行等额选举到差额选举，再到通过立法逐步完善差额选举制度的过程。1953 年制定的选举法对实行等额选举还是差额选举并未作出规定，但是当年中央选举委员会发布的“关于基层选举工作的指示”中提出：“选举委员会提到选举大会上的代表候选人的名额，一般应与当选代表人数相等，即这个选举区域应选几个代表，就提出几个代表候选人。”〔1〕也就是选举时的正式候选人数等于应选名额，即等额选举。因而，从此开始的人大代表和国家机关领导人员的选举，实际上实行的是等额选举的方式，一直延续到改革开放前。

党的十一届三中全会以来，我国对选举制度进行了一系列改革，其中十分关键的一步就是实行差额选举。1979 年重新制定的

〔1〕 全国人大常委会办公厅、中共中央文献研究室编：《人民代表大会制度重要文献选编》（一），中国民主法制出版社 2015 年版，第 174 页。

选举法和地方组织法明确规定实行差额选举，标志着差额选举作为我国选举制度的一项基本原则的确立，此后随着社会主义民主政治的发展，差额选举在制度上得到不断完善。

一、各级人大代表一律差额选举

全国和地方各级人民代表大会代表候选人的名额，应多于应选代表的名额，即实行差额选举。

（一）直接选举的人大代表。选举法规定，由选民直接选举县乡两级人大代表的，候选人的人数应多于应选代表名额的三分之一至一倍。如果所提代表候选人的人数符合选举法规定的差额比例，直接进行投票选举。如果所提代表候选人的人数超过选举法规定的最高差额比例，由选举委员会交各该选区的选民小组讨论、协商，根据较多数选民的意见，确定正式代表候选人名单；对正式代表候选人不能形成较为一致意见的，进行预选，根据预选时得票多少的顺序，确定正式代表候选人名单，进行差额选举。

（二）间接选举的人大代表。选举法规定，由县级以上的地方各级人民代表大会选举上一级人民代表大会代表的，候选人的人数应多于应选代表名额的五分之一至二分之一。如果所提代表候选人的人数符合选举法规定的差额比例，直接进行投票选举。如果所提代表候选人的人数超过选举法规定的最高差额比例，进行预选，根据预选时得票多少的顺序，按本级人民代表大会的选举办法规定的具体差额比例，确定正式代表候选人名单，进行差额选举。

（三）补选的人大代表。选举法规定，补选出缺的代表时，代表候选人的名额可以多于应选代表的名额，也可以同应选代表的名额相等。也就是说，补选各级人大代表，原选区或者原选举单位可以（在出缺的名额内）进行差额选举或者等额选举。

二、地方国家机关组成人员实行差额选举

（一）正职领导人员可以进行差额选举。根据地方组织法的规定，地方各级人民代表大会常务委员会主任、秘书长，乡、民族乡、镇的人民代表大会主席，人民政府正职领导人员，监察委员会主任，人民法院院长，人民检察院检察长的候选人数可以多一人，进行差额选举；如果提名的候选人只有一人，也可以进行等额选举。

此前地方组织法曾规定正职领导人员的候选人数“一般应多一人，进行差额选举；如果提名的候选人只有一人，也可以等额选举”。但是，地方各级人大在选举实践中几乎都实行等额选举。因此，2022 年 3 月十三届全国人大五次会议通过的地方组织法将“一般应多一人，进行差额选举”修改为“可以多一人，进行差额选举”。

（二）副职领导人员和人大常委会委员实行差额选举。人民代表大会常务委员会副主任，乡、民族乡、镇的人民代表大会副主席，人民政府副职领导人员的候选人数应比应选人数多一人至三人，人民代表大会常务委员会委员的候选人数应比应选人数多十分之一至五分之一，由本级人民代表大会根据应选人数在选举办法中规定具体差额数，进行差额选举。

如果提名的候选人数符合选举办法规定的差额数，由主席团提交代表酝酿、讨论后，进行选举。如果提名的候选人数超

过选举办法规定的差额数，由主席团提交代表酝酿、讨论后，进行预选，根据在预选中得票多少的顺序，按照选举办法规定的差额数，确定正式候选人名单，进行选举。

副职领导人员和人大常委会委员的选举，法律规定的差额数、差额比例都很明确，刚性很强，因此，在各地的选举实践中，副职领导人员和人大常委会委员候选人都是差额的，否则违法。

三、等额提名，差额选举

候选人的提名主体、提名方式和提名人数是涉及差额选举的重要问题。

（一）提名主体。选举法和地方组织法，赋予两类主体的提名权：选举各级人大代表，各政党、各人民团体可以联合或者单独推荐代表候选人；选民或者代表十人以上联名也可以推荐代表候选人。人民代表大会选举的地方国家机关组成人员的人选，由本级人民代表大会主席团或者代表依照法定人数联合提名。

（二）提名方式和提名人数。2010 年之前，法律并未规定各类提名主体是按差额提名，还是按等额提名，造成一些地方出现政党和人民团体、主席团按差额数提名推荐候选人的情况，看似符合差额选举的原则，但是在某种程度上变相削弱甚至剥夺了选民和代表的推荐提名权。因此，2010 年选举法修改时，就各提名主体推荐代表候选人的人数，制定了一个重要规则："各政党、各人民团体联合或者单独推荐的代表候选人的人数，每一选民或者代表参加联名推荐的代表候选人的人数，均不得超过本选区或者选举单位应选代表的名额。"此后，地方组织法也就地方国家机关组成人员的人选提名作出新的规定："主席团提名的候选人人数，每一代表与其他代表联合提名的候选人人数，均不得超过应选名额。"

上述规则，概括起来就是"等额提名，差额选举"。选举必须差额，提名又必须等额，这一规则设计，无疑有保障选民和代表依法提名候选人的选举权利之意。

（三）联合或者单独提名推荐人数。上述"等额提名，差额选举"规则立法实施后，曾有地方作出如下理解：既然各政党、各人民团体可以联合或者单独等额提名，那么政党、人民团体就可以各自都按应选人数单独提名操作，达到事实上差额提名的目的。对此，有必要郑重纠正：法律规定的是不论联合还是单独提名都不得超过应选名额，如此才符合"等额提名，差额选举"的立法原意。

第五节　无记名投票原则

以是否向他人公开自己的投票取向区分，可将选举投票方式分为公开投票和秘密投票。公开投票包括举手、唱名、鼓掌、起立、双记名（既署投票人姓名，又署被选举人姓名）等方式；秘密投票即无记名投票。

一、无记名投票的概念

公开投票的最显著特征就是参与者的取向都是公开的，因为这种方式易使选举人产生顾虑，难以表达其投票的真实意愿，已在民主选举中被基本取代。而“无记名投票”正好相反，投票者的取向恰恰是不公开的。“无记名投票”作为法定概念必须满足两个条件：一是选票上不署投票人的姓名，投票人对选票上的候选人按规定作记号表示赞成或反对意愿；二是投票人在填写选票时不向别人公开，自己投入票箱。也就是说，写票和投票的全过程都是向他人保密的，投票表决意愿的表达真实、准确，所以我们才把这种投票方式叫作秘密投票。

二、秘密投票制的起源和规则

当今世界，秘密投票作为选举的基本原则已经深入人心，以至于人们普遍认为秘密投票是理所当然的，但是，实际上在西方国家代议制选举的初始，秘密投票并不具有天然合法性。比如被称为“议会之母”的英国，资产阶级在与封建专制斗争中确立选举制度之初，曾经认为投票人应对投票负责，因此选举必须是公开的。这一时期，公开投票制也是西方国家普遍的选举方式，尽管奉行所谓的自由选举原则，然而缺乏保障自由选举的配套制度支撑，因此包括英国在内的西方国家议会选举，影响自由选举的干预、操控投票和贿选等腐败现象仍然十分普遍。此后，随着政治制度的不断发展，欧洲国家逐步引入秘密投票制度。法国是最早采用秘密投票方式的国家，1789 年的法国选举法开始废除公开投票制，采用秘密投票制，但是早期的秘密投票并不规范。1872 年英国正式颁布了秘密投票法，明文规定采用“澳大利亚式投票制”。

澳大利亚式投票制是一种秘密的投票制度，产生于 1856 年澳大利亚投票法。其规则是：选票由政府制定，色泽、大小、形状等样式统一，并由政府官吏发给选民；全部候选人的姓名都印在选票上，选票背后有特别记号并加盖图章；选举时选民在选举现场领取选票，进入投票密室，只需在自己选中的人姓名下填写规定符号，不写自己的姓名，并将选票卷好投入票箱；投票区内及其附近不得进行选举宣传活动，在投票处禁止有人停留、窥视。由于澳大利亚式投票制具有规范化、标准化等特征，其方式逐渐被大多数国家效仿或采用。

三、无记名投票原则的确立和发展

无记名投票或者秘密投票作为我国选举制度的一项基本原则，经历了一个逐步确立和发展完善的过程。

新中国成立之前的一段历史时期，中国共产党在革命根据地的民主政治实践中曾不断尝试、探索民众有序政治参与的方式。例如，陕甘宁边区参议会的选举，就因地制宜地采取多种投票方式：不识字或识字不多的，可以适用“投豆子”等简易方式；识字会写的，划写选票；另外也有一种“无记名”投票，是指选民在选票上不写自己的姓名，但是要写被选举人的姓名〔1〕，这与我们今天理解的“无记名投票”即秘密投票还有很大区别。这些投票方式虽然简易甚至不够严谨和规范，却是因地制宜的民主选举实践，为人民代表大会选举制度的建立进行了有益的探索和铺垫。

新中国选举制度的初步确立，以 1953 年 2 月中央人民政府

〔1〕 中国人民代表大会制度理论研究会编：《人民代表大会制度从这里走来》，中国民主法制出版社 2021 年版，第 71 页。

委员会颁布的《中华人民共和国全国人民代表大会及地方各级人民代表大会选举法》为标志。这部选举法规定："乡、镇、市辖区和不设区的市人民代表大会代表和乡、镇出席县人民代表大会代表的选举，采用以举手代投票方法，亦得采用无记名投票方法。县以上各级人民代表大会之选举，采用无记名投票方法。"此时无记名投票已经被引入，但在基层选举中"采用以举手代投票方法"，之所以如此，主要是因为当时民众的文盲比例很高，只有采取简易的投票方式，才能保障基层广大选民的政治权利，使民主选举具有更广泛的群众基础，提高参选率。

随着社会主义民主政治的发展，尤其是新中国成立以后开展的扫盲运动使基层选民识字率大幅提高，全民文化水平持续提升。1979 年重新制定的选举法确立了无记名投票的选举基本原则，明确规定："全国和地方各级人民代表大会代表的选举，一律采用无记名投票的方法。"同年制定的地方组织法也明确规定："选举采用无记名投票方式。"至此，无记名投票即秘密投票作为选举制度的一项基本原则在我国以法律形式得到确立，标志着我国选举制度民主化程度的提高。

同时，要使无记名投票原则在选举实践中得到真实、准确体现，还需要相应的制度配套和技术性措施支撑。

（一）投票的多选项设定。选举法和地方组织法都规定，选举人对候选人可以投赞成票，可以投反对票，可以另选他人，也可以弃权。人大常委会的人事任免也采取无记名表决方式，除不能另选他人外，同样具有上述多选项。多选项的设计使投票表决意愿表达更为真实、准确，切实体现秘密投票原则的本意。

（二）委托投票的限定。选举法规定选民可以委托写票和委托投票，但是都限定了附加条件："选民如果是文盲或者因残疾不能写选票的，可以委托他信任的人代写。”委托投票须有“书面委托”，“并应当按照委托人的意愿代为投票”。这些限定有利于委托人避免不必要的干扰和保障自身真实意愿的表达。

（三）秘密写票处的规定。早在1989年4月七届全国人大二次会议通过的《中华人民共和国全国人民代表大会议事规则》中已规定：“大会全体会议选举或者表决任命案的时候，设秘密写票处。”2010年修改的选举法增加规定：“选举时应当设有秘密写票处。”

（四）电子表决器的普及。随着数字化和网络技术的进步，电子表决器在选举任免中快速普及，目前尤其是在各级人大常委会的人事任免中已被广泛运用，技术性手段有力促进了无记名投票表决的便捷实施和进一步完善。

（五）选举办法的“动笔”设计。根据无记名投票是“作记号表示赞成或反对意愿”“填写选票时不向别人公开”的要求和多选项的规则，选举办法中有关填写选票的规定应该符合无记名投票的本质要求和满足上述规则条件。因此，一般选举办法中填写选票的规定大致如下：（1）赞成的，在其姓名旁的空格内划○；（2）反对的，在其姓名旁的空格内划×；（3）另选他人的，将其姓名填写在另选他人栏内并在其姓名旁的空格内划○（另选他人必须在候选人姓名处的空格内划×，应超出差额数）；（4）弃权的，不作任何符号。这种写票规则俗称为“动笔”。

上述规定的显著特征就是除弃权外不论作何选项都是必须“动笔”的，但是在选举操作中也有“不动笔”的案例。如在差额选举中，选举办法规定：赞成的不作任何符号，反对的将该候选人姓名栏右边表示“反对”的椭圆圈涂黑……因为是差额选举，投票者必须动笔，否则不能满足有效票的法定条件，所以不违背无记名投票的本质要求。

无记名投票即秘密投票的要件，不仅有投票人不签署自己的姓名，而且有采取作记号的办法表示赞成或反对的表达。作为选举制度的基本原则，其本质是不让他人（当然包括选举组织者、选举办法制定者）知晓公民个体的选择取向，维护公民真实表达意愿的法定权利。

/ 第四章 /

选举制度的法律体系

选举制度的法律，或者说人大代表选举和人大选举任免工作的法律依据，是一个由众多具体法律组成的体系，这一法律体系以宪法为统领。

首先，宪法作为国家根本大法，在序言中就明示："本宪法以法律的形式确认了中国各族人民奋斗的成果，规定了国家的根本制度和根本任务，是国家的根本法，具有最高的法律效力。全国各族人民、一切国家机关和武装力量、各政党和各社会团体、各企业事业组织，都必须以宪法为根本的活动准则，并且负有维护宪法尊严、保证宪法实施的职责。"因此，宪法是国家政治制度包括选举制度及人大工作的根本准则。我国选举制度的法律都以宪法为最高原则，都属于宪法的相关法。

其次，宪法的总纲、公民的基本权利和义务、国家机构等专章，规定了我国选举制度的基本框架，公民的选举权利，以及国家权力机关与其他国家机构的产生及主从关系等。这些基本原则都是制定其他选举法律的依据。

最后，宪法规定了各级人大代表，各级国家权力机关及行政、监察、审判、检察机关领导人员或组成人员，其选举或任免的组织、程序、规则等，这些规定本身即是相关选举任免的基础性、合法性准则。

在宪法的统领下，选举制度的具体法律大致可以分为四个层次：一是选举法、全国人大组织法及全国人大议事规则（全国人大议事规则有"国家机构组成人员的选举、罢免、任免和辞职"

专章）、地方组织法等法律。二是全国人大的有关决定及全国人大常委会制定的相关法律文件，如《第十三届全国人民代表大会第五次会议关于第十四届全国人民代表大会代表名额和选举问题的决定》《全国人民代表大会常务委员会关于县级以下人民代表大会代表直接选举的若干规定》《中国人民解放军选举全国人民代表大会和县级以上地方各级人民代表大会代表的办法》《中华人民共和国香港特别行政区选举第十四届全国人民代表大会代表的办法》《中华人民共和国澳门特别行政区选举第十四届全国人民代表大会代表的办法》等。三是涉及选举任免的监督法、监察法、法院组织法、检察院组织法及监察官法、法官法、检察官法等专门法律，在这些法律中有涉及相关机构及人员选举任免的重要内容。四是省级人大常委会有关选举法、地方组织法的实施细则或具体规定，人民代表大会议事规则、人大常委会议事规则等相关的地方性法规或相关的规范性文件等，对地方人大及其常委会具体选举任免工作的实施和操作都非常重要。

但是，由于上述法律体系中专门法律和地方性法规的从属性和差异性，本章着重讨论选举法、全国人大组织法和地方组织法这三部基本法律。

第一节　选举法

选举法。按照宪法的制度设计，各级人大代表的产生是各级国家权力机关组成和行政、监察、审判、检察机关产生的前提和赖以生存的基础，是其权力合法性的来源。而各级人大代表选举的基本法律依据就是选举法。选举法的全称是《中华人民共和国全国人民代表大会和地方各级人民代表大会选举法》，这是一部调整全国各级人大代表选举的基本法律，即狭义的选举法，只规范人大代表的选举，不涉及各级国家机关领导人员和其他公职人员的选举任免（地方各级国家机关领导人员和其他公职人员的选举任免由地方组织法等法律规范）。

一、两部选举法及其差异

新中国先后诞生过两部选举法。

（一）第一部选举法。新中国第一部选举法全称是《中华人民共和国全国人民代表大会及地方各级人民代表大会选举法》，根据中国人民政治协商会议通过的具有临时宪法性质的共同纲领有关实行普选的要求而制定，由中央人民政府委员会于 1953 年 2 月通过。邓小平在中央人民政府委员会会议上作关于选举法（草案）的说明时指出：“《选举法（草案）》贯穿着一个总的精神，就是如何根据国家的情况，规定一个合乎当前实际的最民主的选举制度。”[1] 这部选举法共十章六十六条。

第一章　总则

第二章　地方各级人民代表大会代表名额

第三章　全国人民代表大会代表名额

第四章　各少数民族的选举

第五章　选举委员会

第六章　选民登记

---

〔1〕 全国人大常委会办公厅、中共中央文献研究室编：《人民代表大会制度重要文献选编》（一），中国民主法制出版社 2015 年版，第 149 页。

第七章　代表候选人的提出

第八章　选举程序

第九章　对破坏选举的制裁

第十章　附则

尽管这部法律有模仿苏联的痕迹，概括性、原则性规定较多，带有明显的过渡性色彩，但是它将人民当家作主的民主权利法律化，为顺利实施第一次全国范围的大规模普选，逐级召开地方各级人民代表大会和全国人民代表大会奠定了法律基础，确立了新中国成立初期选举制度的基本原则。

1. 选举权的普遍性。规定各级人大代表“由各民族人民用普选方法产生之”。除依法尚未改变成分的地主阶级分子、依法被剥夺政治权利的反革命分子、其他依法被剥夺政治权利者、精神病患者之外，“凡年满十八周岁之中华人民共和国公民，不分民族和种族、性别、职业、社会出身、宗教信仰、教育程度、财产状况和居住期限，均有选举权和被选举权。妇女有与男子同等的选举权和被选举权。”

2. 平等投票权和不同“含金量”。一方面，规定每一选民只能进行一次登记，每一选民只有一个投票权。邓小平说：“我们选举权的平等性，表现在《选举法（草案）》中以下的规定，即：所有男女选民都在平等的基础上参加选举，每一选民只有一个投票权。这就是说，对于所有年满十八周岁的公民来说，他们的选举权利是不受限制的，他们的平等的民主权利是受到充分保障的。”[1] 但是，另一方面，根据当时国情规定了投票权的不同“含金量”，城乡按不同人口比例选举人大代表，其中全国人大代

〔1〕 全国人大常委会办公厅、中共中央文献研究室编：《人民代表大会制度重要文献选编》（一），中国民主法制出版社 2015 年版，第 150 页。

表名额的分配，农村每一代表所代表的人口数八倍于城市每一代表所代表的人口数。

3. 直接选举和间接选举并用。全国人大代表，省、县和设区的市人大代表由其下一级人大选举；乡、镇、市辖区和不设区的市人大代表由选民直接选举。

4. 举手表决和无记名投票并存。规定县级以上人民代表大会选举采用无记名投票方法，但同时规定乡镇、市辖区、不设区的市人大代表和乡镇出席县人民代表大会代表的选举，“采用以举手代投票方法，亦得采用无记名投票方法”。因此，基层选举中虽然已有无记名投票的选项，但“采用以举手代投票方法”更普遍。

5. 实际操作实行等额提名、等额选举。选举法对实行等额选举还是差额选举并未作出规定，但选举实践中根据有关指导文件的精神普遍采用的是等额选举的方式，一直延续到改革开放前。

（二）第二部选举法。“文化大革命”致国家政权受到极大削弱，民主政治秩序遭到极度破坏。党的十一届三中全会提出发展社会主义民主，健全社会主义法制基本方针，在此历史性转变大背景下，全国人民代表大会于 1979 年“另起炉灶”重新制定选举法，全称是《中华人民共和国全国人民代表大会和地方各级人民代表大会选举法》，该法与 1953 年制定的第一部选举法相比，有一系列重大修改和新的规定，标志着我国选举制度的显著进步，对重建国家政治生态和秩序，对人民代表大会制度的恢复和发展具有里程碑意义。

1. 扩大直接选举，将直接选举的范围扩大到所有县级。即县、自治县、不设区的市、市辖区和乡、民族乡、镇的人大代表都由选民按选区直接投票选举产生。

2. 确立差额选举原则。改变过去选举实际操作的等额提名、等额选举方式，明确规定："全国和地方各级人民代表大会代表候选人的名额应多于应选代表的名额。""由选民直接选举的代表候选人名额，应多于应选代表名额的二分之一至一倍；由地方各级人民代表大会选举上一级人民代表大会代表候选人的名额，应多于应选代表名额的五分之一至二分之一。"意味着差额选举原则在我国选举制度中的确立。

3. 确立无记名投票原则。首次规定："全国和地方各级人民代表大会代表的选举，一律采用无记名投票的方法。"废除举手表决方式。

4. 改进代表候选人推荐和确定办法。一是选民和代表推荐须有三人以上附议；二是增加民主协商确定候选人的环节，无论选民或者代表依法联名提出的候选人，还是政党、人民团体或者主席团提出的候选人，都必须提交选民或者代表反复酝酿讨论、民主协商直至在必要时举行预选确定正式候选人。

5. 增加介绍、宣传候选人的规定。推荐者应向选举委员会介绍候选人的情况；同时，各党派、团体和选民都可以用各种形式宣传代表候选人，但在选举日须停止对代表候选人的宣传。

6. 确认委托投票。须经选举委员会认可，在选举期间外出的选民可以书面委托其他选民代为投票。

7. 建立健全监督、罢免制度。专门增加"对代表的监督、罢免和补选"一章，不仅明确规定各级人大代表受选民和原选举单位的监督，选民或者选举单位有权罢免自己选出的代表，而且就罢免程序、被罢免代表的申诉权利等作出具体、明晰的规定。

二、选举法的结构及其侧重点

2020 年选举法共十二章六十条。

第一章　总则

第二章　选举机构

第三章　地方各级人民代表大会代表名额

第四章　全国人民代表大会代表名额

第五章　各少数民族的选举

第六章　选区划分

第七章　选民登记

第八章　代表候选人的提出

第九章　选举程序

第十章　对代表的监督和罢免、辞职、补选

第十一章　对破坏选举的制裁

第十二章　附则

从法律的框架可以看出，这部法律虽然规范全国各级人大代表的选举，包括由选民选举的县乡两级人大代表（直接选举）和由县级以上人民代表大会选举的上一级人大代表（间接选举），但是侧重点无疑放在了直接选举方面，如“选举机构”“选区划分”“选民登记”等都是针对直接选举的。之所以把侧重点放在直接选举而不是间接选举上，主要原因：一是直接选举的涉及面更广，程序更复杂，组织难度也相对更大，需要更细致规定；二是间接选举是在人大会议上选举，涉及国家权力机关的职权行使，另有专门法律如地方组织法和相关的人大议事规则予以规范。

三、选举法的修改

1979 年重新制定的选举法，从 1982 年到 2020 年先后经过了七次修改，其修改历程充分显示了我国选举制度的不断完善和与时俱进。其主要内容表现在七个方面。

第一，进一步规范代表名额的分配，实行城乡按相同人口比例选举人大代表，实现“同票同权”。同时，对少数民族、妇女、归侨的代表名额作出具体规定，使人大代表更具有广泛性。

第二，扩大对代表候选人的提名权，改进介绍方式，完善预选程序。

第三，完善投票选举程序，简化了选民登记手续，确定了选区划分标准，加强对流动票箱的管理，完善计票方式。

第四，完善代表罢免、辞职等程序，适当提高罢免县乡两级人大代表的联名人数等。

第五，进一步完善和补充选举机构，强化对县乡直接选举的领导和指导工作，对选举委员会的产生和职责分别作出规定等。

第六，加大对破坏选举的制裁力度，明确界定贿选、明确调查处理破坏选举行为的机关及其责任等。

第七，加强对代表的资格审查，规定了人大代表不得直接或者间接接受境外的与选举有关的任何形式的资助等。

四、选举法的主要内容

（一）选举机构。选举机构是各级人大代表选举的组织保证，选举法将此放在总则之后作为第二章。因为全国、省级、设区的市三级人大代表是由下一级人民代表大会选举，县乡两级人大代表则由选民直接选举，所以选举法主要规定了直接选举的主持、领导、指导和选举机构的组成及职权。

1. 直接选举的主持、领导和指导。2020 年选举法第二条规定："全国人民代表大会和地方各级人民代表大会代表的选举工作，坚持中国共产党的领导，坚持充分发扬民主，坚持严格依法办事。"因此，各级人大的代表选举都要贯彻党的领导原则。

具体到法律程序上的主持、领导和指导，选举法作如下规定。

县乡两级人大代表的选举由分别设立的选举委员会主持。县级选举委员会受本级人民代表大会常务委员会的领导，乡镇选举委员会受县级人民代表大会常务委员会的领导。省和设区的市级人大常委会应对本辖区县、乡两级人大代表选举工作进行指导。

2. 选举委员会的组成。选举法未具体规定选举委员会的人员构成，仅规定县乡两级选举委员会的组成人员均由县级人大常委会任命。同时，为避免选举委员会成员"既是裁判又是运动员"，设置了回避规则："选举委员会的组成人员为代表候选人的，应当辞去选举委员会的职务。"

3. 选举委员会的职责。一是划分选举本级人民代表大会代表的选区，分配各选区应选代表的名额；二是进行选民登记、审查选民资格、公布选民名单，受理对于选民名单不同意见的申诉并作出决定；三是确定选举日期；四是了解核实并组织介绍代表候选人的情况，根据较多数选民的意见，确定和公布正式代表候选人名单；五是主持投票选举；六是确定选举结果是否有效，公布当选代表名单；七是法律规定的其他职责。

（二）代表名额的确定与分配。选举法第三、第四、第五章主要规定各级人大代表以及少数民族代表的名额确定和分配方法，总的原则是体现“人人平等、地区平等、民族平等”。

1. 全国人大代表名额的确定与分配。2020 年选举法规定，全国人民代表大会代表的名额不超过三千人。全国人民代表大会代表名额的具体分配，由全国人民代表大会常务委员会决定。其名额由全国人大常委会分配到各省、自治区、直辖市和人民解放军以及香港特别行政区、澳门特别行政区，共计 35 个选举单位。全国人大代表名额，由全国人大常委会根据各省、自治区、直辖市的人口数，按照每一代表所代表的城乡人口数相同的原则，以及保证各地区、各民族、各方面都有适当数量代表的要求进行分配。省、自治区、直辖市应选全国人民代表大会代表名额，由根据人口数计算确定的名额数、相同的地区基本名额数和其他应选名额数构成。

香港特别行政区、澳门特别行政区应选全国人民代表大会代表的名额和代表产生办法，由全国人民代表大会另行规定。

人民解放军应选全国人民代表大会代表的名额，选举法没有具体规定。根据全国人大常委会制定的《中国人民解放军选举全国人民代表大会和县级以上地方各级人民代表大会代表的办法》规定，解放军应选的全国人大代表名额由全国人大常委会决定。

另外，台湾省暂时选举全国人大代表的名额和选举办法，目前是由全国人大常委会制定“协商选举方案”规定的。如 2022 年 4 月 20 日十三届全国人大常委会三十四次会议通过的《台湾省出席第十四届全国人民代表大会代表协商选举方案》规定：“台湾省暂时选举第十四届全国人民代表大会代表 13 名，由各省、自治区、直辖市以及中央和国家机关、中国人民解放军和中国人民武装警察部队中的台湾省籍同胞组成的协商选举会议选举产生。”

全国少数民族应选全国人民代表大会代表，由全国人民代表大会常务委员会参照各少数民族的人口数和分布等情况，分配给各省、自治区、直辖市的人民代表大会选出。人口特少的民族，至少应有代表一人。

2. 地方各级人大代表名额的确定与分配。地方各级人民代表大会的代表名额是按“基数＋人口数”的原则确定的，选举法分别规定了地方各级人大代表名额基数和按人口数增加的代表数的标准，基数与按人口数增加的代表数相加即为地方各级人民代表大会的代表总名额。另外，自治区、聚居的少数民族多的省，经全国人民代表大会常务委员会决定，代表名额可以另加百分之五；聚居的少数民族多或者人口居住分散的县、自治县、乡、民族乡，经省、自治区、直辖市的人民代表大会常务委员会决定，代表名额可以另加百分之五。

按照上述标准，省级人大代表的具体名额，由全国人大常委会确定；设区的市、自治州和县级的人大代表的具体名额，由省级人大常委会确定；乡级人大代表的具体名额，由县级人大常委会确定。地方各级人民代表大会的代表总名额经确定后，不再变动。如果由于行政区划变动或者由于重大工程建设等原因造成人口较大变动的，该级人民代表大会的代表总名额依照本法的规定重新确定。

依据选举法规定的原则，间接选举的省级、设区的市级人大代表名额的分配，由根据人口数计算确定的名额数、地区基本名额数和其他应选名额数三部分组成。县乡两级直接选举的人大代表名额的分配，是按照本行政区域内每一代表所代表的人口数大体相等的原则分配到选区，所以其名额分配构成中没有“地区基本名额数”。

（三）选区划分。选区是直接选举县乡两级人大代表的基本单位，因此“选区划分”是专门针对直接选举的。而间接选举是由人民代表大会选举，没有选区的概念。

1. 选区划分的方法。选区可以按居住状况划分，也可以按生产单位、事业单位、工作单位划分。

2. 选区划分的标准。选区的大小，按照每一选区选一名至三名代表划分。即每一选区所选的人大代表不能超过三名。

3. 选区划分的原则。本行政区域内各选区每一代表所代表的人口数应当大体相等。

（四）选民登记。选民登记的实质是确认公民是否享有选举权和被选举权。

1. 选民登记的方法。一是按选区进行登记，二是一次登记长期有效。“每次选举前对上次选民登记以后新满十八周岁的、被剥夺政治权利期满后恢复政治权利的选民，予以登记。对选民经登记后迁出原选区的，列入新迁入的选区的选民名单；对死亡的和依照法律被剥夺政治权利的人，从选民名单上除名。”

2. 选民名单的公布。选民名单在选举日的二十日以前公布，实行凭选民证参加投票选举的，并应当发给选民证。

3. 对选民名单的申诉。对于公布的选民名单有不同意见的，可以在选民名单公布之日起五日内向选举委员会提出申诉。选举委员会对申诉意见，应在三日内作出处理决定。申诉人如果对处理决定不服，可以在选举日的五日以前向人民法院起诉，人民法院应在选举日以前作出判决。人民法院的判决为最后决定。

（五）代表候选人的提出。“全国和地方各级人民代表大会的代表候选人，按选区或者选举单位提名产生。”这是投票选举之前的关键环节。选举法对提名推荐主体及程序、差额比例、正式候选人确定及介绍等都作了具体明确的规定。

1. 推荐主体。各政党、各人民团体可以联合或者单独推荐代表候选人；选民或者代表十人以上联名也可以推荐代表候选人。

2. 等额提名、差额选举。各政党、各人民团体联合或者单独推荐的代表候选人的人数，每一选民或者代表参加联名推荐的代表候选人的人数，均不得超过本选区或者选举单位应选代表的名额。

同时，全国和地方各级人民代表大会代表实行差额选举，代表候选人的人数应多于应选代表的名额。直接选举的县乡两级人大代表候选人应多于应选代表名额三分之一至一倍；间接选举的各级人大代表候选人应多于应选代表名额五分之一至二分之一。

3. 正式代表候选人的确定。直接选举，代表候选人名单在选举日的十五日以前公布，经选民小组讨论协商后确定正式代表候选人；如所提代表候选人超过选举法规定的最高差额比例，由选举委员会交各该选区的选民小组讨论协商，根据较多数选民意见确定正式代表候选人名单；如不能形成较为一致意见，则进行预选，根据预选时得票多少的顺序确定正式代表候选人名单。

间接选举时，人民代表大会主席团将依法提出的代表候选人提交全体代表酝酿、讨论，如果所提代表候选人的人数符合选举法规定的差额比例，直接进行投票选举；如果所提代表候选人的人数超过选举法规定的最高差额比例，进行预选，根据预选时得票多少的顺序，按照大会的选举办法，根据选举法确定的具体差额比例，确定正式代表候选人名单，进行投票选举。

此外，在“代表候选人的提出”一章中还规定：“公民参加各级人民代表大会代表的选举，不得直接或者间接接受境外机构、组织、个人提供的与选举有关的任何形式的资助。”

（六）选举程序。投票是选举成败的关键，为此选举法规定：“全国人民代表大会和地方各级人民代表大会代表的选举，应当严格依照法定程序进行，并接受监督。任何组织或者个人都不得以任何方式干预选民或者代表自由行使选举权。”

1. 选举投票场所的设置。直接选举时，有设立投票站、召开选举大会、设置流动票箱三种方式。第一，以投票站为主，选举委员会应当根据各选区选民分布状况，按照方便选民投票的原则设立投票站；第二，选民居住比较集中的可以召开选举大会；第三，因患有疾病等原因行动不便或者居住分散并且交通不便的选民，可以在流动票箱投票。

2. 投票方式。全国和地方各级人民代表大会代表的选举，一律采用无记名投票的方法。选举时应当设有秘密写票处。选举人对于代表候选人可以投赞成票，可以投反对票，可以另选其他任何选民，也可以弃权。

3. 当选规则。直接选举时，选区全体选民的过半数参加投票，选举有效；代表候选人获得参加投票的选民过半数的选票始得当选。间接选举时，代表候选人获得全体代表过半数的选票始得当选。票数相等不能确定当选人时再次投票，未选足名额另行选举。

另外，选举法还对直接选举的委托投票、监票计票和代表资格审查作了规定。

（七）罢免、辞职、补选。选举法专设了“对代表的监督和罢免、辞职、补选”一章，明确规定“全国和地方各级人民代表大会的代表，受选民和原选举单位的监督。选民或者选举单位都有权罢免自己选出的代表。”

1. 罢免。罢免直接选举的代表，由原选区选民依法联名提出，经原选区过半数的选民通过。罢免间接选举的代表，由原选举单位的人民代表大会主席团或者十分之一以上代表联名，在人民代表大会闭会期间由常务委员会主任会议或者常务委员会五分之一以上组成人员联名提出，须经过半数的代表或者常务委员会组成人员通过。被提出罢免代表有权申辩。

2. 辞职。直接选举的代表可以分别向县级人大常委会、乡镇人民代表大会提出辞职，须经常务委员会组成人员或者代表的过半数通过。间接选举的代表可以向选举他的人民代表大会常务委员会提出辞职，须经常务委员会组成人员的过半数通过。

3. 补选。代表在任期内，因故出缺，由原选区或者原选举单位补选。县级以上的地方各级人民代表大会闭会期间，可以由本级人大常委会补选上一级人民代表大会代表。补选可以等额选举，也可以差额选举。补选的具体办法，由省级人民代表大会常务委员会规定。

（八）对破坏选举的制裁。选举法专章规定了对破坏选举的制裁。其主要内容如下。

1. 为保障选民和代表自由行使选举权和被选举权，对有下列行为之一，破坏选举，违反治安管理规定的，依法给予治安管理处罚；构成犯罪的，依法追究刑事责任：一是以金钱或者其他财物贿赂选民或者代表，妨害选民和代表自由行使选举权和被选举权的；二是以暴力、威胁、欺骗或者其他非法手段妨害选民和代表自由行使选举权和被选举权的；三是伪造选举文件、虚报选举票数或者有其他违法行为的；四是对于控告、检举选举中违法行为的人，或者对于提出要求罢免代表的人进行压制、报复的。

2. 国家工作人员有前款所列行为的，还应当依法给予行政处分。

3. 以上述所列违法行为当选的，其当选无效。

4. 主持选举的机构发现有破坏选举的行为或者收到对破坏选举行为的举报，应当及时依法调查处理；需要追究法律责任的，及时移送有关机关予以处理。

第二节　全国人大组织法

全国人大组织法，既是最高国家权力机关组成、职权和运行的基本法律依据，同时也是我国选举制度的一部重要法律，其全称是《中华人民共和国全国人民代表大会组织法》。但是，相对而言，全国人大组织法对选举任免职权的规定比较原则，主要原因是，一方面宪法的“国家机构”一章已对中央国家机关领导人员的选举任免有所规定；另一方面全国人大及其常委会关于选举任免的程序性具体规定主要体现在《中华人民共和国全国人民代表大会议事规则》和《中华人民共和国全国人民代表大会常务委员会议事规则》之中。如全国人大议事规则中就设有“国家机构组成人员的选举、罢免、任免和辞职”专章。因此，本节将结合全国人大议事规则等介绍全国人大组织法。

一、两部全国人大组织法

我国先后于 1954 年和 1982 年由全国人民代表大会制定了两部《中华人民共和国全国人民代表大会组织法》。

（一）第一部全国人大组织法。新中国第一部全国人民代表大会组织法，是 1954 年 9 月 20 日由第一届全国人民代表大会第一次会议审议通过后颁布实施的。

1954 年 9 月，第一届全国人民代表大会第一次会议审议通过了新中国的第一部宪法，规定人民代表大会制度为中国的根本政治制度，明确人民行使权力的机关是全国人民代表大会和地方各级人民代表大会。为了使人民代表大会制度化并以法律的形式加以保障，一届全国人大一次会议同步审议通过了《中华人民共和国全国人民代表大会组织法》，该法共四章三十八条。

第一章　全国人民代表大会会议

第二章　全国人民代表大会常务委员会

第三章　全国人民代表大会各委员会

第四章　全国人民代表大会代表

这部法律规定了全国人大及其常委会召开会议的程序、规则和选举任免权限，以及全国人大代表的任期、职责、保障等，虽然规定比较原则，内容也稍显简单，但它仍然为建立和健全人民代表大会制度提供了法律保障，并为后来的立法提供了基础和经验。

（二）第二部全国人大组织法。1982 年重新制定的宪法对国家机构作了一系列新的重要规定，完善了国家的领导体制和政治体制，对发展社会主义民主、健全社会主义法制具有极其重大的意义。因此，需要涉及国家机构的一系列基本法律体现宪法的精神，全国人大组织法就是其中需要重新制定的一部重要法律。1982 年 12 月 10 日，第五届全国人民代表大会第五次会议审议通过了新的全国人民代表大会组织法。

新制定的全国人大组织法与 1954 年制定的全国人大组织法

相比作了很多重要的修改和调整。对此，时任全国人大常委会副委员长兼法制委员会主任习仲勋在五届全国人大五次会议上所作的关于四个法律案的说明阐释得很清楚，他指出："这次拟订的《全国人民代表大会组织法（草案）》，根据宪法的有关规定，并总结我国建立全国人民代表大会以来的工作经验，对1954年制定的《全国人民代表大会组织法》作了较大的修改和补充，主要是对全国人大和全国人大常委会的组织和工作程序作了一系列的具体的规定。"〔1〕其中，涉及选举的相关问题包括：

1. 代表资格审查。改变由全国人大代表资格审查委员会进行事后审查的做法。"关于代表资格审查。过去，全国人大代表资格是在全国人大开会以后，由全国人大代表资格审查委员会进行审查的。现在根据宪法有关规定，草案对此作了修改，规定由主持代表选举的全国人大常委会设立代表资格审查委员会，审查代表资格，并在每届全国人大第一次会议开会以前公布代表名单。这样，在全国人民代表大会开会以前，就完成了代表资格审查工作，工作上比较便利。"〔2〕

2. 代表团。在会议期间，代表团可以对主席团提出的由选举产生的国家机构的领导人等候选人人选进行酝酿、讨论，提出意见。并可以代表团为单位向大会提出议案、罢免案和质询案。

3. 主席团。主席团主持全国人大会议，提出由选举产生的国家机构的领导人等候选人人选和确定正式候选人名单；组织各代表团审议列入大会议程的议案；决定对代表团和代表在会议期间

〔1〕全国人大常委会办公厅、中共中央文献研究室编：《人民代表大会制度重要文献选编》（二），中国民主法制出版社2015年版，第596页。

〔2〕全国人大常委会办公厅、中共中央文献研究室编：《人民代表大会制度重要文献选编》（二），中国民主法制出版社2015年版，第596页。

提出的议案、罢免案、质询案的审议程序。

4. 选举和罢免。由大会选举产生的国家机构的领导人等候选人人选，由主席团提名。这是对过去成功实践的法律确认。以往的实际做法就是：全国人大选举国家领导人，由中共中央同各民主党派协商以后提出建议，经过主席团讨论决定提名。对主席团的提名，各代表团在讨论时，代表可以提出不同意见，也可以另提候选人。经过各代表团酝酿协商以后，由主席团根据多数代表的意见确定正式候选人名单。

关于罢免案。三个以上的代表团或者十分之一以上的代表，可以提出对全国人大常委会组成人员，国家主席、副主席，国务院和中央军委的组成人员，最高人民法院院长和最高人民检察院检察长的罢免案，由主席团提请大会审议。

5. 专门委员会。根据宪法关于全国人大设立专门委员会的规定，专门委员会的组成人员从全国人大代表中选出。此外，全国人大常委会根据工作需要，可以设立工作委员会，工作委员会的主任、副主任和委员的人选可以不限于全国人大代表。

这部新的全国人大组织法对全国人大及其常委会的组织、活动原则和工作程序作了全面规定。此外，全国人大议事规则和全国人大常委会议事规则更进一步对全国人大及其常委会的职责、运行包括选举任免程序作了细化，突出可操作性。

二、全国人大组织法的修改

2021 年 3 月 11 日，第十三届全国人民代表大会第四次会议通过《关于修改〈中华人民共和国全国人民代表大会组织法〉的决定》，根据实践经验和形势发展对全国人大组织法作了一系列修改，与此同步一并修改了全国人大议事规则，将属于会议程序的部分内容从全国人大组织法移至全国人大议事规则中予以规定。

全国人大组织法此次修改的主要内容包括：一是增设“总则”一章，增加全国人大及其常委会的性质和地位的内容，规定全国人民代表大会是最高国家权力机关；二是完善全国人民代表大会主席团和全国人大常委会委员长会议职权相关规定；三是完善全国人大专门委员会相关规定；四是适应监察体制改革需要增加相关内容；五是健全全国人大常委会人事任免权。

关于全国人大常委会的人事任免权，全国人大组织法增加规定：

1. 全国人大常委会在全国人大闭会期间，根据国务院总理的提名，可以决定国务院其他组成人员的任免；根据中央军事委员会主席的提名，可以决定中央军事委员会其他组成人员的任免。

2. 全国人大常委会在全国人大闭会期间，根据委员长会议、国务院总理的提请，可以决定撤销国务院其他个别组成人员的职务；根据中央军事委员会主席的提请，可以决定撤销中央军事委员会其他个别组成人员的职务。

修改后的全国人大组织法共五章四十九条。

第一章　总则

第二章　全国人民代表大会会议

第三章　全国人民代表大会常务委员会

第四章　全国人民代表大会各委员会

第五章　全国人民代表大会代表

全国人大组织法的主要内容，概括起来就是全国人大及其常委会的性质地位、工作原则和组织、职权及程序。

三、全国人大会议的选举权行使

选举、决定国家机构组成人员，是全国人大的重要职权。根据全国人大组织法及全国人大议事规则的规定，有关选举任免权行使的主要程序包括：人选的提出、讨论酝酿、投票选举、公布结果四个环节。

（一）选举和决定任命

1. 人选的提出。全国人民代表大会常务委员会委员长、副委员长、秘书长、委员的人选，中华人民共和国主席、副主席的人选，中央军事委员会主席的人选，国家监察委员会主任的人选，最高人民法院院长和最高人民检察院检察长的人选，由主席团提名。

国务院总理的人选，由国家主席提名；国务院副总理、国务委员、各部部长、各委员会主任、审计长、秘书长的人选由总理提名；中央军委副主席、委员的人选，由中央军委主席提名。

全国人大各专门委员会主任委员、副主任委员和委员的人选，由主席团在代表中提名。

候选人的提名人应当向会议介绍候选人的基本情况，并对代表提出的问题作必要的说明。

与地方人大选举时代表可以依法联名提出候选人的规定不同，法律没有关于全国人大代表联名提出人选的具体规定。

2. 人选的讨论酝酿。由全国人大选举或者决定任命的各项人选，交各代表团全体会议或者分组会议进行讨论酝酿。代表对各项人选可以发表意见。经各代表团讨论酝酿后，由主席团根据多数代表的意见确定正式的候选人名单。

3. 投票选举和表决。全国人民代表大会会议选举或者决定任命，采用无记名投票方式。代表对候选人可以投赞成票，可以投反对票，可以弃权，也可以另选他人。得票数超过全体代表的半数的，始得当选或者通过。

差额选举全国人大常委会委员时，如获得过半数选票的候选人多于应选名额时，以获得票数多的当选；如遇票数相等不能确定当选人时，应当就票数相等的候选人再次投票，以获得票数多的当选。如获得全体代表过半数选票少于应选名额时，不足的名额另行选举。

大会全体会议选举或者表决任命案的时候，设秘密写票处。

虽然全国人大组织法并没有关于实行差额选举的明确规定，但是在实践中，全国人大常委会委员的选举从七届全国人大（1988 年）以来，每届全国人大常委会委员的选举都实行差额选举，前三届的差额比例为 5%，即大会主席团提名的常委会委员的人选应当比应选名额多 5%。七、八、九届全国人大一次会议应选全国人大常委会组成人员 155 名，其中应选常委会委员 130 多名，大会主席团提名的委员候选人比应选人数多 7 名；十届全国人大一次会议应选全国人大常委会组成人员 175 名，其中应选常委会委员 150 多名，大会主席团提名的委员候选人比应选人数多 8 名。十二届全国人大一次会议差额比例提高为 8%，差额 13 名。十三届全国人民代表大会常务委员会组成人员的名额为 175 名，委员应选名额为 159 名，按差额比例不低于 8% 的要求，提名 172 名，差额数为 13 名。全国人大选举其他国家机构组成人员均不实行差额选举〔1〕。

---

〔1〕 苏东编著：《人大工作常用法律教程》，中国民主法制出版社 2021 年版，第 118 页。

4. 公布结果。选举或者表决结果，由会议主持人当场宣布。候选人的得票数，应当公布。

全国人大选举产生的国家机关领导人员，由大会主席团发布公告予以公布。全国人大决定任命的国家机关领导人员，由国家主席签署主席令予以公布。但全国人大决定任命的中央军事委员会组成人员，由大会主席团发布公告予以公布。

同时根据法律规定，全国人大选举或者决定任命的国家机构组成人员在依照法定程序产生后，公开进行宪法宣誓。宣誓仪式由主席团组织。

（二）辞职

全国人民代表大会会议期间，全国人民代表大会常务委员会的组成人员，中华人民共和国主席、副主席，国务院的组成人员，中央军事委员会的组成人员，国家监察委员会主任，最高人民法院院长，最高人民检察院检察长，全国人民代表大会专门委员会成员提出辞职的，由主席团将其辞职请求交各代表团审议后，提请大会全体会议决定；大会闭会期间提出辞职的，由委员长会议将其辞职请求提请全国人民代表大会常务委员会审议决定。

全国人民代表大会常务委员会接受全国人民代表大会常务委员会委员长、副委员长、秘书长，中华人民共和国主席、副主席，国务院总理、副总理、国务委员，中央军事委员会主席，国家监察委员会主任，最高人民法院院长，最高人民检察院检察长辞职的，应当报请全国人民代表大会下次会议确认。

全国人民代表大会常务委员会接受全国人民代表大会常务委员会委员辞职的，应当向全国人民代表大会下次会议报告。

另外，全国人民代表大会常务委员会组成人员、专门委员会成员，辞去全国人民代表大会代表职务的请求被接受的，其全国人民代表大会常务委员会组成人员、专门委员会成员的职务相应终止，由全国人民代表大会常务委员会予以公告。

（三）决定代理

全国人民代表大会闭会期间，国务院总理、中央军事委员会主席、国家监察委员会主任、最高人民法院院长、最高人民检察院检察长缺位的，全国人民代表大会常务委员会可以分别在国务院副总理、中央军事委员会副主席、国家监察委员会副主任、最高人民法院副院长、最高人民检察院副检察长中决定代理人选。

（四）罢免

主席团、三个以上的代表团或者十分之一以上的代表，可以提出对全国人民代表大会常务委员会的组成人员，中华人民共和国主席、副主席，国务院的组成人员，中央军事委员会的组成人员，国家监察委员会主任，最高人民法院院长和最高人民检察院检察长的罢免案，由主席团交各代表团审议后，提请大会全体会议表决；或者依照全国人大议事规则第六章的规定，由主席团提议，经大会全体会议决定，组织调查委员会，由全国人民代表大会下次会议根据调查委员会的报告审议决定。

罢免案应当写明罢免理由，并提供有关的材料。

罢免案提请大会全体会议表决前，被提出罢免的人员有权在主席团会议和大会全体会议上提出申辩意见，或者书面提出申辩意见，由主席团印发会议。

此外，全国人民代表大会常务委员会组成人员、专门委员会成员的全国人民代表大会代表职务被原选举单位罢免的，其全国人民代表大会常务委员会组成人员、专门委员会成员的职务相应撤销，由主席团或者全国人民代表大会常务委员会予以公告。

第三节　地方组织法

地方组织法是关于地方人大、地方政府的组织和工作制度的基本法律，是宪法关于地方政权建设规定的立法实施，是地方各级国家权力机关、行政机关行使职权、履行职责的重要制度保障。它调整的对象是地方各级人大和地方各级政府，规定了从乡镇到省级的地方各级国家权力机关和行政机关的选举产生、机构设置、工作原则、职权界定和运行程序，从国家权力运行来看，它是法律授权、规范用权的一部重要法律，所以说地方组织法是地方各级人大和政府工作的基本法律依据，选举任免是其规范的非常重要的内容。地方组织法全称为《中华人民共和国地方各级人民代表大会和地方各级人民政府组织法》。从法律名称上可以看出：

（一）它是我国地方政权建设的基本法律，不涉及中央国家机关。由于在我国的法律体系中涉及“组织”的法律很多，如全国人大组织法、国务院组织法、法院组织法、村委会组织法等，其中只有这部法律是针对地方人大和地方政府的，因此这部法律的简称是“地方组织法”，而不能称为“组织法”。

（二）它是我国地方各级人大和地方各级人民政府两个系统的组织法。这部法律不仅规范地方各级人大，也规范地方各级人民政府，当然侧重点是人大。

一、两部地方组织法的比较

与选举法一样，新中国先后诞生过两部地方组织法。

（一）第一部地方组织法。这部法律的制定颁布晚于第一部选举法，它是随着人民代表大会制度的确立、新中国最高国家权力机关的诞生而出台的，系全国人民代表大会制定的第一批法律之一，于1954年9月一届全国人大一次会议通过，全称是《中华人民共和国地方各级人民代表大会和地方各级人民委员会组织法》。它总结了新民主主义革命时期政权组织建设的经验，依据宪法确定的地方国家机关的原则，规定了地方各级国家权力机关和行政机关的组织、任期、职权等，为新中国地方政权组织建设奠定了法制基础。

由于政权建立仅数年，法律也属于初创，因此这部法律相对比较简略，仅有总则、地方各级人民代表大会、地方各级人民委员会，共三章，与后来重新制定的地方组织法相比差异显著，有其独特性。

1. 人民委员会即人民政府。“省、直辖市、县、市、市辖区、乡、民族乡、镇设立人民代表大会和人民委员会。”“地方各级人民委员会，即地方各级人民政府，是地方各级人民代表大会的执行机关，是地方各级国家行政机关。”

2. 地方各级国家机关任期不同。“省人民代表大会每届任期四年。直辖市、县、市、市辖区、乡、民族乡、镇的人民代表大会每届任期两年”（1975年宪法规定，全国和省级人大每届任期五年，自治州、市、县、自治县、市辖区人大每届任期三年，人民公社、镇人大每届任期两年）。

3. 对国家机构组成人员提名和选举的规定较为原则。如仅规定地方各级人民委员会组成人员和人民法院院长由本级人民代表大会代表联合提名或者单独提名、大会选举，缺乏详细的程序性规定（此时的地方各级检察院检察长不由本级人大选举，根据

1954年制定的检察院组织法规定："省、自治区和直辖市的人民检察院的检察长、副检察长、检察员和检察委员会委员，由最高人民检察院提请全国人民代表大会常务委员会批准任免。省、自治区、直辖市的人民检察院分院和县、市、自治州、自治县、市辖区的人民检察院的检察长、副检察长、检察员和检察委员会委员，由省、自治区、直辖市的人民检察院提请最高人民检察院批准任免"）。

4. 对人民委员会组成人员名额规定非常具体。省、直辖市二十五人至五十五人；市九人至二十五人，人口特多的市至多不超过四十五人；县九人至二十一人，人口和乡、镇特多的县至多不超过三十一人；市辖区九人至二十一人；乡、民族乡、镇三人至十三人。

5. 对地方各级人大代表的权利和义务、与选民或选举单位的联系、接受监督、物质和司法保障、罢免和补选等作了规定，已有数十年后制定的代表法的雏形。

6. 对人大代表的特殊司法保护仅限于会议期间。"地方各级人民代表大会代表在出席人民代表大会会议的期间，非经主席团同意不受逮捕或者审判，如果因为是现行犯被拘留，执行拘留的机关必须立即报请主席团批准。"

另外，因为此时地方各级人大还未设常设机关，所以，代表资格审查委员会也是会议期间设立的临时机构。地方各级人民代表大会举行会议的时候，可以设立代表资格审查委员会、议案审查委员会和其他需要设立的委员会，在主席团领导下进行工作。

（二）第二部地方组织法。十年"文化大革命"，民主法治遭劫，如果说这一时期全国人大是名存实亡，那地方人大更是名实皆无。因此，同样是在"人心思法"的大背景下，1979年7

月 1 日，五届全国人大二次会议通过了新的地方组织法，全称是《中华人民共和国地方各级人民代表大会和地方各级人民政府组织法》。此次重新制定的地方组织法，内容更加丰富，特别是增设了“县级以上的地方各级人民代表大会常务委员会”专章，与 1954 年的地方组织法相比差异明显，虽然有些内容延续了原地方组织法的规定，带有过渡性色彩，但是对地方政权建设重新出发、对人民代表大会制度走上正轨具有划时代意义。

1. 县级以上地方各级人民代表大会设立常务委员会。新的地方组织法规定：“县级以上的地方各级人民代表大会常务委员会是本级人民代表大会的常设机关，对本级人民代表大会负责并报告工作。”常务委员会的组成人员由本级人大选举，“常务委员会的组成人员不兼任本级人民政府、人民法院、人民检察院的组成人员。”并对地方各级人大常委会的职权和组成人员名额作了规定。地方人大设立常设机关经过了一段较长的时间，从 1954 年起就有过数次动议，直到 1979 年制定新的地方组织法才成为现实。设立地方人大常委会的意义重大而深远，此项重大改革使人大监督得到加强，使县级以上地方国家权力机关对同级地方政府、人民法院、人民检察院的监督迈出坚实步伐。彭真同志指出：“由于这个改革，在全国县以上各级地方范围内，人民经过自己的代表、代表大会和它的常务委员会，将大大加强对县以上地方各级人民政府的管理和监督，大大加强自己行使管理国家的权利。”

2. 地方各级行政机关由人民委员会、革命委员会（“文化大革命”非常时期的地方行政机关名称）改为人民政府。“省、自治区、直辖市、自治州、县、自治县、市、市辖区、镇设立人民代表大会和人民政府。”“地方各级人民政府，是地方各级人民代表大会的执行机关，是地方各级国家行政机关。”

3. 地方检察院组成人员改由地方人大选举和常委会任免。“省、自治区、直辖市的人民代表大会选举本级人民检察院检察长和人民检察院分院检察长”；“自治州、县、自治县、市、市辖区的人民代表大会选举本级人民检察院检察长”；“选出的人民检察院检察长，须报经上级人民检察院检察长提请该级人民代表大会常务委员会批准”。人大常委会“任免或者批准任免人民检察院副检察长、检察委员会委员、检察员”。

4. 明确候选人的提名方式，引入差额选举。“省长、副省长，自治区主席、副主席，市长、副市长，州长、副州长，县长、副县长，区长、副区长，镇长、副镇长，人民公社管理委员会的组成人员，县级以上的地方各级人民代表大会常务委员会的组成人员和人民法院院长、人民检察院检察长的人选，由本级人民代表大会主席团或者代表联合提名。候选人名额一般应多于应选人名额。如果所提候选人名额过多，可以进行预选，根据较多数人意见，确定正式候选人名单。”

5. 确立“无记名投票”原则。“选举采用无记名投票方式。代表对于确定的候选人，可以投赞成票，可以投反对票，可以另选其他任何选民，也可以弃权。”

6. 赋予省级人大及其常委会地方立法权。规定省、自治区、直辖市人民代表大会及其常务委员会根据本行政区域的具体情况和实际需要，在和国家宪法、法律、政策、法令、政令不抵触的前提下，可以制定和颁布地方性法规。这一赋权使地方国家权力机关职权得到扩展，使法制体系建设迈上了新的台阶。

7. 对人大代表的特殊司法保护扩展至整个任期。“县级以上的地方各级人民代表大会代表，非经本级人民代表大会常务委员会同意，不受逮捕或者审判。如果因为是现行犯被拘留，执行拘留的机关必须立即报请该级人民代表大会常务委员会批准。”

二、地方组织法的章节框架及重点

现行的地方组织法共五章九十条。

第一章　总则

第二章　地方各级人民代表大会

　第一节　地方各级人民代表大会的组成和任期

　第二节　地方各级人民代表大会的职权

　第三节　地方各级人民代表大会会议的举行

　第四节　地方国家机关组成人员的选举、罢免和辞职

　第五节　地方各级人民代表大会各委员会

　第六节　地方各级人民代表大会代表

第三章　县级以上的地方各级人民代表大会常务委员会

　第一节　常务委员会的组成和任期

　第二节　常务委员会的职权

　第三节　常务委员会会议的举行

　第四节　常务委员会各委员会和工作机构

第四章　地方各级人民政府

　第一节　一般规定

　第二节　地方各级人民政府的组成和任期

　第三节　地方各级人民政府的职权

　第四节　地方各级人民政府的机构设置

第五章　附则

归纳起来，地方组织法的重要内容大致涉及地方国家机关的

四个方面，即原则、组织、职权和程序。宪法规定，“中华人民共和国的国家机构实行民主集中制的原则”，据此地方国家机关重申了这一根本原则，在此基础上，地方组织法还体现了以下人大工作原则：一是集体行使职权原则；二是一人一票原则；三是法定人数原则；四是少数服从多数、民主和效能统一原则；五是表达意愿不受限制原则。而在组织、职权、程序方面，选举任免权的行使是其涉及的重要内容，在地方组织法“地方各级人民代表大会”一章中专设“地方国家机关组成人员的选举、罢免和辞职”一节，在“县级以上的地方各级人民代表大会常务委员会”一章的第二节“常务委员会的职权”中，涉及任免的条款也占有很大比重。

根据地方组织法的规定，地方各级人大和县级以上地方各级人大常委会依照法定权限和程序，选举任免地方国家权力机关和地方国家行政机关、监察机关、审判机关、检察机关的组成人员及其他公职人员的方式，大体可分为 11 类：（1）选举（另行选举）。（2）补选。（3）任免。（4）决定任免。（5）批准任免。（6）推选。（7）通过人选。（8）决定代理人选。（9）罢免。（10）撤销职务。（11）接受辞职。

三、地方组织法的完善进程

地方组织法也是至今修改次数最多的基本法律之一，1979 年制定的地方组织法至今已经历了 6 次修改，最近的一次修改即是 2022 年 3 月十三届全国人大五次会议所作的相关决定。回顾历次修改足迹，可以看出我国地方国家权力机关行使包括选举任免权在内的职权的逐步完善进程。

（一）第一次修改。1982 年 12 月五届全国人大五次会议通过《关于修改〈中华人民共和国地方各级人民代表大会和地方各级人民政府组织法〉的若干规定的决议》，修改的主要内容有：

1. “人民公社”改为“乡、民族乡”。至此，“人民公社”作为法定的一级地方国家政权名称被废除。

2. 调整地方各级国家机关任期。“省、自治区、直辖市、自治州、设区的市的人民代表大会每届任期五年。县、自治县、不设区的市、市辖区、乡、民族乡、镇的人民代表大会每届任期三年。”

3. 扩展“任职回避”。人民代表大会“常务委员会的组成人员不得担任国家行政机关、审判机关和检察机关的职务；如果担任上述职务，必须向常务委员会辞去常务委员会的职务”。

4. 地方立法权延伸。赋予省会城市和“较大的市”地方性法规草拟权限，“省、自治区的人民政府所在地的市和经国务院批准的较大的市的人民代表大会常务委员会，可以拟订本市需要的地方性法规草案，提请省、自治区的人民代表大会常务委员会审议制定，并报全国人民代表大会常务委员会和国务院备案。”

5. 明确常委会主任会议的法定职能。“常务委员会主任、副主任组成主任会议，处理常务委员会的重要日常工作。”

（二）第二次修改。1986 年 12 月六届全国人大常委会十八次会议对地方组织法进行了较大幅度的修改，根据历年实践对许多问题加以明确和完善，其中涉及选举任免的内容较多。

1. 明确新一届人大代表选举完成后第一次会议召开的时限。“地方各级人民代表大会每届第一次会议，在本届人民代表大会代表选举完成后的两个月内，由上届本级人民代表大会常务委员会或者乡、民族乡、镇的上次人民代表大会主席团召集。”

2. 明确地方人大专门委员会的设置及选举任免方式。“省、自治区、直辖市、自治州、设区的市的人民代表大会根据需要，可以设法制（政法）委员会、财政经济委员会、教育科学文化卫生委员会等专门委员会。各专门委员会受本级人民代表大会领导；在大会闭会期间，受本级人民代表大会常务委员会领导。”“各专门委员会的主任委员、副主任委员和委员的人选，由主席团在代表中提名，大会通过。在大会闭会期间，常务委员会可以补充任命专门委员会的个别副主任委员和部分委员，由主任会议提名，常务委员会会议通过”。

3. 明确代表资格审查委员会常设机构设置和组成人员的产生方式。“县级以上的地方各级人民代表大会常务委员会设立代表资格审查委员会。”“代表资格审查委员会的主任委员、副主任委员和委员的人选，由常务委员会主任会议在常务委员会组成人员中提名，常务委员会会议通过。”同时规定：“乡、民族乡、镇的每届人民代表大会第一次会议通过的代表资格审查委员会，行使职权至本届人民代表大会任期届满为止。”

4. 明确提名候选人的代表联名人数。“县级以上的地方各级人民代表大会常务委员会的组成人员，省长、副省长，自治区主席、副主席，市长、副市长，州长、副州长，县长、副县长，区长、副区长，乡长、副乡长，镇长、副镇长，人民法院院长，人民检察院检察长的人选，由本级人民代表大会主席团或者十人以上代表联合提名。”

5. 明确差额选举原则，设定等额选举的特殊法定条件。通俗地说就是“正职”一般差额选举，“副职”一律差额选举，补选可以等额选举。“人民代表大会常务委员会主任、秘书长，省长、自治区主席、市长、州长、县长、区长、乡长、镇长，人民法院院长，人民检察院检察长的候选人数一般应多一人，进行差额选举；如果提名的候选人只有一人，也可以等额选举。人民代表大会常务委员会副主任、副省长、自治区副主席、副市长、副州长、副县长、副区长、副乡长、副镇长的候选人数应比应选人数多一人至三人，人民代表大会常务委员会委员的候选人数应比应选人数多十分之一至五分之一，进行差额选举。如果提名的候选人超过上述差额，由主席团将全部候选人名单提交全体代表酝酿、讨论，根据较多数代表的意见，确定正式候选人名单。”“地方各级人民代表大会补选常务委员会主任、副主任、秘书长、委员，省长、副省长，自治区主席、副主席，市长、副市长，州长、副州长，县长、副县长，区长、副区长，乡长、副乡长，镇长、副镇长，人民法院院长，人民检察院检察长时，候选人数可以多于应选人数，也可以同应选人数相等。选举程序和方式，由本级人民代表大会决定”。

6. 明确人大会议罢免程序及提议的代表联名人数。“县级以上的地方各级人民代表大会举行会议的时候，主席团、常务委员会或者十分之一以上代表联名，可以提出对本级人民代表大会常务委员会组成人员、人民政府领导人员、人民法院院长、人民检察院检察长的罢免案，由主席团提请大会审议。”“乡、民族乡、镇的人民代表大会举行会议的时候，主席团或者五分之一以上代表联名，可以提出对乡长、副乡长，镇长、副镇长的罢免案，由主席团提请大会审议”。

7. 明确人大会议接受辞职的程序。“地方各级人民政府领导人员，县级以上的地方各级人民代表大会常务委员会组成人员，人民法院院长，人民检察院检察长，可以向本级人民代表大会提出辞职，由大会决定是否接受辞职；大会闭会期间，可以向本级人民代表大会常务委员会提出辞职，由常务委员会决定是否接受辞职。常务委员会决定接受辞职后，报本级人民代表大会备案。人民检察院检察长的辞职，须报经上一级人民检察院检察长提请该级人民代表大会常务委员会批准。”

8. 明确常务委员会撤销职务的范围。“在本级人民代表大会闭会期间，决定撤销个别副省长、自治区副主席、副市长、副州长、副县长、副区长的职务；决定撤销由它任命的本级人民政府其他组成人员和人民法院副院长、庭长、副庭长、审判委员会委员、审判员，人民检察院副检察长、检察委员会委员、检察员，中级人民法院院长，人民检察院分院检察长的职务。”

此外，将省会城市和“较大的市”地方性法规草拟权升格为立法权；还就代表的司法保障、代表任期的起止时间、言论免责权、议案及地方国家机关的职权等问题作了补充完善。

（三）第三次修改。1995 年 2 月八届全国人大常委会十二次会议通过《关于修改〈中华人民共和国地方各级人民代表大会和地方各级人民政府组织法〉的决定》。这是时隔九年后，总结选举工作和地方政权建设经验，对地方组织法所作的进一步修改和补充。

1. 增设乡镇人大主席。因乡镇人大没有常设机关，为便于乡镇人大闭会期间开展活动，增加规定，“乡、民族乡、镇的人民代表大会设主席，并可以设副主席一人至二人。主席、副主席由本级人民代表大会从代表中选出，任期同本级人民代表大会每届任期相同”。也就是说此次增设的乡镇人大主席，不是人大会议期间设立的临时机构意义上的主席团主席，而是人民代表大会的任期制职务。“乡、民族乡、镇的人民代表大会主席、副主席在本级人民代表大会闭会期间负责联系本级人民代表大会代表，组织代表开展活动，并反映代表和群众对本级人民政府工作的建议、批评和意见。”由此，最基层国家权力机关建设得到加强。

2. 将县级国家政权任期改为五年，乡镇维持三年任期，至此县级以上已经同步。“省、自治区、直辖市、自治州、县、自治县、市、市辖区的人民代表大会每届任期五年。乡、民族乡、镇的人民代表大会每届任期三年。”

3. 差异化规定推荐候选人的联名人数。将此前的代表十人以上联名修改为：“省、自治区、直辖市的人民代表大会代表三十人以上书面联名，设区的市和自治州的人民代表大会代表二十人以上书面联名，县级的人民代表大会代表十人以上书面联名，可以提出本级人民代表大会常务委员会组成人员，人民政府领导人员，人民法院院长，人民检察院检察长的候选人。乡、民族乡、镇的人民代表大会代表十人以上书面联名，可以提出本级人民代表大会主席、副主席，人民政府领导人员的候选人。不同选区或者选举单位选出的代表可以酝酿、联合提出候选人。”

4. 实行“等额提名，差额选举”。在差额选举的前提下增加规定：“主席团提名的候选人人数，每一代表与其他代表联合提名的候选人人数，均不得超过应选名额。”这实质上是对代表联名推荐候选人权利的维护。

5. 授权地方人大在选举办法中规定具体差额数，并引入“预选”方式。“人民代表大会常务委员会副主任，乡、民族乡、镇的人民代表大会副主席，人民政府副职领导人员的候选人数”，在法定差额幅度内“由本级人民代表大会根据应选人数在选举办法中规定具体差额数，进行差额选举。如果提名的候选人数符合选举办法规定的差额数，由主席团提交代表酝酿、讨论后，进行选举。如果提名的候选人数超过选举办法规定的差额数，由主席团提交代表酝酿、讨论后，进行预选，根据在预选中得票多少的顺序，按照选举办法规定的差额数，确定正式候选人名单，进行选举。”

6. 予以代表提名、酝酿候选人的时间保障。“县级以上的地方各级人民代表大会换届选举本级国家机关领导人员时，提名、酝酿候选人的时间不得少于两天。”

7. 明确新一届政府组成部门负责人的提请任命时限。“新的一届人民政府领导人员依法选举产生后，应当在两个月内提请本级人民代表大会常务委员会任命人民政府秘书长、厅长、局长、委员会主任、科长。”

此外，还从程序上对罢免、辞职、另行选举及质询、组织关于特定问题的调查委员会等作了补充完善。

（四）第四次修改。2004 年正值人民代表大会制度建立五十周年之际，当年 3 月十届全国人大召开二次会议通过宪法修正案，9 月 15 日中共中央总书记、国家主席胡锦涛在首都各界纪念全国人民代表大会成立五十周年大会上发表重要讲话，他说："全国人民代表大会五十年的光辉历程，向世人展示了中国社会主义民主政治的强大生命力。"〔1〕在此背景下，10 月 27 日十届全国人大常委会十二次会议通了修改地方组织法的决定，主要修改了以下三个方面的内容。

1. 将乡镇政权任期由三年改为五年。根据中共中央的建议和此前宪法的修正，明确规定“地方各级人民代表大会每届任期五年”。这样修改，各级人大任期一致，有利于协调各级行政区域经济社会发展规划、计划和人事安排，有利于县乡两级人大直接

〔1〕全国人大常委会办公厅、中共中央文献研究室编：《人民代表大会制度重要文献选编》（四），中国民主法制出版社 2015 年版，第 1295 页。

选举同步和各级人大换届选举工作的协同。

2. 增加设区的市、自治州和县级人大常委会组成人员名额。此前规定的常委会组成人员名额为：设区的市、自治州十三人至三十五人，人口超过八百万的设区的市不超过四十五人；县、自治县、不设区的市、市辖区十一人至二十三人，人口超过一百万的县、自治县、不设区的市、市辖区不超过二十九人。这一规定延续多年，已不适应这两级人大常委会的职权行使，因此修改后的地方组织法适当增加了这两级人大常委会组成人员的名额，规定“设区的市、自治州十九人至四十一人，人口超过八百万的设区的市不超过五十一人”“县、自治县、不设区的市、市辖区十五人至二十七人，人口超过一百万的县、自治县、不设区的市、市辖区不超过三十五人”。

3. 完善常委会对专门委员会部分组成人员的任免权，将“补充任命”改为“任免”。“在大会闭会期间，常务委员会可以任免专门委员会的个别副主任委员和部分委员，由主任会议提名，常务委员会会议通过。”

（五）第五次修改。2015 年 8 月十二届全国人大常委会十六次会议通过关于修改地方组织法、选举法、代表法的决定。这一年注定是在人民代表大会制度发展史上值得标记的年份。2015 年 6 月，中共中央就加强县乡人大工作和建设转发了全国人大常委会党组的意见，对新形势下加强人大工作特别是县乡人大工作、推进社会主义民主法治建设提出了一系列重要举措。为此，全国人大常委会为党的主张及时提供了相应的法律支撑，使之上升为国家意志，从顶层制度设计上着力解决基层人大依法履行职责、发挥作用以及代表选举工作中存在的问题。此次修改涉及地方组织法的内容主要有：

1. 扩展乡镇人大主席团的职权。乡镇人大没有常设机关，主席团在法律定位上一直是大会期间的临时机构，虽然此前的很多地方性法规赋予乡镇人大主席团在闭会期间某些职权空间，但终因法律层级的原因无法突破“天花板”，致使乡镇人大工作受限。此次修改明确规定乡镇人大“主席团在本级人民代表大会闭会期间，每年选择若干关系本地区群众切身利益和社会普遍关注的问题，有计划地安排代表听取和讨论本级人民政府的专项工作报告，对法律、法规实施情况进行检查，开展视察、调研等活动；听取和反映代表和群众对本级人民政府工作的建议、批评和意见。主席团在闭会期间的工作，向本级人民代表大会报告”。乡镇的人大主席、副主席“负责处理主席团的日常工作”。上述修改使乡镇人大主席团在闭会期间的作用得到强化。

2. 继续增加县级人大常委会组成人员名额。县、自治县、不设区的市、市辖区从十五人至二十七人增加到十五人至三十五人，人口超过一百万的县、自治县、不设区的市、市辖区从不超过三十五人修改为不超过四十五人。进一步增强县级人大常设机关的力量。

3. 赋予县级人大专门委员会设置权。增加规定：“县、自治县、不设区的市、市辖区的人民代表大会根据需要，可以设法制委员会、财政经济委员会等专门委员会。”

4. 赋予县级人大常委会在辖区街道设立派出机构的权限。规定市辖区、不设区的市的人民代表大会常务委员会可以在街道设立工作机构；同时规定县、自治县的人民代表大会常务委员会可以比照此规定在街道设立工作机构。“工作机构负责联系街道辖区内的人民代表大会代表，组织代表开展活动，反映代表和群众的建议、批评和意见，办理常务委员会交办的监督、选举以及其他工作，并向常务委员会报告工作。”这既是落实中央“若干意见”精神的体现，也是对地方人大此前实践探索的法律认可。

（六）第六次修改。2022 年 3 月十三届全国人大五次会议作出《关于修改〈中华人民共和国地方各级人民代表大会和地方各级人民政府组织法〉的决定》，这是最近一次修改。此前的 2021 年 10 月，中央人大工作会议召开，这也是我们党历史上的第一次。会议对新时代不断发展全过程人民民主、保证人民当家作主，坚持和完善人民代表大会制度、加强和改进人大工作作出全面部署、提出明确要求。

此次修改正是在这样的大背景之下进行的。因此修改的重点突出体现在“总则”一章，整体重写，均为增加的内容，主要有四条：(1) 地方各级人民代表大会、县级以上的地方各级人大常委会和地方各级人民政府坚持中国共产党的领导，坚持以马克思列宁主义、毛泽东思想、邓小平理论、“三个代表”重要思想、科学发展观、习近平新时代中国特色社会主义思想为指导，依照宪法和法律规定行使职权。(2) 地方各级人民代表大会、县级以上的地方各级人大常委会和地方各级人民政府坚持以人民为中心，坚持全过程人民民主，始终同人民保持密切联系，倾听人民的意见和建议，为人民服务，对人民负责，受人民监督。(3) 地方各级人民代表大会、县级以上的地方各级人大常委会和地方各级人民政府遵循在中央的统一领导下、充分发挥地方的主动性积极性的原则，保证宪法、法律和行政法规在本行政区域的实施。(4) 地方各级人民代表大会、县级以上的地方各级人大常委会和地方各级人民政府实行民主集中制原则。地方各级人民代表大会和县级以上的地方各级人大常委会应当充分发扬民主，集体行使职权。地方各级人民政府实行首长负责制。政府工作中的重大事项应当经集体讨论决定。同时，还有以下修改值得关注。

1. 增加省、设区的市两级人大常委会组成人员名额。省级人大常委会组成人员名额是1979年地方组织法规定的，40多年来一直没有修改；设区的市级人大常委会组成人员名额自2004年后也一直没有调整。此次修改，将省和设区的市两级人大常委会组成人员名额的上下限和最高限，分别增加10名："省、自治区、直辖市四十五人至七十五人，人口超过八千万的省不超过九十五人""设区的市、自治州二十九人至五十一人，人口超过八百万的设区的市不超过六十一人"。同时明确地方人大常委会组成人员的名额，按人口多少并结合常委会组成人员结构的需要确定。

2. 完善地方人大专门委员会和常委会工作机构的设置。一是明确省、设区的市两级人民代表大会根据需要，可以设法制委员会、财政经济委员会、教育科学文化卫生委员会、环境与资源保护委员会、社会建设委员会和其他需要设立的专门委员会。二是明确地方人大常委会根据工作需要，设立办事机构和法制工作委员会、预算工作委员会、代表工作委员会等工作机构。"代表工作委员会"系首次以法律形式确认。

3. 对涉及地方国家机关正职领导人员候选人人数的相关表述作出修改。根据有关部门的意见和多年来的实际做法，将候选人数"一般应多一人，进行差额选举"修改为"可以多一人，进行差额选举"。

4. 明确决定代理人选的提名主体。规定在大会闭会期间，"根据主任会议的提名，从本级人民政府、监察委员会、人民法院、人民检察院副职领导人员中决定代理的人选"。

另外，还就地方人大常委会的职权、议事制度和专门委员会的职责、地方政府的组织及职权、代表工作的改进等作了补充完善。

四、地方组织法的主要内容

（一）地方各级人民代表大会。主要涉及地方各级人民代表大会的层级、组成、任期和职权，特别是地方各级人大的选举权，以及大会举行、机构设置和有关代表的规定。

1. 地方各级人民代表大会的层级和任期。地方组织法规定："省、自治区、直辖市、自治州、县、自治县、市、市辖区、乡、民族乡、镇设立人民代表大会。"这是按照宪法对我国行政区划三个层级的规定表述的，第一个层级是省、自治区、直辖市，第二个层级是自治州、县、自治县、市，第三个层级是乡、民族乡、镇；另外，直辖市和较大的市分为区、县，自治州分为县、自治县、市。但是，从地方组织法对地方各级人大的选举、职权和机构设置等方面的规定可以看出，实际上地方国家政权有四个层级：省（自治区和直辖市）、设区的市（自治州）、县（自治县和县级市）、乡（民族乡和镇）。

地方各级人民代表大会每届任期五年。

2. 地方各级人民代表大会的职权。地方组织法对地方人大职权是按县级以上人大和乡镇人大两类分别表述的。

一是县级以上地方各级人大的职权共有15项：

（1）在本行政区域内，保证宪法、法律、行政法规和上级人民代表大会及其常务委员会决议的遵守和执行，保证国家计划和国家预算的执行；

（2）审查和批准本行政区域内的国民经济和社会发展规划纲要、计划和预算及其执行情况的报告，审查监督政府债务，监督本级人民政府对国有资产的管理；

（3）讨论、决定本行政区域内的政治、经济、教育、科学、文化、卫生、生态环境保护、自然资源、城乡建设、民政、社会保障、民族等工作的重大事项和项目；

（4）选举本级人民代表大会常务委员会的组成人员；

（5）选举省长、副省长，自治区主席、副主席，市长、副市长，州长、副州长，县长、副县长，区长、副区长；

（6）选举本级监察委员会主任、人民法院院长和人民检察院检察长；选出的人民检察院检察长，须报经上一级人民检察院检察长提请该级人民代表大会常务委员会批准；

（7）选举上一级人民代表大会代表；

（8）听取和审议本级人民代表大会常务委员会的工作报告；

（9）听取和审议本级人民政府和人民法院、人民检察院的工作报告；

（10）改变或者撤销本级人民代表大会常务委员会的不适当的决议；

（11）撤销本级人民政府的不适当的决定和命令；

（12）保护社会主义的全民所有的财产和劳动群众集体所有的财产，保护公民私人所有的合法财产，维护社会秩序，保障公民的人身权利、民主权利和其他权利；

（13）保护各种经济组织的合法权益；

（14）铸牢中华民族共同体意识，促进各民族广泛交往交流交融，保障少数民族的合法权利和利益；

（15）保障宪法和法律赋予妇女的男女平等、同工同酬和婚姻自由等各项权利。

另外，省和设区的市级人民代表大会还有地方立法权。设区的市级人大制定的地方性法规须报省、自治区的人民代表大会常务委员会批准后施行。

二是乡镇人大的职权共14项：

（1）在本行政区域内，保证宪法、法律、行政法规和上级人民代表大会及其常务委员会决议的遵守和执行；

（2）在职权范围内通过和发布决议；

（3）根据国家计划，决定本行政区域内的经济、文化事业和公共事业的建设计划和项目；

（4）审查和批准本行政区域内的预算和预算执行情况的报告，监督本级预算的执行，审查和批准本级预算的调整方案，审查和批准本级决算；

（5）决定本行政区域内的民政工作的实施计划；

（6）选举本级人民代表大会主席、副主席；

（7）选举乡长、副乡长，镇长、副镇长；

（8）听取和审议乡、民族乡、镇的人民政府的工作报告；

（9）听取和审议乡、民族乡、镇的人民代表大会主席团的工作报告；

（10）撤销乡、民族乡、镇的人民政府的不适当的决定和命令；

（11）保护社会主义的全民所有的财产和劳动群众集体所有的财产，保护公民私人所有的合法财产，维护社会秩序，保障公民的人身权利、民主权利和其他权利；

（12）保护各种经济组织的合法权益；

（13）铸牢中华民族共同体意识，促进各民族广泛交往交流交融，保障少数民族的合法权利和利益；

（14）保障宪法和法律赋予妇女的男女平等、同工同酬和婚姻自由等各项权利。

3. 地方人大会议的举行。人民代表大会集体行使职权，其主要方式就是召开会议。地方各级人大会议每年至少举行一次，乡镇人大会议一般每年举行两次。地方各级人民代表大会每届第一次会议，在本届人民代表大会代表选举完成后的两个月内召集。

地方组织法对地方各级人大会议的召集和主持、法定人数、会议程序、议案和报告的审议、选举和决议的表决方式等都作了明确的程序性规定，这些规定成为地方各级人民代表大会议事规则的法律基础。

4. 国家机关组成人员的选举及罢免和辞职。选举权是人大的重要职权，因此也是地方组织法的重要内容之一。这方面的具体规定及操作将在后面作专章阐述。

5. 人大各委员会。一是专门委员会。地方组织法规定，省级和设区的市（自治州）人民代表大会可以设法制委员会、财政经济委员会、教育科学文化卫生委员会、环境与资源保护委员会、社会建设委员会和其他需要设立的专门委员会；县级人民代表大会可以设法制委员会、财政经济委员会等专门委员会。各专门委员会受本级人民代表大会领导，在大会闭会期间，受本级人民代表大会常务委员会领导，其任期与本级人大每届任期相同。地方各级人大专门委员会的主任委员、副主任委员和委员的人选，由主席团在代表中提名，大会通过。在大会闭会期间，常务委员会可以任免专门委员会的个别副主任委员和部分委员，由主任会议提名，常务委员会会议通过。专门委员会主要有以下职责。

（1）审议本级人民代表大会主席团或者常务委员会交付的

议案；

（2）向本级人民代表大会主席团或者常务委员会提出属于本级人民代表大会或者常务委员会职权范围内同本委员会有关的议案，组织起草有关议案草案；

（3）承担本级人民代表大会常务委员会听取和审议专项工作报告、执法检查、专题询问等的具体组织实施工作；

（4）按照本级人民代表大会常务委员会工作安排，听取本级人民政府工作部门和监察委员会、人民法院、人民检察院的专题汇报，提出建议；

（5）对属于本级人民代表大会及其常务委员会职权范围内同本委员会有关的问题，进行调查研究，提出建议；

（6）研究办理代表建议、批评和意见，负责有关建议、批评和意见的督促办理工作；

（7）办理本级人民代表大会及其常务委员会交办的其他工作。

二是关于特定问题的调查委员会。调查委员会是县级以上人大就某个重大问题设立的临时调查机构。

主席团或者十分之一以上代表书面联名，可以提议组织关于特定问题的调查委员会，由主席团提请全体会议决定。调查委员会由主任委员、副主任委员和委员组成，由主席团在代表中提名，提请全体会议通过。调查委员会应当向本级人民代表大会提出调查报告。人民代表大会根据调查委员会的报告，可以作出相应的决议。

三是乡镇人大代表资格审查委员会。因为乡镇人大没有常设机关，据此，地方组织法规定：“乡、民族乡、镇的每届人民代表大会第一次会议通过的代表资格审查委员会，行使职权至本届人民代表大会任期届满为止。”

6. 地方各级人大代表。地方组织法对地方各级人大代表权利和义务、司法保障、接受监督等作了原则性规定。这方面的内容代表法规定得更为详尽。

（二）县级以上的地方各级人大常委会。县级以上的地方各级人民代表大会设立的常务委员会，是本级人大的常设机关，是地方国家权力机关的重要构成。

1. 常务委员会的组成及任期。“省、自治区、直辖市、自治州、设区的市的人民代表大会常务委员会由本级人民代表大会在代表中选举主任、副主任若干人、秘书长、委员若干人组成。县、自治县、不设区的市、市辖区的人民代表大会常务委员会由本级人民代表大会在代表中选举主任、副主任若干人和委员若干人组成。”

（1）地方各级人大常委会组成人员必须是本级人大代表。

（2）“常务委员会的组成人员不得担任国家行政机关、监察机关、审判机关和检察机关的职务；如果担任上述职务，必须向常务委员会辞去常务委员会的职务。”

地方各级人大常委会组成人员名额的标准：省级四十五人至七十五人，人口超过八千万的省不超过九十五人；设区的市（自治州）二十九人至五十一人，人口超过八百万的设区的市不超过六十一人；县级十五人至三十五人，人口超过一百万的县、自治县、不设区的市、市辖区不超过四十五人。具体名额，按人口多少并结合常务委员会组成人员结构的需要，省级由本级人民代表大会确定，设区的市和县级由省级人大常委会规定。

县级以上的地方各级人大常委会的任期同本级人大每届任期相同，其行使职权到下届本级人大选出新的常务委员会为止。

2. 常务委员会的职权。概括起来，地方人大常委会的职权包括立法权、决定权、任免权和监督权。首先，省级和设区的市（自治州）人大常委会与本级人大一样具有地方立法权；设区的市（自治州）人大常委会制定的地方性法规同样须报省级人大常委会批准后施行。除此之外，县级以上的地方各级人大常委会的具体职权如下。

（1）在本行政区域内，保证宪法、法律、行政法规和上级人民代表大会及其常务委员会决议的遵守和执行；

（2）领导或者主持本级人民代表大会代表的选举；

（3）召集本级人民代表大会会议；

（4）讨论、决定本行政区域内的政治、经济、教育、科学、文化、卫生、生态环境保护、自然资源、城乡建设、民政、社会保障、民族等工作的重大事项和项目；

（5）根据本级人民政府的建议，审查和批准本行政区域内的国民经济和社会发展规划纲要、计划和本级预算的调整方案；

（6）监督本行政区域内的国民经济和社会发展规划纲要、计划和预算的执行，审查和批准本级决算，监督审计查出问题整改情况，审查监督政府债务；

（7）监督本级人民政府、监察委员会、人民法院和人民检察院的工作，听取和审议有关专项工作报告，组织执法检查，开展专题询问等；联系本级人民代表大会代表，受理人民群众对上述机关和国家工作人员的申诉和意见；

（8）监督本级人民政府对国有资产的管理，听取和审议本级人民政府关于国有资产管理情况的报告；

（9）听取和审议本级人民政府关于年度环境状况和环境保护目标完成情况的报告；

（10）听取和审议备案审查工作情况报告；

（11）撤销下一级人民代表大会及其常务委员会的不适当的决议；

（12）撤销本级人民政府的不适当的决定和命令；

（13）在本级人民代表大会闭会期间，决定副省长、自治区副主席、副市长、副州长、副县长、副区长的个别任免；在省长、自治区主席、市长、州长、县长、区长和监察委员会主任、人民法院院长、人民检察院检察长因故不能担任职务的时候，根据主任会议的提名，从本级人民政府、监察委员会、人民法院、人民检察院副职领导人员中决定代理的人选；决定代理检察长，须报上一级人民检察院和人民代表大会常务委员会备案；

（14）根据省长、自治区主席、市长、州长、县长、区长的提名，决定本级人民政府秘书长、厅长、局长、委员会主任、科长的任免，报上一级人民政府备案；

（15）根据监察委员会主任的提名，任免监察委员会副主任、委员；

（16）按照人民法院组织法和人民检察院组织法的规定，任免人民法院副院长、庭长、副庭长、审判委员会委员、审判员，任免人民检察院副检察长、检察委员会委员、检察员，批准任免下一级人民检察院检察长；省、自治区、直辖市的人民代表大会常务委员会根据主任会议的提名，决定在省、自治区内按地区设立的和在直辖市内设立的中级人民法院院长的任免，根据省、自治区、直辖市的人民检察院检察长的提名，决定人民检察院分院检察长的任免；

（17）在本级人民代表大会闭会期间，决定撤销个别副省长、自治区副主席、副市长、副州长、副县长、副区长的职务；决定撤销由它任命的本级人民政府其他组成人员和监察委员会副主任、委员，人民法院副院长、庭长、副庭长、审判委员会委员、审判员，人民检察院副检察长、检察委员会委员、检察员，中级人民法院院长，人民检察院分院检察长的职务；

（18）在本级人民代表大会闭会期间，补选上一级人民代表大会出缺的代表和罢免个别代表。

3. 常务委员会会议。作为法定的会议形式，地方组织法分别对常委会会议和主任会议作了规定。

一是常委会会议的举行。常务委员会会议由主任召集并主持，每两个月至少举行一次。遇有特殊需要时，可以临时召集常务委员会会议。主任可以委托副主任主持会议。常务委员会的决议，由常务委员会以全体组成人员的过半数通过。

向常务委员会提出议案的主体首先是主任会议。此外，县级以上的地方各级人民政府（地方组织法没有赋予地方监察委员会、人民法院、人民检察院议案权）、人民代表大会各专门委员会，可以提出议案；省级和设区的市（自治州）人大常委会组成人员五人以上联名，县级人大常委会组成人员三人以上联名，也可以提出议案。由主任会议决定提请常务委员会会议审议。

省级和设区的市（自治州）人大常委会组成人员五人以上联名，县级人大常委会组成人员三人以上联名，还可以提出对本级政府及其工作部门、监察委员会、人民法院、人民检察院的质询案。

二是主任会议。省级和设区的市（自治州）人大常委会主任、副主任和秘书长组成主任会议；县级人大常委会主任、副主任组成主任会议。主任会议处理常委会的重要日常工作：

（1）决定常务委员会每次会议的会期，拟订会议议程草案，必要时提出调整会议议程的建议；

（2）对向常务委员会提出的议案和质询案，决定交由有关的专门委员会审议或者提请常务委员会全体会议审议；

（3）决定是否将议案和决定草案、决议草案提请常务委员会全体会议表决，对暂不交付表决的，提出下一步处理意见；

（4）通过常务委员会年度工作计划等；

（5）指导和协调专门委员会的日常工作；

（6）其他重要日常工作。

4. 常务委员会各委员会和工作机构。这里的“各委员会”是特指常设的代表资格审查委员会和临时设立的关于特定问题的调查委员会。

（1）代表资格审查委员会。县级以上的地方各级人大常委会设立代表资格审查委员会。代表资格审查委员会的主任委员、副主任委员和委员的人选，由常务委员会主任会议在常务委员会组成人员中提名，常务委员会任免。

（2）关于特定问题的调查委员会。主任会议或者五分之一以上的常委会组成人员书面联名，可以提议组织关于特定问题的调查委员会，由常委会全体会议决定。调查委员会由主任委员、副主任委员和委员组成，由主任会议在常委会组成人员和其他代表中提名，常委会全体会议通过。

（3）工作机构和办事机构。一是常务委员会根据工作需要，设立办事机构和法制工作委员会、预算工作委员会、代表工作委员会等工作机构；二是省级人大常委会可以在地区设立工作机构；三是市辖区、不设区的市人大常委会可以在街道设立工作机构（县、自治县人大常委会可以比照此规定设立）。

（三）乡镇人大主席团和乡镇人大主席。

1. 乡镇人大主席团。“乡镇人民代表大会举行会议的时候，选举主席团。由主席团主持会议，并负责召集下一次的本级人民代表大会会议。”这是地方组织法对乡镇人大的基本法律定位。乡镇人大不设立常设机关，但是地方组织法同时也赋予乡镇人大主席团在闭会期间一定职责，主要包括三个方面。

（1）组织代表活动。有计划地安排代表听取和讨论本级人民政府的专项工作报告，组织代表对法律、法规实施情况进行检查，组织代表开展视察、调研等活动；

（2）听取和反映代表和群众对本级人民政府工作的建议、批评和意见；

（3）向本级人民代表大会报告主席团在闭会期间的工作。

2. 乡镇人大主席。“乡、民族乡、镇的人民代表大会设主席，并可以设副主席一人至二人。主席、副主席由本级人民代表大会从代表中选出，任期同本级人民代表大会每届任期相同。”乡镇人大主席不是一般意义上的人大会议主席团主席，而是乡镇人民代表大会的任期制职务；同时“乡、民族乡、镇的人民代表大会主席、副主席为主席团的成员”。乡镇人大主席的职责：

（1）在本级人民代表大会闭会期间负责联系本级人民代表大会代表；

（2）根据主席团的安排组织代表开展活动；

（3）反映代表和群众对本级人民政府工作的建议、批评和意见；

（4）负责处理主席团的日常工作。

（四）地方各级人民政府。地方组织法设专章分四节对地方各级人民政府的组成和任期、职权、机构设置以及工作原则和程序等作了规定，内容非常丰富，鉴于本书设定的主题，故只作简述。

1. 地方各级人民政府作为人民代表大会的执行机关，其层级和任期与本级人大一致。

2. 地方各级人民政府对本级人大和上一级国家行政机关负责并报告工作。县级以上的地方各级政府在本级人大闭会期间对本级人大常委会负责并报告工作。

3. 各级人民政府实行首长负责制。但是，政府工作中的重大问题，须经政府常务会议或者全体会议讨论决定。

4. 县级以上的地方各级人民政府的职权：

（1）执行本级人民代表大会及其常务委员会的决议，以及上级国家行政机关的决定和命令，规定行政措施，发布决定和命令；

（2）领导所属各工作部门和下级人民政府的工作；

（3）改变或者撤销所属各工作部门的不适当的命令、指示和下级人民政府的不适当的决定、命令；

（4）依照法律的规定任免、培训、考核和奖惩国家行政机关工作人员；

（5）编制和执行国民经济和社会发展规划纲要、计划和预算，管理本行政区域内的经济、教育、科学、文化、卫生、体育、城乡建设等事业和生态环境保护、自然资源、财政、民政、社会保障、公安、民族事务、司法行政、人口与计划生育等行政工作；

（6）保护社会主义的全民所有的财产和劳动群众集体所有的财产，保护公民私人所有的合法财产，维护社会秩序，保障公民的人身权利、民主权利和其他权利；

（7）履行国有资产管理职责；

（8）保护各种经济组织的合法权益；

（9）铸牢中华民族共同体意识，促进各民族广泛交往交流交融，保障少数民族的合法权利和利益，保障少数民族保持或者改革自己的风俗习惯的自由，帮助本行政区域内的民族自治地方依照宪法和法律实行区域自治，帮助各少数民族发展政治、经济和文化的建设事业；

（10）保障宪法和法律赋予妇女的男女平等、同工同酬和婚姻自由等各项权利；

（11）办理上级国家行政机关交办的其他事项。

5. 乡镇政府的职权：

（1）执行本级人民代表大会的决议和上级国家行政机关的决定和命令，发布决定和命令；

（2）执行本行政区域内的经济和社会发展计划、预算，管理本行政区域内的经济、教育、科学、文化、卫生、体育等事业和生态环境保护、财政、民政、社会保障、公安、司法行政、人口与计划生育等行政工作；

（3）保护社会主义的全民所有的财产和劳动群众集体所有的财产，保护公民私人所有的合法财产，维护社会秩序，保障公民的人身权利、民主权利和其他权利；

（4）保护各种经济组织的合法权益；

（5）铸牢中华民族共同体意识，促进各民族广泛交往交流交融，保障少数民族的合法权利和利益，保障少数民族保持或者改革自己的风俗习惯的自由；

（6）保障宪法和法律赋予妇女的男女平等、同工同酬和婚姻自由等各项权利；

（7）办理上级人民政府交办的其他事项。

6. 省级和设区的市（自治州）的人民政府可以依法制定行政规章。

通过讨论全国人大组织法和地方组织法，我们可以看出全国人大与地方人大职权的某些差异性。这里有必要说明一点，全国人大与地方各级人大，作为国家权力机关虽然行使选举任免权的基本法理是一致的，但是全国人大与地方人大选举任免权的具体行使范围和方式又是有区别的。比如国务院（中央政府）的组成人员均由全国人民代表大会全体会议决定任命，而地方各级人民政府的领导人员由本级人大全体会议选举，地方各级人民政府的其他组成人员（政府组成部门负责人）则是由本级人大常委会决定任命的。因此，地方人大的选举任免工作应该严格依据地方组织法的规定进行。

/ 第五章 /

人大代表的选举操作

选举制度的基本原则及其法律规定，最终要靠选举实践的落实和体现。本章论述各级人民代表大会代表的选举操作，包括由选民直接选举的县乡两级人大代表，由下一级人民代表大会选举的设区的市、省和全国三级人大代表。

第一节　人大代表的直接选举

我国共有全国、省、设区的市和县、乡五级人大代表，其中县乡两级人大代表由选区选民直接投票选举，全国、省、设区的市三级人大代表由下一级人民代表大会间接投票选举。其中，由选民直接选举的县乡两级人大代表占全国各级人大代表总数的94%以上，涉及选民超过10亿人。因此，县乡两级人大代表的直接选举，是当今世界规模最庞大的民主政治活动，在全过程人民民主的发展中具有广泛和重大的意义。

根据选举法等法律规定，县乡两级人大代表由选区选民直接投票选举产生，包括换届选举代表和补选代表两种形式。其中，县乡人大代表的换届选举，是指县乡人大任期届满，在全县或全乡镇划定的各选区内组织全体选民，按照法定程序，通过投票选举分别产生新一届全体县级或乡级人大代表的选举活动。县乡人大代表换届选举工作，因选民参与面广、时间跨度长、政策要求高、产生代表多，成为直接选举工作的难点，也是代表选举工作的重点。

一、直接选举的准备工作

县乡人大代表选举是发现民意、集中民意的过程，涉及面广，政治性、法律性、程序性强，必须精心组织，才能取得预期效果。县乡人大换届选举的准备工作，是做好换届选举工作的基础和保障，主要包括建立机构、制定方案、培训人员以及宣传发动工作等环节。

（一）选举工作机构

法律规定，省、自治区、直辖市、设区的市、自治州的人大常委会指导本行政区域内县级以下人民代表大会代表的选举工作。而县级人大常委会才是法定的县乡人大代表选举工作领导机构。

1. 县级人大常委会。县级人大常委会在县乡人大换届选举中的主要任务：一是向同级党委提出关于做好县乡人大换届选举工作的意见，经党委研究同意并批转。二是依法领导和组织本区域县乡两级人大代表的换届选举工作，作出关于县乡人大换届选举的决定。三是分别设立县级和乡级选举委员会，任命选举委员会组成人员。四是发布公告，公布选举工作的开始与结束时间、选举日。五是保证有关选举的法律、地方性法规和上级人大常委会的决议、决定在本行政区域内的贯彻实施；受理对选举中违法行为的控告、检举；对破坏选举的，移送有关机关依法依纪处理。六是领导县乡两级选举委员会做好工作衔接，对投票方式、选票设计、票箱设置等统一安排。七是加强对换届选举工作的领导和监督，深入选区了解情况等。

2. 选举委员会。县乡设立选举委员会，主持本级人民代表大会代表的选举。县级选举委员会受本级人民代表大会常务委员会的领导；乡镇的选举委员会受县人大常委会的领导。

选举委员会的职责。选举委员会依据法律规定履行下列职责：划分选举本级人民代表大会代表的选区，分配各选区应选代表的名额；进行选民登记，审查选民资格，公布选民名单；受理对于选民名单不同意见的申诉，并作出决定；确定选举日期；了解核实并组织介绍代表候选人的情况；根据较多数选民的意见，确定和公布正式代表候选人名单；主持投票选举；确定选举结果是否有效，公布当选代表名单；法律规定的其他职责。

选举委员会的组成。结合各地工作实践，县级选举委员会一般由主任一人、副主任二人至四人和委员若干人组成，通常为十一人至十五人。选举委员会主任、副主任一般由党委、人大常委会、各民主党派负责人担任，委员可由人大常委会机关、纪委、组织、统战、宣传、财政、公安、司法、民政、共青团、妇联等部门的负责人担任。乡级选举委员会一般由主任一人，副主任一人至二人和委员若干人组成，通常为五人至九人。其成员可由乡级党委、人大和政府有关部门、人民团体负责人以及基层单位有关负责人组成。县、乡选举委员会设立办公室，负责办理选举的具体事务。选举委员会办公室还可设秘书、组织、宣传、后勤等若干组，分工办理选举工作中的具体事务。

选举委员会的产生。县级选举委员会的组成人员由本级人民代表大会常务委员会任命。乡级的选举委员会组成人员由县级人民代表大会常务委员会任命。选举委员会办公室由选委会第一次会议研究产生。

这里还涉及选举委员会组成人员的产生与回避问题。选举法规定："选举委员会组成人员是代表候选人的，应当辞去选举委员会的职务。"这一规定的立法原意就是限制"运动员与裁判员集于一身"，体现了"回避"原则，这是选举法修改后的新规定。因此需要把握两点：一是拟提名的代表候选人一般不作为选举委员会成员；二是个别确因需要必须参加选举委员会的人员，又被提名为代表候选人的，应在被依法确定为正式代表候选人时辞去选举委员会的职务。

县、乡两级选举委员会都是临时性机构，选举结束即行撤销，下次换届选举时由县级人大常委会任命产生新的选举委员会。

3. 选举工作组。在各街道办事处、大专院校、厂矿企业等单位，可根据需要设立选举工作组，工作组承担具体的选举事项。同时，乡镇选举委员会也负有选举工作组职责，承担县级人大代表在乡镇的选举任务。

选举工作组大致有 8 项职责：（1）划编选民小组。（2）组织选民学习有关选举的法律、法规及文件，做好选举各阶段的宣传发动工作。（3）办理选民登记，协助选举委员会公布选民名单，发放选民证。（4）组织选民推荐并酝酿、协商代表候选人，向选民介绍代表候选人的情况，汇总选民对候选人的意见，向选举委员会汇报；在对正式代表候选人不能形成较为一致意见的情况下，负责组织预选，并将预选结果向选举委员会汇报。（5）设置投票站。监制票箱，培训监票员、计票员和流动票箱工作人员，筹备召开选举大会。（6）组织选民投票选举、统计选票。（7）向选举委员会汇报选举工作情况和选举结果。（8）做好选举委员会交办的其他事项。

4. 选举工作小组。各个选区要设立选举工作小组，设组长一人，副组长若干人。选举县级人大代表的选区，选区工作小组组长可由所在选区的村（居）委会书记担任，办理本选区的选举事项，如选区跨两个以上村（居），建议由乡镇、街道分管领导担任。选举乡镇人大代表的小选区，也要设立选举工作小组，办理本选区的选举事项。如果县级选区和乡级选区完全重合，可以只成立一个统一的选区工作小组。各个选区可按实际情况划分若干选民小组，由选民推选组长、副组长，负责组织选民参加选举活动。

（二）制定实施方案

选举工作实施方案是整个选举工作的路线图，要注意把握以下几点。

1. 遵循县乡人大换届选举的总体要求和基本原则，坚持党的领导，不断扩大人民有序政治参与，加强人权法治保障，保证人民依法享有广泛权利和自由。

2. 符合法律法规和政策规定。既要符合宪法、选举法、地方组织法、代表法及省一级选举实施细则等有关规定，又要符合上级人大有关选举工作的文件精神。

3. 增强可操作性。选举工作方案的基本内容不仅应包括换届选举工作的法律依据、重要意义、指导思想和目的，而且要有细化的时间安排、方法步骤和每个阶段的具体操作要求。

（三）培训选举工作人员

培训是做好选举工作的重要条件。因此，必须按照选举法的程序规定，针对每一阶段、每一环节的工作进行培训。培训一般可以采取集中培训、分阶段专题培训、以会代训、分片培训、就地培训等多种形式进行，还可视情采用线上培训方式。培训的方法，可以采取先专题辅导，后组织讨论、提出问题，再解答疑难等方式进行。

培训内容：研读有关选举的法律、法规和政策要求，人大常委会有关换届选举的决定等规范性文件；掌握选举工作实施方案，明确选举的时间安排、方法步骤和每个阶段的法律程序及注意事项。

（四）开展宣传活动

换届选举过程中的宣传，是搞好县乡两级人大换届选举的重要环节。要加强对换届选举宣传工作的统筹协调，广泛宣传人民代表大会制度，宣传宪法和法律有关规定，充分运用主流媒体，发挥其舆论导向作用。积极用好网站、微信、微博等新媒体，拓展宣传广度和深度。发挥代表联系人民群众工作平台和网络平台的作用，用人民群众身边事讲好人大故事、代表故事，调动选民参与选举的积极性。

1. 宣传的组织。党的宣传部门要加强对换届选举宣传工作的领导，把握舆论主导权，建立工作协调机制。宣传工作在县选举委员会的统一组织下进行，把好关、把好度，对县乡人大换届选举宣传报道中的法律问题、专业问题，新闻宣传媒体要与人大常委会有关工作机构沟通联系。

2. 宣传的步骤。一是选举工作开始阶段的宣传，应结合选民登记的时间节点开展宣传，激发选民参选积极性。二是候选人提出阶段的引导，让选民知道推荐代表候选人的规则和程序，使其积极郑重地依法推荐候选人，通过宣传引导选民把既符合代表条件和大家的心愿，又有代表性的最合适的人确定为正式候选人。三是投票选举阶段的宣传，应在选举日之前进行，选举日必须停止。即选举日之前，要做好对正式代表候选人的宣传介绍，增进选民对候选人的了解。同时加强投票现场的宣传。投票站和选举大会的现场要张贴标语，教育引导选民珍惜自己的民主权利，动员尽可能多的选民亲自投票，并向选民讲清楚投票的程序及写票的注意事项等。

二、选区划分

选区是选民参加选举活动和直接选举产生人大代表的法定基本单位。选区的划分，遵循以下原则：一是按照每一选区选举一名至三名代表的原则划分，不得扩大代表名额，否则选举无效；二是本行政区域内各选区每一代表所代表的人口数应当大体相等；三是便于县乡人大代表同步选举；四是便于选民参加选举活动及了解代表候选人；五是便于选出的代表联系选民、开展活动、接受监督。

（一）选区划分的类型

选区可以按照居住状况划分，也可以按生产单位、事业单位、工作单位划分。选区划分的四种类型：

1. 住地选区。按居住状况划分的选区，在农村或者城镇一般以村委会（或者自然村）、居委会为单位划分为一个或者一个以上选区。

2. 单位选区。按生产单位、事业单位、工作单位划分的选区，适用于机关、厂矿、学校等，将一个单位划分为一个或者一个以上选区。

3. 联合选区。几个人口较少的村委会划分为一个联合选区；几个人口较少的居委会划分为一个联合选区；互不隶属的几个人口较少的单位划分为一个联合选区。

4. 混合选区。按居住状况和单位相结合划分的选区。这样的选区中既有村民或者居民，也有单位。

（二）选区划分的依据

选区划分依据的是城乡人口数，而不是选民人口数。选区是选民参加选举活动和产生人大代表的法定基本单位，但选区的划分并不是依据选民数进行划分。选区的划分和代表名额的分配是密不可分的。选举法规定，选区的大小按照每一选区选一名至三名代表划分，行政区域内各选区每一代表所代表的人口数应当大体相等。也就是说，代表名额的分配是依据每一代表所代表的城乡人口数大体相等的原则，而非每一代表所代表的选民数大体相等原则。依人口数划分选区，一般以公安部门户籍登记或人口普查的常住人口数为依据。

（三）选区划分的方式

划分选区一般有三种方式，即完全重合式、套叠式、交叉式。完全重合式，即县级代表选区和乡镇代表选区完全一样，只是代表名额分配不同；套叠式，即为一个县级代表大选区套若干个乡镇代表的小选区，呈重叠态势；交叉式，则为县乡代表选区交叉划分，不完全重合。县乡两级因每一代表所代表的人口数不同，选区大小不一，如各自交叉划分会大大增加基层工作量，不利于选举工作的统一推进。为便于县乡人大换届选举工作的同步进行，应尽量采取前两种划分方式。结合以往选举实践经验，最合理的方法就是“大套小”，县一级代表选区套若干个乡镇代表选区，这样便于县乡人大换届选举工作的同步进行。在划分中，要先确定选举乡镇人大代表的选区，尽量使每个县级人大代表的选区包含若干个乡镇人大代表的选区，以方便选民参加选举和选举投票的组织。

（四）选区划分的注意事项

在实际操作中，换届选举时并不是所有的选区都要重新划分，在依法操作的基础上要结合实际情况区别对待。如一些人口变化较小的选区，尽量不改变原选区划分模式，只用增减代表名额的方式来解决。对人口增加较多的选区，以同一计算方式人口已经远超过 3 名代表所代表的人口数，或因区划调整、撤并等原因变化的选区，则必须重新划分。即只对人口变化较大的区域，或撤并的村（居）进行调整，这样有利于工作的稳定性和连续性。

三、代表名额确定与分配

（一）代表名额的确定

1. 法定依据。选举法 2020 年修改后规定，不设区的市、市辖区、县、自治县的代表名额基数为一百四十名，每五千人可以增加一名代表；人口超过一百五十五万的，代表总名额不得超过四百五十名；人口不足五万的，代表总名额可以少于一百四十名。乡、民族乡、镇的代表名额基数为四十五名，每一千五百人可以增加一名代表；但是，代表总名额不得超过一百六十名；人口不足二千的，代表总名额可以少于四十五名。同时规定，县一级人大代表的具体名额，由省、自治区、直辖市的人大常委会依法确定，报全国人大常委会备案。乡级人大代表的具体名额，由县人大常委会依法确定，报上一级人民代表大会常务委员会备案。选举法还规定，聚居的少数民族多或者人口居住分散的县、自治县、乡、民族乡，经省、自治区、直辖市的人民代表大会常务委员会决定，代表名额可以另加百分之五。

因法律规定的代表名额基数增加，所以县乡两级人大代表名额均要根据人口数和选举法修改后的名额基数重新测算确定代表名额。

法律同时规定："地方各级人民代表大会的代表总名额经确定后，不再变动。如果由于行政区划变动或者由于重大工程建设等原因造成人口较大变动的，该级人民代表大会的代表总名额依照本法的规定重新确定。"因此，县乡人大代表名额按上述标准依法确定后，除行政区划变动或者由于重大工程建设等原因造成人口较大变动的，代表名额不再变动。人口自然增长，而非行政区划变动或者由于重大工程建设等原因造成人口较大变动的，不能重新确定并增加代表名额；行政区划调整及重大工程建设等原因造成增加人数较多的，可以根据选举法的规定重新确定人大代表的名额，但是重新确定（增加）的代表名额应在新一届人大代表选举时使用。

2. 计算方式。代表名额的确定是依据人口数，目前的人口数分为户籍人口和常住人口两种类型，在全国人口普查后由公安或统计部门提供，因此都具有法定效力。近年来，不同地区结合自身情况，依据人口基数的不同，产生了三种代表名额计算方式，下面以某镇为例加以说明。

例如：某镇户籍人口 28280 人，常住人口 19645 人。户籍人口计算方式。以户籍人口 28280 人除以 1500 人，得出的是该乡镇每 1500 人增加的代表名额数 19 名，再加上基本名额数 45 名，共计 64 名代表。

常住人口计算方式。以常住人口 19645 人除以 1500 人，得出的是该乡镇每 1500 人增加的代表名额数 13 名，再加上基本名额数 45 名，共计 58 名代表。

加权人口计算方式。以 6 : 4 加权为例，即户籍人口的 60% + 常住人口的 40%，除以 1500 人，得出的是该乡镇每 1500 人增加的代表名额数 17 名，再加上基本名额数 45 名，共计 62 名代表。

以上三种方式都符合选举法的有关要求，需要各地结合自身实际情况进行操作。需要注意的是，选举法对县乡两级的人大代表名额均规定了上限，县级不得超过四百五十名，乡级不得超过一百六十名；下限则可以突破，县级人口不足五万的，县人大代表可以少于一百四十名，乡级人口不足二千的，乡人大代表可以少于四十五名。

（二）代表名额的分配

县乡两级代表名额分配，包含两方面内容。

1. 代表名额的分配方式。县乡人大代表的名额分配，可以通过人口除以总名额数的方式得出每一代表所代表的人口基数，然后再以各地的人口数除以这个基数，得出乡镇（街道）和各村（居）的代表名额数。以乡镇为例：某乡镇 2.48 万人，分配的乡镇代表名额为 62 名，那么以 2.48 万人除以 62 名约等于 400 人，则该乡镇每一代表所代表的人口数为 400 人。以某村为例：某村 4500 人，以 4500 人除以 400 人，约等于 11 个代表名额，即可划分为 4 个以上选区，各分配 3 个以下乡镇人大代表名额。

2. 代表名额分配的注意事项。在县乡两级人大代表名额分配的构成中，并没有“相同的基本名额数”。因为县乡两级人大代表，是按照本行政区域内每一代表所代表的人口数大体相等的原则分配到选区，按选区直接选举，不是按地区选举，也不是按选举单位由下一级人大会议选举上一级代表的间接选举。所以，代表名额分配到选区不存在“地区基本名额数”问题。

同时，县乡人大代表的名额分配，还要把握四点。

（1）分配的依据（人口数）、方式要统一，不能尺度时松时紧；

（2）分配到各乡镇（街道）及选区的总名额数，不能超过总代表名额；

（3）各类开发区及园区（即非行政区）的代表名额分配需依法操作；

（4）中央、省、设区的市所属机关、团体和企业事业组织以及外省、本省其他市、县所属组织的职工应当参加县级人大代表的选举，可以不参加乡级人大代表的选举。

（三）代表候选人的差额比例

代表选举中实施差额选举原则，即选举各级人大代表时，所提候选人的人数在不同幅度范围内多于应选名额。实行差额选举有利于保证选民或代表按照自己的意志选择候选人，使所有的候选人获得均等的机会。差额选举作为一项基本的选举原则，是从1979年选举法、地方组织法修改后开始实行的。我国实行的差额选举，差额人数有一定的幅度，这主要是考虑到让选民或代表有较充分的选择余地；另一方面也不能使差额幅度过大，使候选人太多，选票过于分散，导致选举不能成功。

全国和地方各级人民代表大会代表的选举实行差额选举。其中，县乡两级人民代表大会代表直接选举的具体差额幅度为代表候选人人数应多于应选代表名额三分之一至一倍。

四、选民登记

选民登记实质是对公民是否具有选举权的确认，是公民选举权转化为实践的必经程序和环节。在选民登记前，首先确定选举日。为方便基层村（居）组织选举，县乡人大代表一般确定为同一个选举日。具体程序为：县级人大常委会通过县乡人大换届选举的决定，决定中应当包括县乡人大换届选举的起止时间、选举日、换届后第一次人民代表大会会议时间等内容，并向全县公告。

（一）选民资格审查的要件

审查选民资格，主要是审查其是否具备选民登记的四个要件：国籍，是否中华人民共和国公民；年龄，是否年满十八周岁；政治权利，是否被剥夺政治权利等；行为能力，是否精神病患者。

被剥夺政治权利的时间计算：单独适用剥夺政治权利的从判决执行之日起计算；判处管制附加剥夺政治权利的，剥夺政治权利的期限与管制的期限相等，同时执行；附加剥夺政治权利的刑期，从徒刑、拘役执行完毕之日或者从假释之日起计算，剥夺政治权利的效力当然适用于主刑执行期间。刑法同时规定，对于被判处死刑、无期徒刑的犯罪分子，应当剥夺政治权利终身。

（二）选民登记的原则、程序和方法

1. 选民登记的基本原则。

（1）选民登记按选区进行；

（2）经登记的选民资格长期有效；

（3）每一选民只能在一个选区进行选民登记；

（4）必须达到年满十八周岁的法定年龄，才能进行登记；

（5）经依法登记的选民按选区发布公告。

选民不必每次选举重复登记。选举法规定，选民登记按选区进行，经登记确认的选民资格长期有效。每次选举前对上次选民登记以后新满十八周岁的、被剥夺政治权利期满后恢复政治权利的选民，予以登记；对选民经登记后迁出原选区的，列入新迁入的选区的选民名单；对死亡的和依照法律被剥夺政治权利的人，从选民名单上除名。总之，要完善选民登记制度，简化选民登记手续。

2. 选民登记的程序。

（1）发布选民登记公告；

（2）登记选民；

（3）对选民名单进行审核和复查；

（4）发布选民名单公告；

（5）发布选民名单补正公告。

3. 选民登记的方法。

（1）档案完整的选区的登记方法。上次换届选举时登记的选民名册保存完整的选区，以上次选民登记名册为依据，逐人复查对照，进行“三增三减”。即增加新满十八周岁、被剥夺政治权利期满后恢复政治权利的选民，以及新迁入本选区的选民；同时减去死亡的和依法被剥夺政治权利的，以及新迁出本选区的人员。

（2）档案不全的选区的登记方法。上次换届选举时选民名册保存不完整的，人口有较大变动的选区，或者选区划分与上次不一致的，要普遍重新进行选民登记。

（3）严格区别停止行使、准予行使、不行使选举权利三类情况。《全国人民代表大会常务委员会关于县级以下人民代表大会代表直接选举的若干规定》对停止行使、准予行使、不行使选举权利的情形作了明确规定。

一是停止行使选举权利。因危害国家安全或者其他严重刑事犯罪案被羁押，正在受侦查、起诉、审判的人，经人民检察院或者人民法院决定，在被羁押期间停止行使选举权利。

二是准予行使选举权利。被判处有期徒刑、拘役、管制而没有附加剥夺政治权利的；被羁押，正在受侦查、起诉、审判，人民检察院或者人民法院没有决定停止行使选举权利的；正在取保候审或者被监视居住的；正在被劳动教养的（2013 年 12 月 28 日，十二届全国人大常委会第六次会议通过《全国人民代表大会常务委员会关于废止有关劳动教养法律规定的决定》，废止 1957 年开始实施的劳动教养制度）；正在受拘留处罚的。以上所列人员参加选举，由选举委员会和执行监禁、羁押、拘留的机关共同决定，可以在流动票箱投票，或者委托有选举权的亲属或者其他选民代为投票。被判处拘役、受拘留处罚的人也可以在选举日回原选区参加选举。

三是不行使选举权利。不行使选举权利不是没有赋予选举权利，更不是被剥夺选举权利，而是因为自身特殊情况难以承担选举权利。也就是公民难以认识和承担自己行为的后果而无法实现选举权利。因此，选举法规定：“精神病患者不能行使选举权利的，经选举委员会确认，不列入选民名单。”即不行使选举权利。

在具备成为选民的基本条件的人当中，应予选民登记的和准予选民登记的人员，应当“应登尽登”。

（4）选民登记的注意事项。一是乡镇的选举工作机构要选派并培训好登记员。二是登记方式，可以到选民住所或工作单位对选民进行登记，也可以设立选民登记站，通过电视、广播、网络等现代通信手段，发动选民自行登记。选民登记工作要及时、准确，做到不漏登、不错登、不重登，并在法律规定的期限内完成。三是计算年满十八周岁的标准，必须以全县统一确定的选举日为准，即按照公民出生之日起至选举之日为止计算。四是做好流动人口的选民登记，保障流动人口选举权利。流动人口原则上在户籍所在地参加选举。要结合实际情况，放宽流动人口特别是已经取得居住证的流动人口在现居住地参选的条件，采取多种措施为流动人口参选创造便利条件。

关于流动人口和其他特殊人群的参选问题，将在后面专门阐述。

（三）选民名单的公布与公民申诉的处理

选民登记结束后，选民名单应在选举日的20日前张榜公布，同时公布选举日期和地点，这也是选举的第一个法定日。选民名单必须以选举委员会的名义分选区在公共场所公布，而不能以选区或选民小组的名义公布。公布后选民名单可拍照或摄像进行留存。

对于公布的选民名单有不同意见的，可以在选民名单公布之日起5日内向选举委员会提出申诉。选举委员会对申诉意见，应在3日内作出处理决定。申诉人如果对处理决定不服，可以在选举日的5日以前向人民法院起诉，人民法院应当在选举日以前作出判决，人民法院的判决为最后决定。

五、流动人口的参选

所谓“流动人口”是指户籍仍在原地，但是在现居住地相对稳定工作、生活的人员，不是指临时外出的人员。全国人大常委会关于县级以下人民代表大会代表直接选举的若干规定指出：“选民在选举期间临时在外地劳动、工作或者居住，不能回原选区参加选举的，经原居住地的选举委员会认可，可以书面委托有选举权的亲属或者其他选民在原选区代为投票。选民实际上已经迁居外地但是没有转出户口的，在取得原选区选民资格的证明后，可以在现居住地的选区参加选举。”这是对流动人口参选问题最早也是最基本的法律规定。

（一）流动人口的选民登记及参选

动员和组织流动人口参选，保障流动人口的选举权和被选举权，是县乡人大换届选举必须重视和解决好的一个重要问题。根据全国人大常委会的有关规定，县乡人大要结合当前的新情况，采取有效措施，切实保障流动人口参选。

1. 流动人口原则上在户口所在地参加选举。选民在选举期间在外地劳动、工作或者居住，不能回原选区参加选举的，经户口所在地的选举委员会同意，可以书面委托有选举权的亲属或者其他选民在原选区代为投票。

2. 流动人口选民登记的时间要求。结合各省、自治区、直辖市的规定，一般来说选民实际上已迁居省、自治区、直辖市内其他地方一年以上，但是没有转出户口的，在取得原选区选民资格证明以后，可以在现居住地参加选举。选民实际迁出省、自治区、直辖市外一年以上，但是没有转出户口的，根据本人意愿，可以在原户口所在地参加选举；如要参加现居住地的选举，可根据现居住地有关规定由户口所在地选举机构同现居住地的选举机构联系，确定选民参选地点。

3. 保障流动人口参选权利。积极动员和组织流动人口参选，保障流动人口的选举权和被选举权。一是流出地（户口所在地）的选举机构要为流动人口委托投票或开具选民资格证明提供便利。如主动与他们及其亲属取得联系，确认其委托书。允许通过信函、传真或其他方式书面委托其他选民代为投票。通过信函或者其他形式，为他们在现居住地参加选举开具单独或者集体选民资格证明。流出地的选举工作尚未开始或者已经结束的，可以由户口所在地的县级人大常委会选举工作机构出具选民资格证明。二是流入地（现居住地）选举机构可以主动联系流出地（户口所在地）选举机构确认流动人口的选民资格。对于已在现居住地参加过上一届选举的选民，经现选区核对其选民资格后，可以不用再开具选民资格证明，继续在现居住地参加选举。三是加大宣传力度，有针对性地向流动人口宣传、推介法律法规、选举工作安排及相关信息，使参选者明白参加选举的重要意义、具体途径和法定程序。四是在流动人口居住比较集中的地方，视情分配适当数量的流动人口代表名额。

（二）华侨的参选

旅居国外人员的参选，根据选举法的规定："旅居国外的中华人民共和国公民在县级以下人民代表大会代表选举期间在国内的，可以参加原籍地或者出国前居住地的选举。"

（三）港澳台居民的参选

1. 香港、澳门回归祖国后，香港特别行政区、澳门特别行政区居民依法在香港、澳门特别行政区内行使选举权和被选举权，不再参加内地的县级人大代表选举。

2. 来内地投资的台湾同胞，县乡人大代表选举期间在内地的，可以参加原籍地或者去台前在大陆的居住地的选举，也可以参加现工作地或者居住地的选举。

六、代表候选人提名推荐

按法定主体提名推荐代表候选人，是县乡两级人大代表直接选举能否取得圆满成功的关键。提出代表候选人，包括提名推荐初步候选人到确定正式候选人及其宣传、介绍的整个过程。

（一）人大代表的素质和结构要求

1. 注重人选标准。县乡人大代表人选应当符合法定的基本条件，拥护中国共产党领导，拥护中国特色社会主义制度，模范遵守宪法和法律。同时，应具备履职意愿和能力，具有良好社会形象，得到群众广泛认同。不能将人大代表职务作为荣誉进行分配，不得以资产规模、纳税情况、社会知名度等代替人选标准。总的来说，代表候选人要有政治素质，有一定的文化程度，有社会活动能力和议政督政能力，还要有履职热情，有履职时间保障，能够参加人大的各种会议和代表的各种活动，清楚地表达人民的意愿。

2. 注意合理的结构比例。在具体操作中，要落实有关法律和政策的规定，努力使代表在整体上有合理的比例结构。要科学合理确定代表结构比例，适当提高基层代表特别是一线工人、农民、专业技术人员代表比例。妇女代表比例原则上要有所提高，党政领导干部担任人大代表的比例要从严掌握，少数民族代表和归侨代表、非中共党员代表比例均要予以保证，继续提名人选一般应占人选总数的三分之一左右。

3. 保证代表的广泛性和代表性。新增县乡人大代表名额应当向基层群众、社区工作者倾斜。其中，县级人大代表名额重点向由乡镇改设的街道倾斜。对企业负责人担任人大代表要统筹兼顾，防止比例过高。要适度增加新的社会阶层代表人士。

4. 严格认定代表候选人身份。代表候选人身份应当以参加选举时所从事的职业为准。对具有多重身份的代表候选人，应当按其工作性质的主次和代表性认定身份，党政领导干部、企业负责人不得挤占工人、农民和专业技术人员代表名额。同时要注意，公民不得同时担任两个以上无隶属关系的行政区域的人民代表大会代表。

（二）代表候选人推荐程序

1. 推荐代表候选人的主体。根据选举法的规定，县乡两级人大代表候选人按选区提名产生，采取各政党、各人民团体联合或单独推荐与选民联名推荐相结合的办法。各政党、各人民团体，可以联合或者单独推荐代表候选人。选民十人以上联名，也可以推荐代表候选人。具体来说：选民直接选举乡级人大代表时，乡级的政党和人民团体可以推荐代表候选人；选举县级人大代表时，县级和乡级的政党和人民团体都可以推荐代表候选人；在一个选区选举县乡两级人大代表时，选区内的政党和人民团体可以推荐两级人大代表候选人。这里的政党是指中国共产党和各民主党派，人民团体是指工会、共青团、妇联等组织，人民团体不包括协会、研究会、基金会、联谊会等。选举中要切实尊重选民权利，选民联名的代表候选人与各政党、各人民团体推荐的代表候选人具有同样的法律地位。

2. 推荐代表候选人的提名方式。根据法律规定，各政党、各人民团体既可以单独提出代表候选人，也可以联合提出代表候选人。在实践中，县乡两级一般采取联合提名的办法。这种办法便于统筹考虑代表的结构比例，平衡各方面的要求，具有较强的操作性，效果较好。

按照法律规定的代表候选人提名主体和推荐方式，“独立候选人”不能作为县乡人大代表提名推荐人选。我国的选举制度不存在“独立候选人”的法定概念，所谓“独立候选人”是未经法定程序推荐的自封。选举法规定我国各级人大代表的候选人提名推荐依法实行“推荐制”，非“登记制”，凡未经政党、人民团体推荐，选民或者代表十人以上联名，都不能作为代表候选人提名。

法律未对代表候选人有“年满十八周岁”以外的年龄限制和身份限制。因此，离退休人员、农民工等凡是在本地换届选举中登记为选民的，都可以被提名推荐为代表候选人。

3. 推荐代表候选人的人数要求。选举法规定，各政党、各人民团体联合或者单独推荐的代表候选人的人数，每一选民参加联名推荐的代表候选人的人数，均不得超过本选区应选代表的名额，即等额提名。

4. 代表候选人的名单公布。在选举日的十五日以前，选举委员会要将代表候选人名单及代表候选人的基本情况予以公布，这就是选举中的第二个法定日。

（三）对代表候选人的介绍

1. 全面准确地了解候选人基本情况。选举委员会和有关部门要对代表候选人的情况进行深入了解、认真核实，特别要注重考察代表候选人的素质和品行，并听取相关部门的意见，及时处理存在的问题。接受推荐的代表候选人应当向选举委员会如实提供个人身份、简历等基本情况，包括是否获得国外、境外永久居留权，长期居住许可以及是否在其他地方当选为人大代表等情况。代表候选人提供的基本情况不实的，选举委员会应当向选民通报，由选民作出判断选择。

2. 按照法律规定的形式介绍。依据选举法，选举委员会应当向选民介绍代表候选人的情况，可以通过报刊、电视、广播、网站和公告栏等平台，及时公布代表候选人名单及基本情况等信息，认真组织选民讨论、协商，依法受理投诉举报，及时组织调查核实。正式代表候选人确定后，选举委员会根据选民的要求，组织代表候选人与选民见面，由代表候选人实事求是介绍本人的情况，回答选民的问题，并对当选后执行代表职务、履行代表义务作出表态。见面活动应当灵活多样，讲求实效，既可以召开选民会议、选民代表会议或选民小组会议，也可以视情通过网络视频等多种方式进行。

对代表候选人的介绍，以选举委员会组织为主，法律没有规定代表候选人可以自我宣传介绍。代表候选人与选民的见面活动，都要在选举委员会的统一安排下进行，可以采取与全体选民见面、与选民代表见面、走访各选民小组、走访选区、各单位或网络视频等方式。至于具体如何统一组织见面活动，选民提出见面要求的方式、人数，与选民见面的范围，介绍代表候选人的具体方式等，各地可以结合本地实际情况把握。

同时，根据选举法的规定，选举日必须停止安排介绍代表候选人的活动，以避免干扰、影响选民投票。

（四）正式代表候选人的确定

根据选举法等法律规定，结合工作实践，正式代表候选人的确定有三种情况。

1. 直接确定正式代表候选人。选举法规定，由选民直接选举人民代表大会代表的，代表候选人的人数应多于应选代表名额三分之一至一倍。即选区选民和各政党、各人民团体提名推荐的候选人，在规定的三分之一到一倍的差额幅度内，经选区选民小组讨论、协商，直接确定为正式候选人。

2. 协商确定正式代表候选人。如果所提候选人的人数超过最高差额比例，即超过应选人数的一倍，在这种情况下，要在各选区选民小组讨论、协商的基础上，根据较多数选民的意见，确定正式代表候选人名单。实践中采用这一方法确定正式代表候选人的比较多。在具体操作上要采取自下而上、自上而下，反复讨论、民主协商的办法，把充分发扬民主与严格依法办事结合起来，任何组织、个人都不得把持包办。

3. 预选确定正式代表候选人。经过几上几下的反复讨论协商，选民意见仍无法集中，应通过预选确定正式代表候选人。

经过上述步骤，确定正式代表候选人名单以后，选举委员会应当在选举日的七日以前，公布正式代表候选人的名单及代表候选人的基本情况，同时再次公布选举的日期和地点。这就是选举中的第三个法定日。

七、投票选举

（一）投票选举前的准备工作

各选区要做好以下工作：乡镇、街道再次召开选举领导小组、选举委员会、各选区负责人、选举工作人员会议，学习选举工作的法律规定和工作要求；做好中心投票站、选举会场、流动票箱、选票分发等准备工作，检查选举工作准备情况。

1. 及时向选民发出投票选举的通知，公布投票选举的具体时间、地点和要求。

2. 对本选区选民参加投票站、选举大会、流动票箱投票选举的情况进行调查摸底，帮助在外工作、不能回来参加投票的选民办理委托投票手续。

3. 组织酝酿、推选投票选举的监票人员和计票人员，确定投票选举的工作人员。

4. 准备好票箱和其他投票选举需要使用的物品，布置好投票站或者选举大会会场，并设立秘密写票处。

（二）投票站、选举大会、流动票箱的选择

选举法规定，选举委员会应当根据各选区选民分布状况，按照方便选民投票的原则设立投票站，进行选举。选民居住比较集中的，可以召开选举大会，进行选举；因患有疾病等原因行动不便或者居住分散并且交通不便的选民，可以在流动票箱投票。

1. 以设立投票站方式为主。应当按照方便选民投票的原则设立投票站。一般来说，农村、街道应以居住比较集中的自然村落、居住小区为单元设立投票站；企业、学校、机关、事业单位，应以一个或几个单位单独或联合设立投票站。

2. 召开选举大会。选民居住比较集中的地点也可以召开选举大会，进行选举。一般可在乡镇政府或街道办事处、村（居）所在地、院校所在地等。但是，选举大会一般聚集人员较多，要因时因地做好疫情防控、突发事件处置等应急预案。

3. 严格、规范使用流动票箱。设置流动票箱应注意把握以下三个问题：第一，每个流动票箱须配备选举工作人员和两名监票人，流动票箱须由监票人在投票站或选举大会处验箱、加封；第二，尊重选民权利，选票发放后选举工作人员应回避，以保证选民秘密写票、亲自投票，选民是文盲或者因残疾不能填写选票的，可以委托他信任的人代写；第三，流动票箱与投票站或选举大会的选票一并在监票人的监督下同时开箱和计票。

（三）投票选举的注意事项

1. 选票的发放。直接选举和间接选举不同，选民人数多，投票持续时间长，在选举日的工作时间内都可以投票。因此要严格选票的发放，防止错发、漏发、重发。选举法规定，选民凭身份证或者选民证领取选票。至于是凭身份证，还是凭选民证领取选票，由选举委员会根据当地的具体情况决定。

发出的选票不能多于参加选举的选民人数，收回的选票不能多于发出的选票。查验发出的选票总数和开箱取出的选票总数时，如果开箱取出的选票总数等于或少于发出的选票总数，则本次选举有效；如果开箱取出的选票总数多于发出的选票总数，则本次选举无效，应当重新投票选举。

2. 选民写票的服务。依法保障选民的秘密写票权。法律规定选举时应当设立秘密写票处。这是为了保障选民自由表达投票意愿，使无记名投票原则落到实处。选民如果是文盲或因残疾不能写票的，可以委托他信任的人代写，选举委员会要为写票提供帮助。要依法保障选民的委托投票权，委托投票或代写选票，监票人、计票人及相关工作人员一般不宜代劳。

3. 委托投票的把握。选民一般都应亲自参加投票活动，如果因客观情况，不能亲自参加选举的，可以委托他人代为投票。这是一项保障外出人员民主选举权利的举措，要把握四个要素：一是灵活把握委托方式。法律规定“书面委托”，可以通过信函、传真或其他方式委托其他选民代为投票。二是严格把握委托对象。被委托人必须是本选区的选民，任何未成年人都不能接受委托。三是严格把握委托人数。每一选民所接受的委托不能超过三人。四是严格把握委托生效标准。委托他人代为投票必须经选举委员会同意才有效。

4. 有效票和废票的界定。表示赞成的人数等于或者少于应选人数的选票即为有效票。废票，表示赞成的人数超过应选人数的选票，或者模糊不清无法辨认和未按规定的符号填写的选票即为无效票，也就是废票。需要注意的是，如果在一张选票上，所标明的赞成人数未超过应选名额，但是另有部分符号不清、无法辨认的，应当慎重甄别，不宜把整张选票作废。

5. 投票选举中的回避。依据回避规则，在投票选举中要注重以下回避事项：一是正式代表候选人不能参与监票、计票工作和组织服务工作；二是正式代表候选人的近亲属不能担任监票人、计票人；三是选举委员会成员如与本选区正式代表候选人有亲属关系的，不宜主持本选区选举。

选举法规定，代表候选人的近亲属不得担任监票人、计票人。这里的“近亲属”主要是指配偶、父母、子女、同胞兄弟姐妹，但是从公正、严谨考虑，亲属关系中的祖父母、外祖父母、孙子女、外孙子女，不同辈的叔、伯、姑、舅、姨与侄（女）、甥（女）以及有姻亲关系的人，一般也不宜担任监票人、计票人。总的原则是确保选举的公正性。

（四）代表选举完成的时间

法律规定，地方各级人民代表大会每届第一次会议，在本届人民代表大会代表选举完成后的两个月内，由上届本级人民代表大会常务委员会或者乡、民族乡、镇的上次人民代表大会主席团召集。

关于“代表选举完成”的时间。一般来说，直接选举的以选举委员会确定的投票选举日为选举完成的时间。实践中选举委员会确定的投票选举日在本行政区域内是统一的，如果不统一则应以最后一个选区的投票选举日为选举完成时间（如有个别选区因特殊情况选举延迟可以不计入）。

八、代表当选及代表资格审查

（一）代表当选

1. 选举有效与当选结果的确认。投票结束后，由选民推选的监票人员、计票人员和选举委员会人员将投票人数和票数加以核对，作出记录，并由监票人、计票人签字。选举是否有效，要严格依据选举法的规定作出认定。

对于当选结果的确认。依据法律规定，在选民直接选举人民代表大会代表时，选区全体选民的过半数参加投票，选举有效。代表候选人获得参加投票的选民过半数的选票，始得当选。获得过半数选票的代表候选人的人数超过应选代表名额时，以得票多的当选。其中，还会出现需要再次投票和另行选举的两种特殊情况：如果获得过半数选票的候选人数超过应选代表名额，并且票数相等不能确定当选人时，还应当就票数相等的候选人再次投票，以得票多的当选；获得过半数选票的当选代表人数少于应选代表名额时，不足的名额需要另行选举。另行选举情况较复杂，将在后面作专门阐述。

2. 选举结果的公布。选举法对选举结果和当选代表名单的公布作了规定。选举结果由选举委员会确定是否有效，并予以宣布。当选代表名单由选举委员会予以公布。

（二）代表资格审查及代表资格确认

选民投票选举产生人大代表以后，代表的资格并非自然生效，还需要经过代表资格审查委员会的审查。

1. 代表资格审查。根据选举法的规定，代表资格审查委员会依法对当选代表是否符合宪法、法律规定的代表的基本条件，选举是否符合法律规定的程序，以及是否存在破坏选举和其他当选无效的违法行为进行审查，并且要提出代表当选是否有效的意见，向本级人民代表大会常务委员会或者乡、民族乡、镇的人民代表大会主席团报告。

2. 代表资格确认。县级人大常委会或乡镇人大主席团，根据代表资格审查委员会提出的报告，确认代表的资格或者确定代表的当选无效，在每届人民代表大会第一次会议前公布代表名单。

3. 有关注意事项。(1) 代表资格审查应当适当留出选民反馈时间。(2) 对不符合法律规定或以违法行为当选的，应当在报告中提出个别代表当选无效的意见，由县人大常委会、乡镇人大主席团确定。(3) 代表资格审查委员会应当认真受理对当选代表的举报，及时交有关方面依法调查处理。(4) 对被举报的当选代表问题线索清晰但尚未核查清楚的，由有关方面继续调查，可以延迟提出其当选有效或者当选无效的意见。

(三) 代表资格审查委员会

1. 代表资格审查委员会的性质。代表资格审查委员会是县级以上各级人大常委会和乡镇人民代表大会的专门负责代表资格审查及其相关工作的常设机构。

2. 代表资格审查委员会的组成和产生。代表资格审查委员会由主任委员、副主任委员和委员组成。县级以上代表资格审查委员会的人选，由人大常委会主任会议在常委会组成人员中提名，设主任委员一人，副主任委员一人至二人，委员若干人，一般在本届人大常委会第一次会议上任命。乡镇人大的代表资格审查委员会的人选，由大会主席团在代表中提名，一般设主任委员一人，副主任委员一人，委员若干人，在每届人民代表大会第一次会议上通过，其行使职权至本届人大任期届满为止。

3. 代表资格审查委员会的有关注意事项。(1) 新一届当选代表的代表资格由上一届代表资格审查委员会审查。(2) 代表资格审查委员会成员在任期内出缺（如辞职，常委会组成人员、乡镇人大代表一旦辞去常委会委员或代表职务就不再具备担任代表资格审查委员会的前提条件），影响代表资格审查委员会依法行使职权的，要及时调整、补充人员。

这里有必要明晰界定选举委员会、代表资格审查委员会、人民代表大会三者在代表选举中的不同职权：代表选举结果由选举委员会依法确定是否有效，并予以宣布，当选代表名单由选举委员会予以公布。但是选举委员会不能确认当选代表的代表资格。代表资格审查委员会的职责是对当选代表的代表资格进行审查，并提出代表当选是否有效的意见，也不能直接确认其代表资格是否有效，而是分别由县级人大常委会、乡镇人大主席团根据代表资格审查委员会提出的报告，确认代表的资格或者确定代表的当选无效，在每届人民代表大会第一次会议前公布代表名单。

九、对破坏选举行为的处置

（一）调查处理破坏选举行为的主体

选举法规定，主持选举的机构发现有破坏选举的行为或者收到对破坏选举行为的举报，应当及时依法调查处理；需要追究法律责任的，及时移送有关机关予以处理。

1. 处理破坏选举行为的主体。县乡的选举委员会作为主持代表选举的机构，应当负责对破坏选举行为进行查处。实践中，选举结束后对于破坏选举的举报的调查处理应当由哪个机构进行，法律没有明确规定。考虑到选举委员会只在换届选举期间设立，因此，选举结束后对破坏选举行为的查处，县级的应当由县级人大常委会组织进行；乡镇一级的应当由乡镇人大组织进行，也可以由县级人大常委会予以查处。

2. 有关机构在调查处理中的职责。包括以下几个方面：一是“发现”破坏选举行为，就是主动发现有无破坏选举的行为；二是“收到”相关举报，即受理破坏选举行为的举报材料；三是开展“调查”活动，即对发现问题或收到举报，及时开展调查活动，核实相关情况；四是进行“处理”，即在掌握破坏选举行为事实和证据的前提下，依照法律规定作出相应的处理，如确认当选无效等；五是“移送”处理，即经过分析认定“需要追究法律责任的”，及时移送有关机关追究行为人的法律责任。

（二）关于破坏选举行为

破坏选举的行为包括以下四类：一是进行贿选；二是采用非法手段，即以暴力、威胁、欺骗或者其他非法手段干扰、影响选民自由行使选举权的行为；三是伪造、虚报，即伪造选举文件、虚报选举票数等破坏选举行为；四是压制、报复，对控告、检举选举中违法行为的人进行打击报复，侵犯公民依法行使监督权利等。

（三）关于破坏选举行为的法律责任

对于破坏选举的行为，应当根据情节轻重，追究相应的法律责任，承担相应的法律后果。主要包括：

1. 给予治安管理处罚。对尚不构成犯罪，但违反治安管理规定的，依法给予治安管理处罚。

2. 追究刑事责任。对构成犯罪的，依法追究刑事责任。刑法规定，在选举各级人民代表大会代表和国家机关组成人员时，以暴力、威胁、欺骗、贿赂、伪造选举文件、虚报选举票数等手段破坏选举或者妨害选民和代表自由行使选举权和被选举权，情节严重的，处三年以下有期徒刑、拘役或者剥夺政治权利。

3. 给予处分。国家工作人员有前款所列行为的，还应当由监察机关给予政务处分或者由所在机关、单位给予处分。

4. 当选无效。根据选举法中代表资格审查的有关规定，对以违法行为当选的，其当选无效。

当然，在具体执行中也要注意区分选举中的工作失误、思想认识问题与违法行为的界限，正确处理各类不同性质的矛盾。

十、立卷归档

县乡两级人大代表的换届选举，从人大选举工作的角度，完成代表资格审查并不意味着换届选举工作的完结，实际上还有非常重要、必不可少的总结和换届选举文书材料立卷归档等工作要做。换届选举文书材料是国家权力机关档案的重要组成部分，是地方国家政权建设的宝贵资料，这些重要资料的完整性有利于保证选举工作的延续性和稳定性，也有利于历史痕迹的留存并体现其真实性。县乡两级人大应当认真做好选举文书材料的立卷归档工作，按照档案法等有关法律规定操作。

选举文书材料可分为选举人大代表、召开新一届人民代表大会和人大常委会选举工作文件及材料三个部分，分别列出目录进行整理，以具有长久和重要查考价值的材料为重点，按永久、长期、短期分类，确定保管期限。依照分门别类、便于保存和查阅、保持文件之间历史联系的原则，由县乡两级选举委员会办公室具体承担相关工作。

1. 永久保管类档案资料主要包括：（1）人大换届选举工作领导小组、选举委员会及办公室文件；（2）人大换届选举工作领导小组、选举委员会及办公室选举工作安排意见、请示报告及批复、实施方案、领导讲话；（3）人大换届选举工作领导小组、选举委员会及办公室工作计划、日程安排；（4）人大换届选举工作领导小组、选举委员会及办公室成员名单；（5）人大换届选举工作领导小组及办公室工作总结；（6）选民名单及被剥夺政治权利和停止行使选举权人员名单；（7）人大代表初步候选人、正式候选人名单；（8）各选区、选举单位选举结果报告（表）；（9）选民登记表；（10）人大代表当选情况；（11）选举工作重要照片、简报、录音、录像等资料；（12）选举委员会历次会议记录。

2. 长期保管类归档文件包括：（1）无法行使选举权利人员名单；（2）选举骨干培训情况及培训资料；（3）人大代表正式候选人情况简介；（4）各选区选举工作总结；（5）选举工作期间重要来信来访材料及处理结果；（6）选举工作各类统计报表；（7）选举经费的预决算表；（8）选举中发生的较大事件情况及处理结果。

3. 短期保管一般为 5 年。这类材料包括：（1）划分选区的基本情况及代表名额分配情况；（2）选民登记资料及选民资料转移证明；（3）选票；（4）县乡两级人大换届选举工作宣传提纲、宣传资料；（5）选举县乡两级人大代表事务工作材料及报表、选票样张；（6）选举人数统计表；（7）县乡两级选举工作联络员、各组组长会议记录；（8）县乡两级选举委员会及办公室、选举工作小组工作计划及总结材料；（9）选举工作期间一般性的统计资料；（10）其他需要归档的文件材料。

第二节　人大代表的间接选举

间接选举人大代表，是指由县级以上地方各级人民代表大会选举上一级人大代表。县级以上地方各级人大选举人大代表，不只是选举地方人大代表，还包括选举本行政区域出席全国人民代表大会的代表，即全国人大代表。间接选举人大代表与直接选举人大代表的基本原则是一致的，但是，在提名推荐候选人和法律程序等方面与直接选举相比又有很大的区别。

一、间接选举的前期工作

（一）代表选举工作的组织

按照有关法律规定，全国人大常委会主持全国人大代表的选举；省、自治区、直辖市、设区的市、自治州的人大常委会主持本级人大代表的选举；人大常委会选举工作机构承担选举工作的具体事务。

为了加强对换届选举工作的领导，地方人大换届时省和设区的市两级分别成立换届选举领导小组，一般由同级党委书记兼任组长，成员包括党委、人大常委会有关领导人员和相关部门的负责人。换届选举领导小组下设由党委有关部门和人大常委会相关工作机构组成的办公室，办公室主任一般由党委组织部和人大常委会选举机构负责人担任，办公室按照换届选举领导小组的安排部署，落实本级人大换届选举中的有关事宜。

省级和设区的市人大常委会主持本级人大代表的选举，还包含指导选举单位选举上一级代表的职责，其指导包括：部署本级人大代表的选举工作，对代表选举的各项程序提出具体要求；指导各选举单位按照分配的名额和结构要求做好初步代表人选的推荐，特别是依据代表履职情况对拟连任的人选提出意见；解答换届选举过程中的疑难问题，及时发现和纠正错误做法，指导选举单位依法、按时、顺利完成代表选举任务。

（二）代表选举工作的指导意见

坚持党的领导、人民当家作主和依法治国的有机统一是人大工作的原则。为了保证人大换届选举工作的顺利进行，换届之前，中共中央转发全国人大常委会党组的指导意见。省和设区的市级党委也会转发同级人大常委会党组的意见。指导性意见的内容主要包括：换届选举的指导思想、代表名额分配、代表结构、时间安排，以及加强换届选举工作组织领导等。这些指导性意见是各级人大换届选举工作的遵循。

指导意见应当体现以下原则：一是坚持党的领导、人民当家作主、依法治国的有机统一，要把加强党的领导、充分发扬民主和严格依法办事有机结合起来，在党委统一领导下做好人大换届选举的各项工作；二是严格依法按程序操作，换届选举的各个环节必须符合选举制度的基本原则、法律规定的各项要求和法律设定的所有程序，不能作出违背法律的规定；贯彻各项政策性要求，要切实把握新时代党的路线、方针和政策，落实党中央的决策和全国人大及其常委会的决议、决定，践行以人民为中心的宗旨，真正展现全过程人民民主，同时要善于将合规性的政策规定转变为合法性的操作程序。

（三）代表选举的有关决定

全国、省和设区的市人大换届时，全国人大依法作出代表名额和选举问题的决定，就全国人大代表名额及名额分配、代表选举时间等问题作出明确规定。

省、自治区、直辖市、设区的市、自治州的人大常委会也要就人大代表名额的分配、选举的时间等问题作出决定，省级人大常委会还要依法确定设区的市人大代表名额。

（四）代表选举时间的把握

县级以上地方各级人大常委会要严格按照选举上一级人大代

表的法定时间制定选举工作方案。之所以规定选举单位完成上一级人大代表选举的时间，主要是因为上一级人大每届第一次会议的召开同样有法定时间限定。法律规定，各级人民代表大会每届第一次会议，在本届人民代表大会代表选举完成后的两个月内召开，以便依法选举产生本级人大常委会及行政机关、监察机关、审判机关和检察机关领导人员，及时完成本届地方国家机关的组建。因此，选举单位应按法定选举时间倒排各个工作节点的时间进度，并尽可能提前完成上一级人大代表的选举任务，以便给上一级人大常委会代表资格审查委员会进行代表资格审查和常委会确认、公告留有时间余地。

二、代表名额确定和分配

（一）全国人大代表名额的确定及分配

全国人民代表大会的代表，由省、自治区、直辖市的人民代表大会和人民解放军选举产生。全国人民代表大会代表的名额不超过3000人。香港特别行政区、澳门特别行政区应选全国人民代表大会代表的名额和代表产生办法，由全国人民代表大会另行规定。

全国人民代表大会代表名额，由全国人民代表大会常务委员会根据各省、自治区、直辖市的人口数，按照每一代表所代表的城乡人口数相同的原则，以及保证各地区、各民族、各方面都有适当数量代表的要求进行分配。省、自治区、直辖市应选全国人民代表大会代表名额，由根据人口数计算确定的名额数、相同的地区基本名额数和其他应选名额数构成。全国人民代表大会代表名额的具体分配，由全国人民代表大会常务委员会决定。

全国少数民族应选全国人民代表大会代表，由全国人民代表大会常务委员会参照各少数民族的人口数和分布等情况，分配给各省、自治区、直辖市的人民代表大会选出。人口特少的民族，至少应有代表一人。

以 2022 年 3 月 11 日十三届全国人大五次会议作出的《关于第十四届全国人民代表大会代表名额和选举问题的决定》为例。

1. 第十四届全国人民代表大会代表的名额不超过 3000 人。

2. 代表名额分配的原则和方法：省、自治区、直辖市应选第十四届全国人民代表大会代表的名额，由根据人口数计算确定的名额数、相同的地区基本名额数和其他应选名额数构成。第十四届全国人民代表大会代表名额中，按照人口数分配的代表名额为 2000 名，省、自治区、直辖市根据人口数计算的名额数，按约每 70 万人分配 1 名；省、自治区、直辖市各分配地区基本名额数 8 名；省、自治区、直辖市的其他应选名额数，由全国人民代表大会常务委员会依照法律规定另行分配。

3. 香港特别行政区、澳门特别行政区应选第十四届全国人民代表大会代表分别为 36 名、12 名。

4. 台湾省暂时选举第十四届全国人民代表大会代表 13 名，依法应选的其余名额予以保留。

5. 人民解放军和人民武装警察部队应选第十四届全国人民代表大会代表 278 名。

6. 第十四届全国人民代表大会代表中，少数民族代表的名额应占代表总名额的 12% 左右。人口特少的民族至少应有 1 名代表。

7. 第十四届全国人民代表大会代表中，应选归侨代表 35 名。

8. 第十四届全国人民代表大会代表中，妇女代表的比例原则上要高于上届。

9. 第十四届全国人民代表大会代表中，基层代表特别是一线工人、农民和专业技术人员代表的比例要比上届有所上升，农民工代表人数要比上届有所增加，党政领导干部代表的比例要继续从严掌握。连任的代表应占一定比例。

10. 规定新一届全国人大代表的选举时间：第十四届全国人民代表大会代表于 2023 年 1 月选出。

2022 年 4 月 20 日，十三届全国人大常委会三十四次会议通过了第十四届全国人民代表大会代表名额分配方案。具体分配方案如下：

北京市 40 名，天津市 31 名，河北省 116 名，山西省 60 名，内蒙古自治区 53 名，辽宁省 86 名，吉林省 53 名，黑龙江省 76 名，上海市 48 名，江苏省 133 名，浙江省 89 名，安徽省 103 名，福建省 66 名，江西省 76 名，山东省 159 名，河南省 160 名，湖北省 103 名，湖南省 109 名，广东省 160 名，广西壮族自治区 87 名，海南省 22 名，重庆市 55 名，四川省 136 名，贵州省 69 名，云南省 87 名，西藏自治区 20 名，陕西省 65 名，甘肃省 48 名，青海省 20 名，宁夏回族自治区 20 名，新疆维吾尔自治区 56 名，香港特别行政区 36 名，澳门特别行政区 12 名，台湾省暂时选举 13 名，中国人民解放军和中国人民武装警察部队 278 名，其余 255 名由全国人民代表大会常务委员会依照法律规定另行分配。

（二）地方各级人大代表名额的确定及分配

地方各级人民代表大会的代表总名额，由代表名额基数与按人口数增加的代表数相加构成。根据新修改的选举法规定，间接选举的人大代表：省、自治区、直辖市的代表名额基数为三百五十名，省、自治区每十五万人可以增加一名代表，直辖市每二万五千人可以增加一名代表，但是代表总名额不得超过一千名；设区的市、自治州的代表名额基数为二百四十名，每二万五千人可以增加一名代表，人口超过一千万的，代表总名额不得超过六百五十名。另外，自治区、聚居的少数民族多的省，经全国人大常委会决定，代表名额可以另加百分之五。

省、自治区、直辖市的人民代表大会代表的具体名额，由全国人大常委会依法确定。设区的市、自治州人大代表的具体名额，由省、自治区、直辖市的人大常委会依法确定，报全国人民代表大会常务委员会备案。

地方各级人民代表大会的代表总名额经确定后，不再变动。如果由于行政区划变动或者由于重大工程建设等原因造成人口较大变动的，该级人民代表大会的代表总名额依照选举法的规定重新确定。

省和设区的市级人大代表名额，由本级人大常委会根据本行政区域所辖的下一级各行政区域的人口数，按照每一代表所代表的城乡人口数相同的原则，以及保证各地区、各民族、各方面都有适当数量代表的要求进行分配。

地方各级人民代表大会代表名额的分配办法，由省、自治区、直辖市人民代表大会常务委员会参照全国人民代表大会代表名额分配的办法，结合本地区的具体情况规定。

三、代表候选人的差额比例

我国在各级人大代表选举中都实行差额选举原则，即选举各级人大代表时，所提候选人的人数在不同幅度范围内多于应选名额。具体的差额幅度为：由选举单位间接选举的上一级人大代表候选人的人数应多于应选代表名额的五分之一至二分之一。

四、代表候选人提名推荐和确定

间接选举人大代表的基本条件和结构比例等要求，与直接选举人大代表的要求大体一致。但是，间接选举的人大代表是由下一级人民代表大会选举，不是由选民直接选举，在代表候选人的提名推荐和确定及程序等方面，与直接选举有所不同。

（一）代表候选人的提名推荐

根据选举法的规定，全国、省和设区的市级人大代表候选人，按选举单位提名产生。

1. 推荐代表候选人的主体。推荐全国、省和设区的市级人大代表候选人的主体有两个：一是各政党、各人民团体，可以联合或者单独推荐代表候选人；二是代表十人以上联名，也可以推荐代表候选人。

（1）政党、人民团体推荐。政党和人民团体推荐的代表候选人，在履行向人大会议推荐程序前有大量的前期工作，包括拟订方案、提出初步人选、汇总平衡、反复协商、考察公示、汇报审定等诸多工作，一般由换届选举工作领导小组主持。

（2）代表十人以上联名推荐代表候选人。间接选举中，代表联名推荐上一级人大代表候选人，应当是在本级人民代表大会会议期间，由本级人大代表向大会主席团提出，联名代表应签署联名推荐上一级人大代表候选人的推荐表，并在大会主席团规定的截止时间前送达大会秘书处。

2. 推荐代表候选人范围。县级以上的地方各级人大在选举上一级人大代表时，提名推荐的代表候选人不限于各该级人大代表。实践中，各级人大常委会在制定选举工作实施方案中，一般有上下级人大代表尽量不交叉、党代表和人大代表尽量不交叉、人大代表和政协委员尽量不交叉的规定。这样规定，一是有利于人大代表的广泛性；二是有利于政治资源的平衡性；三是有利于代表履行职务的专注性。

3. 推荐代表候选人的人数。选举法规定，各政党、各人民团体联合或者单独推荐的代表候选人的人数，代表参加联名推荐的代表候选人的人数，均不得超过本选举单位应选代表的名额。同时，因为在间接选举人大代表时，各政党、各人民团体联合或者单独推荐的代表候选人由大会主席团提名，所以地方组织法也规定“主席团提名的候选人人数，每一代表与其他代表联合提名的候选人人数，均不得超过应选名额”。即“等额提名、差额选举”。

（二）代表候选人的确定

大会主席团要将依法提出的代表候选人名单印发全体代表，也就是政党、人民团体推荐的代表候选人名单和代表联合推荐的代表候选人名单一并印发，由全体代表酝酿、讨论。主席团和代表联合提名的候选人，具有同样的法律地位，都必须依法列入候选人名单，交代表酝酿、讨论。不能只将主席团提出的候选人交代表酝酿、讨论，更不能随意删减代表联名提出的候选人。

1. 提名、酝酿代表候选人的时间。根据选举法的规定，县级以上的地方各级人民代表大会在选举上一级人民代表大会代表时，提名、酝酿代表候选人的时间不得少于两天。

2. 代表候选人的介绍。包括代表候选人介绍的主体、介绍的内容和方式及时限。

（1）介绍代表候选人的主体。选举法规定，间接选举中，大会主席团应当向代表介绍候选人的情况。当然，这是建立在推荐代表候选人的政党、人民团体和联名的代表向主席团介绍代表候选人情况的基础之上的。

（2）介绍的内容和方式。对代表候选人的情况介绍一般应包括姓名、性别、年龄、学历、党派、现工作单位、专长、简历，还要介绍代表候选人的政治态度、工作实绩和推荐理由等。介绍的形式可采取书面材料介绍的方法，也可以由推荐代表候选人的政党、人民团体和代表在主席团会议上介绍所推荐代表候选人的情况。

（3）介绍代表候选人的时限。大会选举时停止对代表候选人的介绍。

3. 正式代表候选人的确定。如果所提代表候选人的差额比例在应选名额的五分之一至二分之一范围内，直接进行投票选举。

如果所提代表候选人的差额比例超过应选名额的二分之一，由主席团提交代表酝酿、讨论后组织预选。预选的程序和方式可以根据选举法的有关规定结合实际情况操作，但预选的结果也必须符合差额选举的规定，即预选后确定的候选人必须符合选举办法规定的差额数。根据预选时得票多少的顺序，按照本级人民代表大会的选举办法确定的具体差额比例，确定正式代表候选人名单，进行投票选举。

五、大会选举

（一）制定选举代表办法

选举办法是指导和规范人民代表大会会议选举活动、保障人大代表民主权利的重要文件。在人民代表大会会议召开前，有关工作部门要依据法律规定拟订选举办法草案。一般由人大常委会选举工作机构草拟，报主任会议研究、审定，并报同级党委原则同意。选举办法草案经大会主席团全体会议通过后，由主席团提交全体代表讨论，主席团根据代表的意见进行修改，然后提请大会全体会议表决通过。

1. 选举代表办法的内容。选举代表办法的内容包括：制定选举办法的法律依据；本次大会应选代表名额和差额人数；代表候选人提出、酝酿和正式代表候选人的确定办法；投票方式；选票的印制和投票次数；投票选举的程序和写票、投票的注意事项；总监票人、监票人以及计票人的人数和产生办法；监票、计票职责及规则；选举结果的宣布等。

2. 制定选举代表办法的要求。一是必须符合法律规定。大会选举代表办法关于代表候选人的提出、差额幅度、提名酝酿代表候选人的时间、确定正式代表候选人、投票选举、监票计票等规定，都必须遵循法律规定。二是必须充分尊重代表的民主权利。要平等对待各政党、各人民团体联合或单独推荐和代表十人以上联名推荐两种提名方式所提出的代表候选人。三是各项规定必须具体明确，便于操作。

3. 相关注意事项。一是下派选举的代表候选人和各方面的代表比例问题。有关部门曾对类似问题解答：中央分配到各省、自治区、直辖市应选的代表候选人，以及需要照顾的归侨、妇女、党外人士等方面代表的比例，可以多做工作，多酝酿协商，说清楚为什么要选这些方面的代表，使代表在投票时予以充分考虑；全国人大常委会分配给各省、自治区、直辖市应选的各少数民族代表名额，特别是人口特少的民族至少应选一名全国人大代表，也是法律规定，必须予以保证。上述解答可作选举省和设区的市级人大代表的参考。

二是代表酝酿、推荐候选人的时间问题。由于代表联名推荐代表候选人是在代表大会会议期间进行，因此，需要给代表一定的时间进行酝酿、协商，这方面的时间安排必须符合相关法律法规和人大议事规则的规定。

三是代表对代表候选人的选择问题。法律规定，代表对选票上的代表候选人可作出四种选择：（1）投赞成票，但赞成的人数不能超过应选代表名额，否则即为无效；（2）投反对票；（3）可以另选他人；（4）投弃权票。

四是代表候选人在选票上的排序问题。选票上的代表候选人名单一般按姓名笔画为序排列，如经过预选的，则按预选时得票多少的顺序排列。下派选举的代表候选人，是排列在前，还是都按姓名笔画排列，法律没有规定。实践中，县级以上地方各级人民代表大会在选举上一级人大代表时，一般把上级派选的代表候选人排列在前，地方提名的代表候选人按姓名笔画排列在后。

（二）选举大会的主持及工作流程

根据选举法、地方组织法及地方人大议事规则的规定，县级以上的地方各级人民代表大会选举上一级人大代表，由大会主席团主持；选举大会由执行主席主持。选举大会的工作流程一般为：

1. 工作人员清点到会代表人数。

2. 大会执行主席根据工作人员报告，向大会报告应出席会议的人数和实际出席会议的人数，确定符合法定人数后即宣布大会开始。

3. 通过总监票人和监票人名单（也可在此前的大会上通过）。

4. 宣布代表候选人名单。

5. 监票人当场打开票箱进行检查。

6. 工作人员分发选票，并向大会执行主席报告发票结果（有些地方在分发选票前再次清点人数）。

7. 大会执行主席宣布大会选举填写选票注意事项。

8. 代表填写选票。

9. 按规定顺序和指定票箱投票。

10. 工作人员清点选票，清点选票结果报大会执行主席确认是否有效。

11. 在监票人监督下，计票人员进行计票。

12. 总监票人向大会主席团和全体会议先后报告计票结果，大会执行主席向大会宣布当选结果。

以上只是选举大会的大致工作流程，各地的实际操作会有细节差别。

（三）选举结果的确认

各级人民代表大会在选举上一级人大代表时，代表候选人获得全体代表过半数的选票时，始得当选。选举结果由大会主席团认定是否有效，并予以宣布。当选的全国人大代表、省级人大代表、设区的市级人大代表的资格，还须分别报各该级人大常委会代表资格审查委员会审查，各该级人大常委会确认和公告。

（四）相关注意事项

1. 投票方式不包括按表决器和举手表决。各级人大代表的选举，一律采用无记名投票的方法，不能采取按表决器、举手表决等方式。

2. 不能委托投票。间接选举人大代表，参加投票的代表要亲自到会完成，不能委托他人代为投票。

3. “选举有效”和“有效票”。发出的选票等于实际到会参加选举的代表人数，不能多于到会代表人数。收回的选票等于或少于发出的选票总数，选举有效；如果收回的选票多于发出的选票总数，选举无效。计票时，每一选票所选人数多于规定应选代表人数的为废票，等于或者少于规定应选代表人数的为有效票，选举结果根据有效票统计。

4. 对“全体代表的过半数”认定。代表候选人须获得全体代表过半数的选票始得当选。全体代表的过半数，不是出席会议代表的过半数，而是指实有全体代表的过半数，代表名额没有选足的、代表被罢免的、代表辞职被接受的、代表迁出或者调离本行政区域而自行终止代表资格的、代表死亡的，都不计入全体代表数。

第三节　预选、另行选举和罢免、辞职、补选

人大代表选举中的预选、另行选举、罢免、辞职、补选，以及再次投票和重新投票等，都属于选举投票中的特殊情形，且有的容易混淆，本节作专门介绍。

一、预选

直接选举和间接选举中，对正式代表候选人不能形成较为一致意见的情况下，需要启动预选。预选工作遵循以下程序和原则。

（一）直接选举的预选

1. 预选时间应安排在选举日的八日前。

2. 预选可以以选民或选民代表参加的方式进行。

3. 以选区全体选民参加预选的，应在预选日的前三天告知所有选民；以选民小组代表进行预选的，参加预选的各小组代表人数应大体相等，并且不应少于十人。

4. 预选办法要经过广泛讨论，并获参加预选选民或选民小组代表同意。

5. 预选不允许委托投票；以选民小组代表进行预选的，不使用流动票箱。

6. 以全体选民参加预选的，选区全体选民三分之一参加投票的预选有效，选区全体选民不足三分之一参加投票的预选无效，可另行组织预选或改用选民小组代表进行预选。以选民小组代表进行预选的，应有百分之八十以上的代表参加，预选有效，否则预选无效，应另行组织预选。

7. 经过预选，在选举委员会确定的正式代表候选人人数内，按照初步代表候选人的得票多少排序，以得票多的为正式代表候选人；如果候选人得票相等无法确定谁为正式代表候选人时，应就得票相等的再次投票，以得票多的为正式代表候选人。

8. 预选工作的其他程序和原则与正式选举相同。

（二）间接选举的预选

1. 预选的法定情形。县级以上的地方各级人民代表大会在选举上一级人民代表大会代表时，代表候选人的人数应多于应选代表名额五分之一至二分之一，如果所提代表候选人的人数超过二分之一的最高差额比例，进行预选。预选不是确定正式代表候选人的必经程序，而是一种特殊程序，只有在对正式代表候选人不能形成较为一致意见的情况下，才有必要启动预选。

2. 预选以代表团为单位进行。参加预选会议的代表超过该代表团全体代表的半数，始得进行预选。预选工作由大会主席团委托各代表团团长主持，预选监票人员由各代表团从不是候选人的代表中推选，计票人员由大会秘书处在大会工作人员中指定。预选选票由大会秘书处统一印制，由大会统一计票。

3. 经过预选的正式代表候选人排序。大会主席团根据候选人在预选中得票多少的顺序，按照选举办法规定的差额数，确定正式候选人名单，进行选举。预选中如遇票数相等而无法确定正式候选人时，应当就票数相等的候选人再次投票，以得票多的确定为正式候选人。

二、另行选举

另行选举是指代表选举中获得过半数选票的当选代表人数少于应选代表名额时，针对不足的名额进行的选举活动。另行选举是本次选举的延续，不同于重新选举。

（一）县乡人大代表的另行选举

1. 候选人在未当选的候选人中确定，不重新酝酿讨论、协商提出候选人。按照第一次投票选举中得票多少的顺序，根据差额比例确定候选人名单。如果只选一人，候选人应为二人。

2. 当选要求适当放宽。另行选举县乡人大代表时，候选人以得票多的当选，但是得票数不得少于选票的三分之一。如果候选人在另行选举中，得票数仍没有达到三分之一的，在这种情况下，需要重新酝酿提名代表候选人，重新选举。选举是否有效，当选是否有效，均由选举委员会根据选举法确定和宣布。

3. 县乡人大代表的另行选举一般在选举日当天进行，如需延迟，须对选民重新登记并公告。

（二）间接选举人大代表的另行选举

县级以上的地方各级人民代表大会选举上级人大代表，有时会出现获得过半数选票的当选人数少于应选人数的情况，需要就不足的名额举行第二次甚至第三次选举。

1. 关于另行选举的时间。可以在本次人大会议上进行，也可以在下一次人大会议上进行。实践中，另行选举大多是在本次会议上进行，特别是如果有较多的代表名额在第一次选举中未选出，必须在本次会议上进行另行选举。如果在本次会议上进行了一次另行选举后仍未选足应选名额，则第二次的另行选举经大会主席团决定可以在本次会议上进行，也可以在下次会议上进行。

2. 关于另行选举候选人的确定。组织另行选举，要按照第一次投票时没有当选的候选人的得票多少顺序，按照选举办法依法律规定的差额数，确定得票多的候选人为另行选举的候选人。也就是实行差额选举，不能实行等额选举。

3. 地方各级人民代表大会另行选举上一级人大代表时，代表候选人仍必须以获得全体代表过半数选票始得当选，不能以简单多数当选。

三、罢免

（一）罢免案的提出

根据选举法的规定，对于县级人大代表，原选区选民五十人以上联名，对于乡级人大代表，原选区选民三十人以上联名，可以向县级的人大常委会书面提出罢免要求。县级以上各级人大举行会议时，主席团或者十分之一以上代表联名，可以提出对由该级人大选出的上一级人大代表的罢免案。人大闭会期间，县级以上地方各级人大常委会主任会议或者常委会组成人员五分之一以上联名，可以向常委会提出对由该级人大选出的上一级人大代表的罢免案。

（二）罢免案应当写明罢免理由

法律对哪些情况可以作为罢免理由，没有作出具体规定。通常情况下，罢免理由主要有三种情况：一是代表有违法犯罪行为；二是代表有道德或者纪律方面的问题，如违背社会公德、党纪政纪等；三是没有认真履行代表职务，如没有认真反映群众的意见和要求、缺乏履行代表职务的能力等。

（三）被提出罢免代表的申辩

选举法规定，被提出罢免的代表有权提出申辩。代表申辩可以口头提出，也可以书面提出。口头申辩，直接选举产生的县乡两级人大代表可以在选民会议上提出；间接选举产生的人大代表，可以在主席团会议或者大会全体会议、主任会议或者常委会全体会议上提出。书面申辩，应当印发原选区选民或者原选举单位的人民代表大会会议或者原选举单位的人大常委会会议。

（四）罢免案的通过

选举法规定，罢免代表采用无记名投票的表决方式。罢免县乡两级人大代表，须经原选区过半数的选民通过。罢免间接选举的人大代表，须经原选举单位的人大代表或者常委会组成人员过半数通过。

间接选举的人大代表被罢免后，须报送上一级人大常委会备案、公告；乡镇人大代表被罢免后，由本级人大予以公告。

代表被罢免后，凡基于代表职务而担任的人大常委会组成人员、专门委员会成员或者乡、镇人大主席、副主席的职务都相应终止。

四、辞职

代表辞职，指的是人大代表在任职期间请求终止自己代表职务的行为。我国各级人大代表的法定任期为五年，自代表被依法选出并被确认代表资格有效之日起，到新一届人民代表大会第一次会议召开之日止。在代表任期内，有几种原因可能导致代表辞去职务，如工作调动，因身体原因不能履职或由于违法、失职引咎辞职等。

选举法规定："全国人民代表大会代表，省、自治区、直辖市、设区的市、自治州的人民代表大会代表，可以向选举他的人民代表大会的常务委员会书面提出辞职。""县级的人民代表大会代表可以向本级人民代表大会常务委员会书面提出辞职，乡级的人民代表大会代表可以向本级人民代表大会书面提出辞职。"

代表向常委会提出辞职的，由常委会主任会议将其辞职请求提请常委会会议表决，决定是否接受其辞职。代表向代表大会提出辞职的，由大会主席团将其辞职请求提请大会会议表决，决定是否接受其辞职。

人大常委会接受代表辞职，须经常委会组成人员的过半数通过。接受辞职的决议，须报送上一级人大常委会备案、公告。

县级的人大常委会接受代表辞职，须经常委会组成人员的过半数通过。乡级的人民代表大会接受代表辞职，须经代表大会过半数的代表通过。

人大代表同时担任县级以上人大常委会组成人员、人大专门委员会成员或乡镇人大主席、副主席的，如人大代表辞职被接受，其所担任的常委会组成人员、专门委员会成员或人大主席、副主席的职务相应终止，法律对此专门作了规定。

五、补选

选举法规定，代表在任期内，因故出缺，由原选区或者原选举单位补选。

（一）补选代表的法定条件

所谓“补选”是指出缺补选，即已选出的代表因故出缺后的补充选举。代表因故出缺，如代表辞职被接受的，代表被罢免的，代表死亡的，在任期内迁出或者调离本行政区域的，代表未经批准两次不出席本级人大会议的，代表被人民法院判决剥夺政治权利的，代表丧失中国国籍的，代表丧失行为能力的等。选举单位在换届选举时没有选足的应选代表名额，不属于出缺，不能按补选程序选举，只能按另行选举程序选举。

（二）补选的程序可以适当简化

选举法规定，补选代表的具体办法由省级人大常委会规定。地方性法规对补选代表大都从效率出发作了程序上的适当简化。

直接选举的县乡两级人大代表补选。一是不重新进行选民登记，只需对选民名单进行核对，对变动情况进行补正即可。二是从公布选民名单、正式代表候选人名单到选举日，可以少于选举法规定的时限。至于补选的投票程序，与换届选举程序基本相同，都必须采取无记名投票，必须获得参加选举的选民过半数选票，始得当选。

全国人大代表、省级人大代表、设区的市级人大代表，由下一级人民代表大会选举。因此，在法理上补选代表也可以在人大会上进行，但是，由于效率等原因，实践中在人大常委会会议上进行补选的情况较多。选举法规定："县级以上的地方人民代表大会闭会期间，可以由本级人民代表大会常务委员会补选上一级人民代表大会代表。"

（三）可以等额选举

补选出缺的代表时，代表候选人的名额可以多于应选名额，也可以同应选名额相等，既可以差额选举，也可以等额选举。

（四）"缺什么补什么"

代表出缺的补选，原则上也应当是"缺什么补什么"，以保持代表的合理结构，保证代表的广泛性。

对补选的代表，同样按照法律规定的程序进行代表资格审查。

六、再次投票和重新投票

（一）再次投票

选举法所指再次投票不是重新投票。如果遇到几个候选人的得票数均超过半数并且相等，而票数相等的候选人同时当选就会超过应选代表名额时，应当就票数相等的候选人进行第二轮投票，即再次投票，以得票多的当选。

1. 再次投票的前提是选举时获得过半数赞成票的代表候选人已经超过了代表名额数，且其中有票数相等的情况而无法确定当选人。

2. 仅就第一轮投票中票数相等、无法确定当选人的代表候选人进行再次投票。

3. 再次投票不要求必须获得参加投票的选民或代表的过半数选票，只要得票多的即可当选。因为他们在前一轮投票中已经获得了过半数的选票，再次投票只是确定他们谁的得票数更多。

（二）重新投票

重新投票是指选举不成功而进行的重新选举。选举不成功有多种情况，例如，选举法规定：“在选民直接选举人民代表大会代表时，选区全体选民的过半数参加投票，选举有效。”如遇未达全体选民的过半数而进行投票，则选举无效，须在达到全体选民过半数的情况下进行重新选举投票。选举法还规定：“每次选举所投的票数，多于投票人数的无效，等于或者少于投票人数的有效。”因此，当收回的选票多于投票人数的，应按选举法规定宣布选举无效，也要进行重新投票。

第四节　港澳台地区的全国人大代表选举

香港、澳门属于特别行政区，台湾省尚未统一，其情况与内地有所不同。下面以十三届全国人大五次会议及其后全国人大常委会通过的相关法律文件为依据，简述目前这些地方的全国人大代表选举。

2022 年 3 月 11 日，十三届全国人大五次会议分别通过了《关于第十四届全国人民代表大会代表名额和选举问题的决定》和《中华人民共和国香港特别行政区选举第十四届全国人民代表大会代表的办法》、《中华人民共和国澳门特别行政区选举第十四届全国人民代表大会代表的办法》（以下均简称“选举办法”）。2022 年 4 月 20 日，十三届全国人大常委会第三十四次会议通过了《台湾省出席第十四届全国人民代表大会代表协商选举方案》。

香港特别行政区应选第十四届全国人民代表大会代表36名，澳门特别行政区应选第十四届全国人民代表大会代表12名。台湾省暂时选举第十四届全国人民代表大会代表13名。

一、香港全国人大代表的选举

（一）选举办法产生的背景

2020年以来，全国人大及其常委会通过作出有关决定、制定香港国安法、修改完善香港特别行政区选举制度，推动香港局势实现由乱到治的重大转折。在此背景下，制定香港选举第十四届全国人大代表的办法，适应新形势新变化，坚定落实“爱国者治港”，确保选举产生的全国人大代表都是坚定的爱国爱港人士。

（二）选举会议的构成

选举办法规定，香港特别行政区第十四届全国人大代表选举会议由香港特别行政区选举委员会委员中的中国公民组成；香港特别行政区行政长官为选举会议的成员。

前五届香港特别行政区全国人大代表选举，都采取成立具有广泛代表性的选举会议的形式提名并选举产生全国人大代表。香港特别行政区选举第十四届全国人大代表，仍沿用成立选举会议的办法。2021年3月，全国人大作出关于完善香港特别行政区选举制度的决定，全国人大常委会据此修订了香港基本法附件一和附件二，重构了香港选举委员会。香港选举委员会具有广泛代表性、体现社会整体和各界利益，以香港选举委员会委员为主体组成选举会议选举香港特别行政区全国人大代表，可以充分体现“爱国者治港”，同时不超过1500人的规模也比较适当，结构更加优化。

（三）候选人的提名人数

为了维护全国人大代表选举的严肃性，避免提名的代表候选人过于分散，保证选举的顺利进行，选举办法规定，“全国人民代表大会代表候选人由选举会议成员 15 人以上提名”。

（四）参选人的条件

全国人大代表作为最高国家权力机关的组成人员，代表人民行使国家权力，必须效忠中华人民共和国，不得有任何危害国家安全的行为。为了做好与香港国安法和香港新选举制度的有效衔接，办法规定，任何人因危害国家安全被法院判决有罪的，即丧失参加全国人民代表大会代表选举的资格。同时，在相关条款分别作出规定，因危害国家安全被法院判决有罪的，由选举会议主席团、全国人大常委会分别作出决定，不将其列入候选人名单、从候选人名单中除名、确定代表当选无效或者确定终止其代表资格。

（五）选举的组织和选举方式

选举法规定：“全国人民代表大会常务委员会主持全国人民代表大会代表的选举。”选举办法规定，香港特别行政区选举第十四届全国人大代表，由全国人大常委会主持。办法对全国人大常委会在主持选举中的具体职责也作了规定。

选举会议主席团是选举会议的领导机构，香港选举会议主席团成员人数为 19 名。主席团主持选举会议，其主要职责包括：确定选举日期；确定代表候选人的提名时间；公布代表候选人名单；提出总监票人和监票人的人选，由选举会议通过；宣布选举结果；接受与选举代表有关的投诉，转报全国人大常委会代表资格审查委员会处理等。选举会议主席团向全国人大常委会代表资格审查委员会报送选举结果前，发现当选人违反登记表所声明内容的，或者因危害国家安全被法院判决有罪的，应当在报送选举结果的同时，提出当选人违反登记表所声明内容或者因危害国家安全被法院判决有罪的情况的报告，代表资格审查委员会经审查核实后，应当向全国人大常委会提出报告；全国人大常委会根据代表资格审查委员会的报告，确定代表当选无效。

关于选举方式，办法延续了以往做法，规定，选举全国人大代表的候选人应多于应选名额，进行差额选举；选举采用无记名投票方式；每一选票所选的人数，等于应选代表名额的有效，多于或少于应选代表名额的作废；代表候选人获得参加投票的选举会议成员过半数的选票时，始得当选。

（六）代表的辞职、监督和补选

1. 代表的辞职。香港特别行政区第十四届全国人大代表可以向全国人大常委会提出辞职，由全国人大常委会决定接受辞职后予以公告。

2. 代表的监督机制。当选的全国人大代表在履职过程中违反登记表所声明内容的，或者因危害国家安全被法院判决有罪的，由全国人大常委会代表资格审查委员会提出终止其代表资格的意见，全国人大常委会根据代表资格审查委员会的意见，确定终止其代表资格。

3. 代表的补选。香港特别行政区第十四届全国人大代表因故出缺，由选举时未当选的代表候选人按得票多少顺序依次递补，但被递补为全国人大代表的候选人的得票数不得少于选票的三分之一。

此外，办法还对参选人提交登记表并在登记表中作出有关声明、选举会议成员的权利义务等作了规定。

二、澳门全国人大代表的选举

（一）选举会议的构成

澳门的全国人大代表选举办法对选举会议的构成，都是在上一届选举会议成员的基础上，加入新的全国政协委员、行政长官选举委员会委员和立法会议员。此次选举会议的构成方式保持不变。办法规定，澳门特别行政区第十四届全国人大代表选举会议由参加过澳门第十三届全国人大代表选举会议的人员，以及不是上述人员的澳门第十三届全国政协委员、第五任行政长官选举委员会委员中的中国公民和第七届立法会议员中的中国公民组成；澳门特别行政区行政长官为选举会议的成员。

（二）候选人的提名人数

为了维护全国人大代表选举的严肃性，避免提名的代表候选人过于分散，保证选举的顺利进行，办法规定，“全国人民代表大会代表候选人由选举会议成员 15 人以上提名”。

（三）参选人的条件

全国人大代表作为最高国家权力机关的组成人员，代表人民行使国家权力，必须效忠中华人民共和国，不得有任何危害国家安全的行为。办法规定，任何人因危害国家安全被法院判决有罪的，即丧失参加全国人民代表大会代表选举的资格。同时，在相关条款分别作出规定，因危害国家安全被法院判决有罪的，由选举会议主席团、全国人大常委会分别作出决定，不将其列入候选人名单、从候选人名单中除名、确定代表当选无效或者确定终止其代表资格。

（四）选举的组织和选举方式

办法规定，澳门特别行政区选举第十四届全国人大代表，由全国人大常委会主持。办法对全国人大常委会在主持选举中的具体职责也作了规定。

选举会议主席团是选举会议的领导机构，澳门选举会议主席团成员人数为 11 名。主席团主持选举会议，其主要职责包括：确定选举日期；确定代表候选人的提名时间；公布代表候选人名单；提出总监票人和监票人的人选，由选举会议通过；宣布选举结果；接受与选举代表有关的投诉，转报全国人大常委会代表资格审查委员会处理等。选举会议主席团向全国人大常委会代表资格审查委员会报送选举结果前，发现当选人违反登记表所声明内容的，或者因危害国家安全被法院判决有罪的，应当在报送选举结果的同时，提出当选人违反登记表所声明内容或者因危害国家安全被法院判决有罪的情况的报告，代表资格审查委员会经审查核实后，应当向全国人大常委会提出报告；全国人大常委会根据代表资格审查委员会的报告，确定代表当选无效。

关于选举方式，办法延续了以往做法，规定，选举全国人大代表的候选人应多于应选名额，进行差额选举；选举采用无记名投票方式；每一选票所选的人数，等于应选代表名额的有效，多于或少于应选代表名额的作废；代表候选人获得参加投票的选举会议成员过半数的选票时，始得当选。

另外，有关代表的辞职、监督和补选与涉及香港的规定一致。

三、台湾省全国人大代表的选举

台湾省暂时选举第十四届全国人民代表大会代表 13 名，由在各省、自治区、直辖市以及中国人民解放军和中国人民武装警察部队的台湾省籍同胞中选出。代表产生办法由全国人民代表大会常务委员会规定。依法应选的其余名额予以保留。

2022 年 4 月 20 日，十三届全国人大常委会三十四次会议通过了《台湾省出席第十四届全国人民代表大会代表协商选举方案》。

1. 台湾省暂时选举第十四届全国人民代表大会代表 13 名，由各省、自治区、直辖市以及中央和国家机关、中国人民解放军和中国人民武装警察部队中的台湾省籍同胞组成的协商选举会议选举产生。按照选举法规定，选举采用差额选举和无记名投票的方式进行。

2. 协商选举会议人数为 126 人，由各省、自治区、直辖市以及中央和国家机关、中国人民解放军和中国人民武装警察部队中的台湾省籍同胞协商选定。参加协商选举会议人员的选定工作于 2022 年 12 月底以前完成。

3. 协商选举会议定于 2023 年 1 月在北京召开。

4. 协商选举会议要发扬民主，酝酿代表候选人应考虑各方面的代表人士，适当注意中青年、妇女、少数民族等方面的人选。

5. 协商选举会议由全国人大常委会委员长会议指定召集人召集。

附件：

台湾省出席第十四届全国人民代表大会代表协商选举会议代表分配方案

单位	台湾省籍同胞人数（人）（据 2021 年统计）	参加协商会议代表数（人）
北京市	2207	6
天津市	963	4
河北省	921	3
山西省	166	1
内蒙古自治区	251	1
辽宁省	1413	6
吉林省	215	2
黑龙江省	276	2
上海市	4038	9
江苏省	1624	6
浙江省	2190	6
安徽省	810	3
福建省	19984	15
江西省	1618	6
山东省	1112	3
河南省	495	3
湖北省	1161	3
湖南省	1072	3
广东省	4535	9
广西壮族自治区	454	2
海南省	4059	9

续表

单位	台湾省籍同胞人数（人）（据 2021 年统计）	参加协商会议代表数（人）
重庆市	441	2
四川省	620	2
贵州省	255	1
云南省	310	2
西藏自治区	0	0
陕西省	314	2
甘肃省	320	1
青海省	46	1
宁夏回族自治区	47	1
新疆维吾尔自治区	103	1
中央和国家机关	—	10
中国人民解放军和中国人民武装警察部队	—	1
总计	52020	126

第五节　军队的人大代表选举

人民解放军参加人大代表的选举有其特殊性。为此，1981 年 6 月，五届全国人大常委会十九次会议通过了《中国人民解放军选举全国人民代表大会和县级以上地方各级人民代表大会代表的办法》，2021 年 4 月，十三届全国人大常委会二十八次会议又对该办法作了最新的修改。办法对人民解放军现役军人和参加军队选举的其他人员选举全国人大代表和县级以上的地方各级人大代表的范围、方法、程序以及罢免代表的程序和方式等分别作出了规定。

一、军队选举的组织机构

（一）设立选举委员会

人民解放军及人民解放军团级以上的单位设立选举委员会，选举委员会任期五年，行使职权至新的选举委员会产生为止。人民解放军选举委员会领导全军的选举工作，其他各级选举委员会主持本单位的选举工作。连和其他基层单位的军人委员会主持本单位的选举工作。人民解放军选举委员会的组成人员，由全国人大常委会批准。其他各级选举委员会的组成人员，由上一级选举委员会批准。

下级选举委员会受上级选举委员会的领导。选举委员会下设办公室，办公室设在政治工作部门，工作人员由本级选举委员会确定。

（二）选举委员会职责

团级以上单位的选举委员会组织、指导所属单位的选举，办理下列事项。

1. 审查军人代表大会代表资格；
2. 确定选举日期；
3. 公布人民代表大会代表候选人名单；
4. 主持本级军人代表大会或者军人大会的投票选举；
5. 确定选举结果是否有效，公布当选的人民代表大会代表名单；

6. 主持本级军人代表大会或者军人大会罢免和补选人民代表大会代表、接受人民代表大会代表辞职。

二、参加选举的人员范围

按照上述办法的规定参加选举的人员范围为：

1. 人民解放军军人、文职人员，军队管理的离休、退休人员和其他人员，参加军队选举。

2. 驻军的驻地距离当地居民的居住地较远，随军家属参加地方选举有困难的，经选举委员会或者军人委员会批准，可以参加军队选举。

3. 驻地方工厂、铁路、水运、科研等单位的军代表，在地方院校学习的军队人员，可以参加地方选举。

三、地方各级人大的军队代表名额

1953 年的选举法曾规定驻军应选县级以上地方各级人大代表的名额为：县级人大为五名，设区的市级人大为二名至十名，省级人大为三至十五名。1979 年重新制定选举法时，对地方各级人大中应选解放军代表的名额没有作出具体规定。目前的法律规定，驻军应选县级以上地方各级人民代表大会代表的名额，由驻地各该级人民代表大会常务委员会决定。有关选举事宜，由省军区（卫戍区、警备区）、军分区（警备区）、人民武装部分别与驻地的人民代表大会常务委员会协商决定。

四、选区和选举单位

（一）直接选举

驻军选举县级人民代表大会代表，由驻该行政区域的军人和参加军队选举的其他人员按选区直接选举产生。选区按该行政区域内驻军各单位的分布情况划分。

选区的大小，按照每一选区选一名至三名代表划分。

（二）间接选举

驻军应选的省、自治区、直辖市、设区的市、自治州人民代表大会代表，由团级以上单位召开军人代表大会选举产生。中央军事委员会机关部门和战区、军兵种、军事科学院、国防大学、国防科技大学等单位的军人代表大会，选举全国人民代表大会代表。

军人代表大会是间接选举军队人大代表的选举单位。师级以上单位的军人代表大会代表，由下级军人代表大会选举产生。下级单位不召开军人代表大会的，由军人大会选举产生。旅、团级单位的军人代表大会代表，由连和其他基层单位召开军人大会选举产生。军人代表大会由选举委员会召集，军人大会由选举委员会或者军人委员会召集。军人代表大会每届任期五年。军人代表大会代表任期从本届军人代表大会举行第一次会议开始，到下届军人代表大会举行第一次会议为止。

五、代表候选人的提出

人民解放军选举县级以上地方各级人民代表大会代表，候选人按选区或者选举单位提名产生。中国共产党在军队中的各级组织，可以推荐代表候选人。选民或者军人代表大会代表，十人以上联名，也可以推荐代表候选人。推荐者应向选举委员会或者军人委员会介绍候选人的情况。接受推荐的代表候选人应当向选举委员会或者军人委员会如实提供个人基本情况。提供的基本情况不实的，选举委员会或者军人委员会应当向选民或者军人代表大会代表通报。

实行差额选举。候选人的差额比例、酝酿协商、介绍候选人，包括相关时限等规则与地方选举基本一致。

六、选举程序

（一）直接选举

各选区召开军人大会进行选举，或者按照方便选民投票的原则设立投票站进行选举。驻地分散或者行动不便的选民，可以在流动票箱投票。投票选举由军人委员会或者选举委员会主持。

（二）间接选举

军人代表大会的投票选举，由选举委员会主持。

选举县级以上地方各级人民代表大会代表，一律采用无记名投票的方法。选举时应当设有秘密写票处。委托投票、计票方法、当选票数等规则与地方选举一致。

选举结果由选举委员会或者军人委员会根据本办法确定是否有效，并予以宣布。

另外，解放军选出的县级以上地方各级人民代表大会代表，在任期内调离本行政区域的，其代表资格自行终止，缺额另行补选。

七、武装警察部队的选举

人民武装警察部队选举全国人民代表大会和县级以上地方各级人民代表大会代表适用《中国人民解放军选举全国人民代表大会和县级以上地方各级人民代表大会代表的办法》。

/ 第六章 /

国家机关的选举任免规则

选举任免权是人大及其常委会选举、任命、罢免国家机关组成人员及其他公职人员的法定职权。从人大行使选举任免权的方式来说，选举和任免虽然都是人大任用或者免除公职的方式，但两者又有所区别。选举是由代表推选产生国家权力机关组成人员和其他国家机构领导人员；任免则是由法律规定的提请人（一般以国家机构领导人员的名义）提出人选，交人大或其常委会付诸表决。选举可以差额选举，任免只能等额表决。选举可以在赞成、反对、另选他人、弃权之间选择，任免不能另选他人。一般而言，人大可以行使选举权和任免权，人大常委会只行使任免权（也有个别例外，如本级人大常委会在人大闭会期间可以补选上一级人大代表）。

从选举任免的主体、程序和方式的差异性区分，又可以分为中央国家机关和地方各级国家机关两个层面。鉴于之前在“选举制度的法律体系”一章“全国人大组织法”的讨论中，已对全国人大的选举任免权行使，包括选举、决定任命中央国家机关领导人员的程序规范作了系统性介绍，故本章将着重论述地方人大选举任免的法律规定及操作规范，包括地方国家机关领导人员的选举、县级以上地方各级国家机关组成人员和其他公职人员的任免。

第一节　国家机关的选举

地方各级人民代表大会选举地方国家机关组成人员范围很广，覆盖了地方国家政权的所有机关。根据宪法和有关法律的规定，地方国家行政机关、监察机关、审判机关、检察机关都由人民代表大会产生，对它负责，受它监督。地方各级人民代表大会代表选举完成后的两个月内，由上届本级人大常委会或者乡、民族乡、镇的上次人民代表大会主席团召集，召开新一届人民代表大会第一次会议，选举产生县级以上地方各级国家权力机关的常设机关组成人员和专门委员会组成人员；选举乡镇人大主席、副主席和乡镇人大代表资格审查委员会；选举本级政府领导人员；选举监察委员会主任、人民法院院长和人民检察院检察长。

一、选举的范围

（一）人大常委会组成人员。县级以上地方各级人民代表大会选举本级人大常委会主任、副主任、秘书长（县级人大常委会不设秘书长）、委员。

（二）人大专门委员会组成人员。地方组织法规定，各专门委员会的主任委员、副主任委员和委员的人选由主席团在代表中提名，本级人民代表大会会议通过。“通过”人选与“选举”产生其他国家机关人员的表决方式不同。选举国家机关人员时对每个候选人分别投票，代表可以投赞成票，可以投反对票，可以另选他人，也可以弃权；而通过人选时，则通常采取以每个专门委员会为单元合并表决的方式通过，代表表示赞成、反对或弃权的意愿是对一个委员会组成人员的整体表达，同时“通过人选”也不能另选他人。专门委员会组成人员人选名单获得全体代表过半数的赞成票，始得通过。

（三）乡镇人大主席、副主席。乡镇人民代表大会选举乡、民族乡、镇的人民代表大会主席、副主席。1995 年以前，乡、镇人民代表大会选举人员只有乡长、副乡长和镇长、副镇长。1995 年全国人大常委会对地方组织法进行了修改，增加规定，乡、镇人民代表大会设主席、副主席，因此，乡、镇人大选举也增加了乡镇人大主席、副主席。

（四）乡镇人大代表资格审查委员会。地方组织法规定：“乡、民族乡、镇的每届人民代表大会第一次会议通过的代表资格审查委员会，行使职权至本届人民代表大会任期届满为止。”因而，乡镇人民代表大会代表资格审查委员会也是“通过”产生的。

地方组织法对乡镇人民代表大会代表资格审查委员会的提名主体及组成未作具体规定，依照法理一般操作如下：其组成人员由乡镇人大主席团在代表中提名。参照县级以上人大常委会代表资格审查委员会的设置，乡镇人民代表大会代表资格审查委员会一般由主任委员、副主任委员和委员组成。

（五）政府正副职领导人员。地方各级人民代表大会选举本级人民政府省长、副省长，自治区主席、副主席，市长、副市长，州长、副州长，县长、副县长，区长、副区长，乡长、副乡长，镇长、副镇长。

（六）监察委员会、人民法院、人民检察院正职领导人员。

县级以上地方各级人民代表大会选举本级监察委员会主任、本级人民法院院长、本级人民检察院检察长。选出的本级人民检察院检察长，须报经上一级人民检察院检察长提请该级人大常委会批准。

二、选举的程序

地方各级人民代表大会选举本级国家机关领导人员，应经过如下程序。

（一）制定选举办法。地方各级人民代表大会会议在选举之前，应表决通过选举办法。选举办法要根据选举法和地方组织法的规定制定。选举办法须经本次人民代表大会会议审议通过。选举办法是指导和规范本次大会选举活动、保障人大代表民主权利的重要文件。由于地方人民代表大会每次会议的选举任务、对象不尽相同，因而制定的选举办法的内容也未必一样。就地方人民代表大会第一次会议而言，选举办法应包括以下内容：制定选举办法的依据；确定选举工作的组织领导；规定本次会议选举的国家机关领导人员职务；规定各项职务的应选人数和差额数；规定各项职务候选人的产生办法；规定各项选举的表决方式；对印制选票和选举次数作出规定；对选举活动和投票活动作出具体规定；对产生总监票人、监票人以及计票人作出规定；对监票、计票办法作出规定；对宣布选举结果作出规定等。

关于大会选举办法的通过时间。首先，不能在预备会议上通过选举办法，因为大会主席团尚未成立，会议议程尚未通过，代表尚未审议。其次，按选举程序，应当在提名候选人、全体代表酝酿、讨论上一级人大代表和本级国家机关领导人员候选人名单之前，在全体会议上通过选举办法，以便整个选举工作有所遵循。最后，不能在选举大会即将投票时通过选举办法。

人民代表大会通过的选举办法必须明确规定选举本级国家机关领导人员一律采用无记名投票方式。这也是地方组织法的明确规定。

代表投票选举时，对正式候选人可以投赞成票，可以投反对票，可以另选其他任何代表或者选民，也可以弃权。这样可以使投票人有更大的选择余地，更有利于投票人自由表达自己的投票意愿。如果代表另选他人，要在选票上填写所要另选的其他人姓名，并作出赞成的表示。如果代表表示弃权，则不必对候选人表示任何态度，既不表示赞成，也不表示反对。

至于弃权后是否还可以另选他人，有两种不同意见：一种意见认为，弃权即表示对该项职务的选举权利的放弃，所以弃权后不能另选他人；另一种意见认为，弃权只是对候选人是否可以当选不表示意见，不是对该项选举权利的放弃，所以弃权后还可以另选他人。因此，最妥当的办法是在选举办法中具体明确规定“弃权”是否可以“另选他人”。另外，从选票的法理逻辑分析：每一选票所选人数少于或等于应选人数的，为有效票；多于应选人数的为无效票，即废票。因此，在等额选举中，每提一名另选人就必须否决一名候选人；在差额选举中，每提一名另选人就必须否决超过差额数的候选人。这一分析可作参考。

（二）提名酝酿候选人。地方组织法规定，县级以上的地方各级人大常委会的组成人员，乡、民族乡、镇的人民代表大会主席、副主席，省长、副省长，自治区主席、副主席，市长、副市长，州长、副州长，县长、副县长，区长、副区长，乡长、副乡长，镇长、副镇长，监察委员会主任，人民法院院长，人民检察院检察长的人选，由本级人民代表大会主席团或者代表依照法律规定联合提名。

1. 两类提名主体。地方人民代表大会进行选举时，候选人的提出有两类提名主体：一是主席团提名，二是代表联合提名候选人。按照现行地方组织法规定，省、自治区、直辖市的人民代表大会代表三十人以上书面联名，设区的市和自治州的人民代表大会代表二十人以上书面联名，县级的人民代表大会代表十人以上书面联名，可以提出本级人大常委会组成人员，人民政府领导人员，监察委员会主任，人民法院院长，人民检察院检察长的候选人。乡、民族乡、镇的人民代表大会代表十人以上书面联名，可以提出本级人大主席、副主席和人民政府领导人员的候选人。

2. 主席团提名与代表联合提名的法律地位。主席团和代表联合提名的候选人，具有同样的法律地位，都必须依法列入候选人名单，交代表酝酿、讨论。不能只将主席团提出的候选人交代表酝酿、讨论，更不能随意删减代表联名提出的候选人。

3. 主席团和代表联合提名候选人的人数限定。根据地方组织法的规定，大会主席团提名的候选人人数、每一代表与其他代表联合提名的候选人人数，均不得超过应选名额。比如，应选副县长六名，大会主席团提名副县长的候选人至多为六名，每一代表与其他代表联合提名的副县长的候选人也同样至多为六名，都不能超出应选人数。

4. 代表联合提名候选人涉及的几个问题。

第一，代表可以跨代表团联名。为了保证代表联名落到实处，针对以往实践中有些地方限制代表进行跨团联名的情况，1995 年修改的地方组织法增加规定，不同选区或者选举单位的代表可以酝酿、联合提出候选人。也就是说，代表不仅可以在本代表团范围内联名，也可以在跨代表团联名。

第二，提名人应当如实介绍候选人的情况。地方组织法规定，提名人应当如实介绍候选人的情况。候选人的情况介绍应当如实并尽可能详尽，不但包括姓名、性别、年龄、居住地和工作单位，还应包括学历、工作经历以及适合担任所推荐职务的主要理由等。

第三，代表联合提名要按规定的形式和时间提出。代表联合提名国家机关组成人员候选人，按照地方组织法的规定，应以书面的形式提出。领衔人应详细填写“代表联合提名候选人登记表”，并由提名人逐一亲自签署姓名。同时，要提供被推荐人的情况介绍材料，便于大会主席团和代表了解被推荐人的情况。代表联合提名候选人登记表和相关材料，应在大会通过的截止时间前送达大会秘书处，超过截止时间则提名无效。

第四，代表联合提名要符合法定人数。符合法定人数实际有两层含义：一是参加联名代表要符合法定人数。代表联名的法定人数是指在同一联名登记表中所签署的联名人数。如果代表分别联合提名同一人为候选人，但各自联名都没有达到法定的联名人数，只是分别相加后达到法定人数要求，这种情况下被提名人不能列入候选人名单。二是提名的候选人人数要符合大会选举的该项职务的人数。每次大会对所选国家机关组成人员的职务及人数都有明确的规定，代表联合提名候选人人数，要符合大会选举办法的规定，不能超过所提名职务的应选名额。

第五，代表联合提名的撤回。撤回代表联合提名候选人，主要有两种情况：一是尊重被提名人的意见。法律对代表联合提名候选人是否征得被提名人的同意没有规定，但在实践中，一般提名人都要主动征求被提名人的意见，如果被提名人认为自己不适合该职务的提名或不愿意做该项职务的候选人，可以向提名人和大会主席团说明理由，大会主席团和提名人应当尊重被提名人的意见。如果提名人坚持提名，仍应将被提名人列入候选人名单，但要向代表说明被提名人的意见。二是提名人要求撤回联合提名候选人。代表联合提名的候选人，在提交大会表决前，联名的所有代表或部分代表对提名有疑义可申请撤回。如果坚持联名的代表人数仍然符合法定人数，则提名有效；如果坚持联名的代表人数不符合法定人数，则联名无效。撤回代表联合提名应填报大会印制的撤回代表联合提名登记表，并递交大会秘书处。

5. 酝酿、讨论候选人。主席团和代表联名提出的候选人，由主席团汇总后印发全体代表进行讨论、酝酿，根据酝酿、讨论情况确定正式候选人。

（1）代表的酝酿讨论。不论是主席团提名的候选人，还是代表联合提名的候选人，都是初步候选人，不能直接成为正式候选人。为了使代表对候选人有较充分的了解，避免投票的盲目性，保证选举的民主性，初步候选人名单必须提交全体代表进行酝酿、讨论。

在进行酝酿、讨论时，大会主席团应做好候选人的介绍工作。一是以大会主席团的名义将所有候选人名单及相关材料印发全体代表酝酿、讨论。二是大会主席团可以组织候选人与代表见面。见面会上，主席团向代表介绍候选人有关情况，候选人也可以简要介绍自己的情况并作表态性发言。

介绍候选人的原则：一是平等原则。即主席团提名的候选人和代表联合提名的候选人，其法律地位是相同的，因而在介绍的时间、内容和方式上应一视同仁。二是公正原则。即对每个候选人的介绍应实事求是、客观公正地将代表候选人介绍给代表，让代表充分了解候选人的真实情况，以便作出选择。

鉴于过去有的地方人大选举本级国家机关领导人员时，时间安排过短，不利于充分发扬民主，1995 年修改地方组织法时，专门增加规定，县级以上地方各级人大换届选举本级国家机关领导人员时，提名、酝酿候选人的时间不得少于两天。不得少于两天的选举时间规定，只适用于换届的选举，不适用于另行选举和补选。

地方组织法对乡镇人民代表大会换届选举本级国家机关领导人员时，提名、酝酿候选人的时间没有作出规定。但是，省级人大及其常委会可以依法制定执行地方组织法的具体规定，一些地方就在其中规定，乡镇人民代表大会换届选举本级国家机关领导人员时，从提名、酝酿候选人到选举开始的时间不得少于一天。

（2）确定正式候选人的人数。县级以上地方各级人民代表大会选举国家机关领导人员时，正职可以多一人，进行差额选举；如果提名的候选人只有一人，也可以等额选举。所谓“正职”包括：人大常委会主任、秘书长，乡、民族乡、镇的人大主席，政府正职领导人员，监察委员会主任，人民法院院长，人民检察院检察长。其他人员一律实行差额选举。差额选举，即候选人数应当多于应选人数，是我国选举的一个重要原则。

关于其他领导人员的差额选举，地方组织法规定，人大常委会副主任，乡、民族乡、镇的人大副主席，人民政府副职领导人员的候选人数应比应选人数多一人至三人，人大常委会委员的候选人数应比应选人数多十分之一至五分之一，由本级人民代表大会根据应选人数在选举办法中规定具体差额数，进行差额选举。也就是说，地方人大在选举前制定的选举办法应根据应选人数多少规定不同的差额数，应选人数多的，差额数应当多些，应选人数少的，差额数可以少些，不能一律规定为最低差额数。因此，具体差额数只能在每次人民代表大会的选举办法中根据本次会议的应选人数作出规定，不能在地方性法规或者议事规则中作出统一规定。

（3）组织预选。预选在1979年重新制定的地方组织法中就有规定，但当时对预选后是否还必须实行差额选举不明确，执行中大部分地方在预选后都是实行等额选举。为了坚持差额选举原则，1986年修改地方组织法时，删去了关于预选的规定。但这样修改后，如果出现提名的候选人超过规定的最高差额数时，给如何确定正式候选人带来了困难。实践中，许多地方采用征求意见票等类似预选的办法确定正式候选人，效果较好，但不规范。所以，为了更好地发扬民主，1995年修改地方组织法时，恢复了关于预选的规定，明确预选后仍然必须实行差额选举，即预选后确定的候选人必须符合选举办法规定的差额数。

如果主席团和代表联合提名的候选人符合选举办法规定的差额数，就不必进行预选了。如果主席团和代表联合提名的候选人超过选举办法规定的差额数，由主席团提交代表酝酿、讨论后组织预选。采用什么方式进行预选，法律没有明确规定。一般来说，预选的程序和方式，应当简化一些，不宜过于复杂，不必同正式选举一样。

（4）确定正式候选人名单。地方人民代表大会进行选举时，初步候选人名单经过代表酝酿、讨论后，确定正式候选人名单有两种情况：一是如果主席团和代表联合提名推荐的候选人数符合选举办法规定的差额数，由主席团将所有候选人全部列入正式候选人名单。二是如果主席团和代表联合提名推荐的候选人数超过选举办法规定的差额数，由主席团组织预选，根据在预选中得票多少的顺序，按照选举办法规定的差额数，确定正式候选人名单。

（三）投票选举。正式候选人名单确定后，由主席团提交代表投票选举。投票选举采取召开全体会议的形式进行。投票选举的一般程序如下。

1. 清点到会代表人数。大会执行主席报告到会代表人数，并就选举国家机关各项职务领导人员的有关问题作出说明。

2. 确定监票人、计票人。实际操作中，大会选举的监票人、计票人通常在此前的全体会议上已经通过，一般不在选举大会上确定。各级人民代表大会会议进行投票选举前，应产生总监票人、监票人和计票人。总监票人、监票人由主席团提名，或者各代表团推荐，由主席团提交各代表团酝酿、讨论后，由全体会议表决通过。候选人本人及近亲属不得担任监票人、计票人。总监票人、监票人由代表担任，计票人通常由大会工作人员担任。监票人的职责是监督整个投票、计票过程，确认投票是否有效，对选票是否有效作出裁决，向主席团报告投票情况和计票结果等。计票人的职责是发放选票、统计收回选票数量、统计候选人得票数等。

3. 总监票人、监票人履行职责。其主要任务，一是查封票箱。在全体代表的监督下，检查票箱并加封。二是核实参加选举的代表人数，填写清点代表人数报告单。三是监督投票和计票。按照大会议程和选举办法的规定，执行投票选举监督任务和监督计票工作。

4. 发放选票。大会选举工作人员按照各自的分工，在指定的区域向代表分发选票。选票分发完毕后，由大会执行主席询问代表是否都领到了选票，有没有未拿到选票的，或少拿、多拿选票的，有没有选票印刷不清的。

5. 填写选票。在填写选票前，大会执行主席作填写选票注意事项的说明：一是填写选票时，要先分清选票的式样类别，仔细阅读选票上的说明，并按要求填写符号，做到字迹清楚，符号准确。二是代表对各项职务候选人赞成的人数，不能超过“选举办法”规定的应选人数。三是被选的人大常委会组成人员或乡镇人大主席、副主席必须是本级人大代表。

6. 投票。投票的顺序是：总监票人、监票人在各自的投票区的票箱先行投票，然后代表按划定的投票区依序投票。

7. 清点选票。在监票人的监督下，工作人员打开票箱清点统计收回选票的张数，填写选票发出、收回清点报告单，由总监票人签字后交大会执行主席。

8. 确认选举有效。大会执行主席根据总监票人的报告，宣布本次选举发出和收回票数的情况。如果收回的票数等于或少于发出票数，则宣布本次选举有效；如果收回的票数多于发出票数，则宣布本次选举无效，应重新进行投票选举。

9. 统计选票。在监票人的监督下，工作人员统计选票，填写计票结果报告单。报告单主要包括所有候选人获得赞成、反对、弃权的票数，另选他人的得票数以及废票。由总监票人向大会主席团报告计票结果，主要包括应到代表人数、实到代表人数、发出各类选票数、收回各类选票数、各类有效票数、各类无效票数、所有候选人得票情况和另选他人得票情况等。

10. 当选的确定。依据法律规定，候选人按应选名额，以超过全体代表的过半数当选。大会执行主席根据候选人得票情况依法宣布当选结果。

11. 选举大会结束后，由大会主席团公告当选各项职务的人员名单。当选的人民检察院检察长，须报经上一级人民检察院检察长提请同级人大常委会批准。

三、选举的特殊情形

（一）补选。补选是指针对选举产生人员因故出缺进行的补充选举。

1. 补选条件的确定。按每届人民代表大会第一次会议上确定的应选名额选出的人员，因死亡、罢免、辞职等原因而出现空缺的，进行补选。但是，换届选举时没有选足的应选名额，不属于补选，应按另行选举的规则进行选举。每届本级国家机关领导人员的应选名额，应当在每届人民代表大会第一次会议上确定，以后不宜增加。因特殊情况确需增加个别名额的，一般应当按照正常的选举程序办理。

2. 补选的程序和方式。根据法律规定，经本级人民代表大会决定，补选可以等额选举，也可以差额选举。补选的程序和方式可以适当简化。比如代表是否可以联合提名候选人，提出的候选人过多是否要预选等，都可以由本级人民代表大会决定。但补选的表决方式和当选的条件与选举是完全相同的，不能采用举手表决或者按电子表决器的方式表决。因为是否采取无记名投票是选举与表决通过人选的重要区别，选举就意味着可以另选他人，只有投票才能另选他人，举手表决和按电子表决器表决都不能另选他人。

3. 提名方式。提名办法可以规定由主席团和代表联合提名，也可以只规定由主席团提名。如果提名的候选人数过多，可以进行预选，也可以不进行预选，而采取酝酿、协商的办法确定正式候选人。实践中，大多地方都实行等额选举，并规定由主席团提名，因此，很少出现提名的候选人过多的情况。

4. 补选结果的确定。补选的候选人必须获得全体代表的过半数选票才能当选。差额补选时以得票多的当选。

5. 补选人员的任期。届期内补选的人员的任期，均到本级人民代表大会任期届满。

（二）另行选举。另行选举是对未选足的名额进行投票选举。在大会选举中，可能出现获得过半数选票的当选人数少于应选人数的情况，需要就未选足的名额另外投票举行，称为另行选举。

另行选举的时间，可以在本次人大会议上进行，也可以在下一次人大会议上进行。实践中，另行选举大多是在本次会议上进行，特别是出现正职领导人员未选出的情况，则必须在本次会议上通过另行选举产生。如果在本次会议上进行了一次另行选举后仍未选足应选名额，则第二次的另行选举经大会决定，可以在本次会议上进行，也可以在下次会议上进行。

关于另行选举候选人的确定，有两种办法：一是按照第一次投票时没有当选的候选人的得票多少顺序，确定得票多的候选人为另行选举的候选人；二是根据地方组织法的规定重新提名、确定候选人，即主席团或者代表联合重新提名，并按照法律规定的程序重新确定候选人名单。具体采用哪种办法，由大会选举办法预先作出规定当然最好，如果选举办法没有作出规定，另行选举在本次会议上进行时一般采用前一种办法，比较简便，大会也可以决定采用第二种办法。如果在本次会议上已经进行了一次另行选举，再进行第二次另行选举时则宜采用第二种办法。另行选举在下次会议上进行的，应当采用第二种办法。

另行选举人大常委会副主任和委员、乡镇的人大副主席、政府副职，地方组织法规定必须实行差额选举，不能实行等额选举。差额人数必须按照地方组织法的规定，由大会选举办法作出具体规定。另行选举仍必须以获得过半数选票始得当选，不能以简单多数当选。

（三）罢免。罢免是指以提出罢免案的形式解除有关人员所担任的国家机关的领导职务。罢免案必须由法律规定的国家机关和人员按照法定程序提出，并经表决通过才能生效。各级人民代表大会的罢免权，既是人大的一项重要任免权，又是人大的一项重要监督权。

1. 罢免的范围。县级以上的地方各级人民代表大会有权罢免本级人大常委会组成人员、人民政府组成人员、监察委员会主任、人民法院院长、人民检察院检察长。罢免人民检察院检察长，须报经上一级人民检察院检察长提请该级人大常委会批准。乡、民族乡、镇的人民代表大会有权罢免乡镇人大主席、副主席，乡长、副乡长，镇长、副镇长。

罢免的对象中，不仅包括由本级人民代表大会选举产生的政府正副职领导人员，还包括由本级人大常委会决定任命的政府其他组成人员（即政府组成部门主要负责人）。一方面，地方各级人大常委会是本级人民代表大会的常设机关，由本级人民代表大会选举产生，对本级人大负责，受本级人大监督；另一方面，地方各级人民政府既是地方国家行政机关，同时也是本级人民代表大会的执行机关。所以，地方各级人大常委会决定任命的政府组成人员，本级人民代表大会当然有权罢免。

2. 罢免案的提出主体。

（1）县级以上地方各级人民代表大会提出罢免案的主体包括大会主席团、人大常委会、十分之一以上代表联名。以上三个主体都可以提出对本级人大常委会组成人员、人民政府组成人员、监察委员会主任、人民法院院长、人民检察院检察长的罢免案。

（2）乡镇人民代表大会提出罢免案的主体包括乡镇人大主席团、五分之一以上乡镇人大代表联名。这两个主体都可以提出对乡、民族乡、镇的人大主席、副主席，乡长、副乡长，镇长、副镇长的罢免案。

3. 罢免案的要件。根据地方组织法的规定，罢免案应写明罢免对象、罢免理由。

一是应当明确罢免对象。罢免对象就是要求予以罢免的具体人员。罢免对象必须是人大有权予以罢免的人员。不是人大及其常委会选举、任命的人员，不属于人大的罢免范围。

二是应当写明罢免理由。法律对罢免的条件没有规定。也就是说，在法理上并非国家机关领导人员犯有错误才能罢免，只要提议罢免的主体认为某国家机关领导人员不称职或不宜继续担任现职，或者有更合适的其他人选，就可以提议罢免。但是在实践中，一般都是因国家机关领导人员有违法、违纪或者失职、渎职行为，且比较严重，不宜继续担任现任职务，才予以罢免。因而罢免往往具有惩戒性质，是一种惩戒性的解职行为。因此，罢免应当十分慎重，罢免理由应当充分。对于正常情况下的工作变动，一般不应采取罢免形式，可以采取接受辞职等方式。

三是应提供相关材料。罢免理由是对有关国家机关领导人员不适宜继续担任现任职务的一种指控，因此，提出罢免案的机关或者代表应当提供有关材料，以便代表进行全面、深入的审议，作出客观、公正的判断。

4. 罢免案的处理程序。

（1）列入会议议程。罢免案一经依法提出，主席团必须提交会议审议，主席团无权驳回罢免案，也不能以任何借口不提交会议审议。

（2）被提议罢免的人员申辩。主席团在将罢免案交大会审议的同时，应当将罢免案送被提出罢免的人员，并告知其有提出申辩意见的权利。被提出罢免的人员有权在主席团会议或者大会全体会议上提出申辩意见，或者书面提出申辩意见。在主席团会议上提出的申辩意见，由主席团书面印发大会。

（3）大会审议。大会以代表团为单位，对罢免案及被提议罢免人员的申辩进行审议。审议的内容包括：罢免理由是否充分；有无必要再进行调查；被提议罢免人员的申辩是否成立等。代表团可以根据审议结果，提出罢免案是否需要再补充说明理由，是否成立特定问题调查委员会或者是否同意罢免案直接提交大会表决的意见。

（4）相关表决。对罢免案进行审议后，主席团可以有两种处理方法。

一是将罢免案交付大会全体会议表决，以全体代表的过半数同意为通过。二是提议组织关于特定问题的调查委员会，经全体代表表决同意后，该罢免案暂不付表决，由下次会议根据特定问题调查委员会的报告审议决定是否予以罢免。如果组织关于特定问题的调查委员会的提议没有获得全体代表的过半数同意，主席团即应将罢免案交付表决。另外，对县级以上地方各级人大常委会有权决定任免的人员提出的罢免案，还可以授权常委会进行调查，并决定是否予以撤职，向下次人民代表大会会议报告处理情况；或者授权常委会根据大会组织的关于特定问题的调查委员会的调查报告，审议决定是否予以撤职，向下次人民代表大会会议报告处理情况。

（5）公告。罢免案通过后，由大会主席团公告，被罢免人员即行解职。

（四）接受辞职。辞职是针对人民代表大会选举产生的人员（由人大常委会决定任命的政府个别副职也可以向本级人民代表大会辞职）。提出辞职的主要有如下几种情形：一是已达规定的退休年龄或任职年龄；二是另有任用；三是因违法违纪或失职、渎职不适宜继续担任现职被劝辞或引咎辞职。

根据地方组织法的规定，县级以上的地方各级人大常委会组成人员、专门委员会组成人员和人民政府领导人员，监察委员会主任，人民法院院长，人民检察院检察长，可以向本级人民代表大会提出辞职，由大会决定是否接受辞职；大会闭会期间，可以向本级人大常委会提出辞职，由常务委员会决定是否接受辞职。常务委员会决定接受辞职后，报本级人民代表大会备案。人民检察院检察长的辞职，须报经上一级人民检察院检察长提请该级人大常委会批准。乡、民族乡、镇的人民代表大会主席、副主席，乡长、副乡长，镇长、副镇长，可以向本级人民代表大会提出辞职，由大会决定是否接受辞职。

人民代表大会接受地方国家机构领导人员辞职的程序。

1. 经主席团审议通过后，将辞职者书面辞职请求和关于接受辞职的决定草案提交代表团审议。

2. 大会全体会议进行表决，以全体代表的过半数同意为通过。接受人民检察院检察长的辞职，须报经上一级人民检察院检察长提请该级人大常委会批准。

3. 辞职被接受的，由大会主席团公告接受辞职的决定。

（五）通过人选。虽然在法理上“通过人选”也可以对每个成员逐一表决，但实践中通过人选的合并表决较多。如法律规定人大各专门委员会主任委员、副主任委员和委员的人选由大会通过，一般在选举时大多采取“拼盘式”的合并表决方法，在此情形下参与表决者只有全盘接受或全盘否决的选择，不能“选其一、否其二”。

1. 人大专门委员会组成人员。地方组织法规定，各专门委员会的主任委员、副主任委员和委员的人选由主席团在代表中提名，大会全体会议通过。

2. 乡镇人大的代表资格审查委员会。地方组织法规定，乡、民族乡、镇的每届人民代表大会第一次会议通过的代表资格审查委员会，行使职权至本届人民代表大会任期届满为止。

3. 关于特定问题的调查委员会。地方组织法规定，县级以上的地方各级人民代表大会可以组织关于特定问题的调查委员会。主席团或者十分之一以上代表书面联名，可以向本级人民代表大会提议组织关于特定问题的调查委员会，由主席团提请全体会议决定。调查委员会由主任委员、副主任委员和委员组成，由主席团在代表中提名，提请全体会议通过。另外，地方组织法及监督法规定，主任会议可以向本级人大常委会提议组织关于特定问题的调查委员会，提请人大常委会审议；五分之一以上的人大常委会组成人员可以向本级人大常委会提议组织关于特定问题的调查委员会，由主任会议决定提请人大常委会审议，或者先交有关的专门委员会审议，提出报告，再决定提请人大常委会审议。调查委员会由主任委员、副主任委员和委员组成，由主任会议在本级人大常委会组成人员和本级人大其他代表中提名，提请人大常委会审议通过。与调查的问题有利害关系的人大常委会组成人员和其他人员不得参加调查委员会。

关于特定问题的调查委员会是在必要时成立的临时机构。人民代表大会的关于特定问题的调查委员会人选必须是本级人大代表，人大常委会的特定问题调查委员会人选必须是本级人大常委会组成人员或者本级人大代表，其他人员不能被提名为关于特定问题的调查委员会成员。

（六）增选。所谓“增选”是指某项职务新增名额。法律没有增选的概念，也就无从规定，因此增选没有法律依据。人民代表大会选举各项职务的名额，都是在本届人民代表大会第一次会议上通过选举办法确定的，一般情况下，名额一旦确定本届不宜更改。虽然实践中出现过增选的情况，但增选名额不属于出缺名额是无疑的，因为新增名额并未进行过选举，所以不能按照出缺补选的办法进行等额选举，应该参照未选足名额的另行选举的办法进行差额选举。

（七）相应撤销职务。实际上“相应撤销职务”并不是一种独立存在的选举方式，而是因其他职务解除后产生的相应结果，是指建立在其他职务（如本级人大代表）基础上的有关职务的相应终止。如果基础职务被罢免，相关职务就自然解除，不需要专门履行解职手续，由主席团公告有关职务相应撤销。

选举法规定，县级以上的各级人大常委会组成人员，县级以上的各级人大专门委员会成员的代表职务被罢免的，其人大常委会组成人员或者专门委员会成员的职务相应撤销，由主席团或者人大常委会予以公告。乡、民族乡、镇的人大主席、副主席的代表职务被罢免的，其主席、副主席的职务相应撤销，由主席团予以公告。

此外，国家机关组成人员的选举中，也有再次投票和重新投票的情况发生，与代表选举中的再次投票和重新投票基本相同，在此不再细述。

第二节　国家机关的任免

各级人大常委会行使任免权是选举制度的重要组成部分。各级人大常委会任免或决定任免的范围，涵盖人大常设机关和政府及其组成部门、监察委员会、人民法院、人民检察院在内的所有国家机关。

一、任免权行使的范围

（一）县级以上人大常委会的代表资格审查委员会组成人员。2022 年修改的地方组织法把县级以上人大常委会代表资格审查委员会的主任委员、副主任委员和委员的人选，由常务委员会主任会议在常务委员会组成人员中提名，“常务委员会会议通过”修改为“常务委员会任免”。改变代表资格审查委员会组成人员的产生方式，主要是由于原来“通过”代表资格审查委员会成员，法律只规定了产生的办法，但如果代表资格审查委员会成员在届中变动，如何实施却是法律空白。“通过”修改为“任免”后，此问题迎刃而解。人大常委会可以采取免职的方式解除一些成员的职务，同时可以通过任命的方式补充部分成员，以更好适应代表资格审查委员会的运转。

根据地方组织法的规定，县级以上的地方各级人大常委会代表资格审查委员会由主任委员、副主任委员和委员组成，其人选由主任会议在常委会组成人员中提名，常委会全体会议任免。也就是说，县级以上的地方各级人大常委会代表资格审查委员会的组成人员必须是常委会组成人员，必须经主任会议提名，常委会任免。不是常委会组成人员，不能被提名为代表资格审查委员会的成员。代表资格审查委员会通常以会议形式集体进行代表资格审查，在换届选举或遇有代表资格变动的情况下及时召开会议行使职权。

（二）人大专门委员会的个别副主任委员和部分委员。在本级人大闭会期间，人大常委会可以任免人大专门委员会的个别副主任委员和部分委员，由主任会议提名，常务委员会会议通过。但是，人大常委会不能任免专门委员会的主任委员。

（三）人大常委会副秘书长及其办事机构、工作机构负责人。地方组织法没有对地方各级人大常委会副秘书长及工作机构和办事机构的主任、副主任、委员的任免作具体规定。地方各级人大常委会一般都通过地方立法或制定相关的规范性文件，对上述人员的任免作出具体规定，只是规定的提名主体不尽相同，有的地方以主任会议的名义提名，有的地方以主任的名义提名，但实质上都是根据干部管理权限并履行相应程序后再经过主任会议审议提出的。

（四）政府个别副职和政府组成部门的主要负责人。县级以上的地方各级人大常委会在本级人大闭会期间，决定副省长、自治区副主席、副市长、副州长、副县长、副区长的个别任免；同时规定，根据省长、自治区主席、市长、州长、县长、区长的提名，决定本级人民政府秘书长、厅长、局长、委员会主任、科长的任免。

（五）监察委员会副主任、委员。根据监察委员会主任的提名，任免本级监察委员会副主任、委员。

（六）人民法院副院长、庭长、审判委员会委员、审判员。根据人民法院院长的提名，任免人民法院副院长、庭长、副庭长、审判委员会委员、审判员。

（七）人民检察院副检察长、检察委员会委员、检察员。根据人民检察长的提名，任免人民检察院副检察长、检察委员会委员、检察员。

（八）人大常委会、政府、监委、人民法院、人民检察院正职领导人员代理人选。在省长、自治区主席、市长、州长、县长、区长和监察委员会主任、人民法院院长、人民检察院检察长因故不能担任职务的时候，根据主任会议的提名，从本级人民政府、监察委员会、人民法院、人民检察院副职领导人员中决定代理的人选；决定代理检察长，须报送上一级人民检察院和人民代表大会常务委员会备案。

地方组织法规定，人大常委会主任因为健康情况不能工作或者缺位的时候，由常务委员会在副主任中推选一人代理主任的职务，直到主任恢复健康或者人民代表大会选出新的主任为止。代理人选是人大常委会决定或推选的，不是人大常委会任命的。

（九）中级人民法院院长和人民检察院分院检察长。根据地方组织法的规定，省、自治区、直辖市的人大常委会根据主任会议的提名，决定在省、自治区内按地区设立的和在直辖市内设立的中级人民法院院长的任免；根据省、自治区、直辖市的人民检察院检察长的提名，决定人民检察院分院检察长的任免。

（十）选举委员会成员。选举法规定，县级的选举委员会组成人员由本级人大常委会任命；乡级选举委员会的组成人员由县级人大常委会任命。

（十一）人民陪审员。根据人民陪审员法的规定，人民陪审员由基层人民法院院长提请同级人大常委会任免。

二、任免权行使的具体形式

（一）任免。任免包括任命和免职，是指依据法律规定的提请人的提名，任命有关人员担任一定职务或者免去有关人员所担任的职务。

县级以上地方各级人大常委会的任免范围包括：一是根据主任会议的提名，任免代表资格审查委员会主任委员、副主任委员、委员；二是根据主任会议的提名，任免专门委员会的个别副主任委员和部分委员；三是根据主任会议（主任）的提名，任免人大常委会副秘书长、工作机构或办事机构主任、副主任、委员；四是根据监察委员会主任的提名，任免本级监察委员会副主任、委员；五是根据人民法院院长的提名，任免人民法院副院长、庭长、副庭长、审判委员会委员、审判员；六是根据人民检察院检察长的提名，任免人民检察院副检察长、检察委员会委员、检察员；七是根据主任会议的提名，任命县乡两级选举委员会成员；八是根据基层人民法院院长提名，任免人民陪审员。

（二）决定任免。决定任免是指根据法律规定的提请人提请作出任命有关人员担任一定职务或者免去有关人员所担任职务的决定。

根据地方组织法的规定，县级以上地方各级人大常委会决定任免的范围为：一是决定副省长、自治区副主席、副市长、副州长、副县长、副区长的个别任免；二是根据省长、自治区主席、市长、州长、县长、区长的提名，决定本级人民政府秘书长、厅长、局长、委员会主任、科长的任免；三是根据主任会议的提名，决定在省、自治区内按地区设立的和在直辖市内设立的中级人民法院院长的任免；四是根据省、自治区、直辖市的人民检察院检察长的提名，决定人民检察院分院检察长的任免。

这里要特别强调政府组成人员的“个别任免”问题。首先，选举政府领导人员是地方各级人民代表大会的法定职权。之所以赋予人大常委会对政府个别副职的任免权，其立法原意是既尊重人民代表大会的选举职权，又在人大闭会期间切实保证政府工作的需要。因此，常委会对政府副职的任免只能是个别的、少数的，而不是多数的，更不是整体的，而且也不宜在临近人大会议召开时，违背立法原意采取“规避式”任免。其次，“个别任免”也出于任期制干部稳定性的考虑。法律授权省级人大常委会对地方组织法执行中的问题作具体规定，为此，一些地方性法规规定，县级以上地方各级人民代表大会常务委员会决定本级人民政府副职的个别任免，在本级人民代表大会任期内决定任职的总数不得超过本级人民政府副职的半数。此规定也有助于对“个别任免”的理解。

（三）批准任免。批准任免是指上级人大常委会根据本级人民检察院检察长的提请，对下一级检察机关正职领导人员的选举、罢免、接受辞职作出批准或者不批准的决定。

根据地方组织法的规定，县级以上地方各级人大常委会批准任免下一级人民检察院检察长。下级人民代表大会选举、罢免本级人民检察院检察长、下级人大及其常委会接受本级人民检察院检察长辞职都须由上一级人大常委会批准。

（四）决定代理。决定代理是指在人民代表大会闭会期间，由人民代表大会选举产生的国家行政机关、监察机关、审判机关、检察机关的正职领导人员因故不能履行职务时，通常包括生病、辞职、去世等，由人大常委会决定代行其职务人选的一种选用领导人的方式。代理是在不能及时产生新的领导人的特殊情况下而采取的一种弥补措施，因此，代理是临时的，不能长期代理。人大常委会决定代理，是在人民代表大会闭会期间，政府、监察委员会、人民法院、人民检察院正职领导人因故不能履行职务时，由本级人大常委会在副职领导人中决定代理人选。因政府、监察委员会、人民法院、人民检察院正职领导人是由本级人民代表大会选举产生的，人大常委会没有决定权。根据地方组织法的规定，由人大常委会从副职领导人员中决定代理人选。如果人大常委会决定代理的人选不是原来的副职领导人，则应当先依法任命其为副职领导人，然后再决定由其代理正职职务。比如，某县县长因故缺位，县人大常委会拟决定由一名不是副县长的人代理县长职务，则必须先将其任命为副县长，然后再决定由其代理县长。人大常委会决定代理是临时措施，因此，一旦人民代表大会召开会议，即应选举产生新的领导人，人大常委会所决定的代理人选即行终止履行职务。决定代理人民检察院检察长，须报送上一级人民检察院和人民代表大会常务委员会备案。

乡、镇长和政府工作部门正职因故不能担任职务时，法律没有决定代理人选的规定。

（五）撤职。撤职是由法定机关或者人员提出，由有权机关作出决定的一种解除领导人职务的方式。县级以上地方各级人大常委会享有撤职权，是1986年全国人大常委会修改地方组织法时增加的一项内容，在此之前人大常委会没有撤职权。增加人大常委会撤职权，主要是考虑到在本级人民代表大会闭会期间，需要对个别国家机关工作人员违法违纪行为依法进行处理。由于地方组织法对人大常委会行使撤职权的程序未作规定，比如撤职权由谁提出，常委会组成人员可否提出撤职案，撤职案如何处理等不明确。监督法为了适应地方人大常委会行使撤职权的需要，参照罢免案的提出和处理程序，对撤职案的提出主体、处理、审议和决定作出了明确规定，进一步完善了撤职制度。

1. 撤职的性质及范围。人大常委会的撤职，就是对其任命的国家机关工作人员有违法、违纪或者失职、渎职行为的，在其任期届满或者正常卸任之前，依法解除其所任职务的一种行为。撤职具有惩戒性质，是一种惩戒性的解职行为。

根据地方组织法的规定，县级以上的地方各级人大常委会在本级人大闭会期间，决定撤销个别副省长、自治区副主席、副市长、副州长、副县长、副区长的职务；决定撤销由它任命的本级人民政府其他组成人员和监察委员会副主任、委员，人民法院副院长、庭长、副庭长、审判委员会委员、审判员，人民检察院副检察长、检察委员会委员、检察员，中级人民法院院长，人民检察院分院检察长的职务。监督法对此作了类似的规定。

一是撤销政府副职只能是“个别”，这和决定政府副职的个别任免是相对应的。二是撤销的中级人民法院院长，人民检察院分院检察长的职务，是指在省、自治区内按地区设立和在直辖市内设立的中级人民法院和人民检察院分院，其院长和检察长是人大常委会任命的，不是人民代表大会选举产生的。这里的中级人民法院和人民检察院分院与设区的市和自治州的中级人民法院、人民检察院不是一回事。三是撤职不适用于人民代表大会选举产生的政府、监察委员会、人民法院、人民检察院的正职领导人员。如果人民代表大会选举产生的政府、监察委员会、法院、检察院正职领导人员因犯错误需要解除其职务，应提请人民代表大会予以罢免，人大常委会无权予以撤职。

2. 撤职案的审议和决定程序。监督法对撤职案的提出主体、处理、审议和决定作了明确规定。

（1）提出撤职案的主体。根据监督法的规定，一是县级以上地方各级人民政府、人民法院和人民检察院，可以向本级人大常委会提出对上述人员的撤职案。值得注意的是，由于监督法出台时我国各级还没有设立监察委员会，因而监督法目前没有关于监察委员会的规定；二是县级以上地方各级人大常委会主任会议，可以向常务委员会提出对上述人员的撤职案；三是县级以上地方各级人大常委会五分之一以上的组成人员书面联名，可以向常务委员会提出对上述人员的撤职案，由主任会议决定是否提请常务委员会会议审议，或者由主任会议提议，经全体会议决定，组织关于特定问题的调查委员会，由以后的常务委员会会议根据调查委员会的报告审议决定。

（2）明确撤职的对象和理由。撤职理由即提出撤职案所依据的事实和法律依据。对于在什么情况下或者什么样的行为可以提出撤职案，法律没有统一规定。但是提出撤职案必须有充分的理由。一般情况下，这种理由大体可以归纳为：有违法违纪行为，如贪污、行贿、受贿、滥用职权等；有失职渎职行为，如玩忽职守、贻误工作、漠视人民生命财产损失等。判定是否需要撤职，既要考虑情节，又要考虑后果。情节严重，给国家和人民利益造成重大损失或严重后果的，或者是触犯刑律，构成犯罪的，都是撤职的重要理由。提供有关材料主要是有关违法违纪、失职渎职的事实、证据等，以支持撤职理由。事实是决定是否撤职的客观依据，应当做到事实清楚，要对所指控行为的时间、地点、情节、危害及后果等有明确说明。证据是证明案件真实情况的所有事实，应当真实可靠并且能相互印证。有关材料作为撤职案的附件，应一并提交。

（3）撤职案的处理。撤职案提出后，其处理程序有两种：一是对于事实清楚、证据确凿的撤职案，由本级人大常委会主任会议直接提请本级人大常委会会议进行审议。“一府一委两院”和主任会议提出的撤职案，有关部门事先已经进行了大量的调查取证工作，一般符合事实清楚、证据确凿的要求。因此，一般情况下应直接提请常委会会议审议。二是对于撤职案指控的事实是否成立，证据和事实尚不清楚的，由主任会议决定暂不提请常委会会议审议，而是向常委会提议组织特定问题的调查委员会，由以后的常委会会议根据调查委员会的报告审议决定。对于常委会组成人员联名提出的撤职案，主任会议要根据撤职案所提出的事实和证据等情况，决定是提请常委会会议审议，还是提议组织特定问题调查委员会，待查清有关问题和事实后再审议决定。

（4）撤职案的审议。撤职案的审议程序：一是由提出撤职案的主体向常委会会议说明撤职理由。列入常委会会议议程的撤职案，由提出撤职案的有关国家机关负责人或联名提出撤职案的领衔人在常委会会议上作关于撤职案的报告，说明撤职理由，并提供相关事实材料，在常委会组成人员审议时，接受询问，给予答复。二是常委会会议进行审议。常委会组成人员可以就撤职案的事实是否清楚，证据是否确凿，理由是否充分，适用法律是否正确，处理是否恰当等发表意见和看法。三是被提出撤职人员有权申辩。在撤职案提请表决前，被提出撤职人员有权在常委会会议上进行申辩，就撤职案所提出的事实、证据和理由等提出反驳意见，为自己申述和辩护。可以在常委会会议上口头进行申辩，也可以书面进行申辩，书面申辩意见由主任会议决定印发常委会会议。如果被提出撤职的人员在申辩中提出了否定撤职的理由和证据，常委会主任会议应当责成有关部门认真研究、核实。

（5）常委会会议进行表决。撤职案经常委会组成人员审议后，如果没有对撤职案提出相反的事实和证据，意见比较一致，主任会议应当将撤职案提请常委会全体会议表决。根据监督法的规定，表决采用无记名投票的方式进行，表决以常委会全体组成人员的过半数通过。如果部分常委会组成人员认为有重大事实不清，证据不全，有必要继续核实的，可以责成撤职案提请人重新调查核实，也可以组织特定问题调查委员会进行调查核实，由下一次常委会会议审议决定。

（六）接受辞职。接受辞职是地方各级人大及其常委会允许由人民代表大会选举的国家机关工作人员终止其职务，实际上既有自动提出辞职也有责令其辞职的情况。辞职一般是针对人大会议选举产生的人员（由人大常委会决定任命的人民政府个别副职当然可以向本级人民代表大会辞职）。人大常委会对辞职请求可以决定予以接受，也可以不予接受。对不予以接受的，提出辞职请求的领导人员仍需继续履行职务。这是因为，担任国家公职既是公民的权利，也是公民的义务，不能擅离职守。当然，通常情况下，国家机关领导人员提出辞职，人大常委会一般都予以尊重。

根据地方组织法的规定，人民代表大会闭会期间，县级以上的地方各级人大常委会组成人员、专门委员会组成人员和人民政府领导人员，监察委员会主任，人民法院院长，人民检察院检察长，可以向本级人大常委会提出辞职，由常务委员会决定是否接受辞职。常务委员会决定接受辞职后，报本级人民代表大会备案。人民检察院检察长的辞职，须报经上一级人民检察院检察长提请该级人大常委会批准。人大常委会接受辞职的程序如下。

1. 经主任会议审议后，将个人辞职请求和相关情况介绍提交人大常委会会议进行审议。由于法律没有明确规定书面辞职请求公文形式，实践中有的用申请，有的用报告，有的用辞呈等。

2. 经人大常委会审议后对辞职请求进行表决。由于法律对接受辞职的表决方式是采用无记名投票，还是举手等没有明确规定，实践中可采用按表决器或举手等形式，以全体成员的过半数同意为通过。接受地方人民检察院检察长的辞职，须报经上一级人民检察院检察长提请该级人大常委会批准。

3. 辞职被接受的，由人大常委会公告接受辞职的决定。

实践中，一些地方由主任会议根据辞职请求通过关于接受辞职请求的决定或决议草案，并将此草案提交人大常委会会议进行审议、表决，以此方式完成接受辞职的程序。

（七）推选代理。推选代理是指人大常委会主任因为健康情况不能工作或者缺位的时候，由人大常委会在副主任中推选一人代理主任的职务，直到主任恢复健康或者人大会议选出新的主任为止。

推选代理是人大常委会的职权。被推选代理的人选必须是人大常委会副主任，推选代理只能是代理人大常委会主任。

另外，有“相应终止”职务的情况，类似相应撤销职务。是指建立在其他职务（如人大代表）职务基础上的相关职务，基础职务终止（如辞去人大代表职务）相关职务也自然解除，不需要专门履行解职手续，由主席团公告有关职务相应终止。选举法规定，县级以上的各级人大常委会组成人员，县级以上的各级人大专门委员会成员，辞去代表职务的请求被接受的，其人大常委会组成人员、专门委员会成员的职务相应终止，由常务委员会予以公告。乡、民族乡、镇的人大主席、副主席，辞去代表职务的请求被接受的，其主席、副主席的职务相应终止，由主席团予以公告。

除上述任免和决定任免的方式外，还有一种“撤换”的说法。这是法院组织法和检察院组织法中对解除人民法院院长和人民检察院检察长、副检察长、检察委员会委员职务的一种表述方式。如法院组织法规定，在地方人大闭会期间，本级人大常委会认为人民法院院长需要撤换的，应当报请上级人大常委会批准。检察院组织法规定，全国人大常委会和省、自治区、直辖市人大常委会根据本级人民检察院检察长的建议，可以撤换下级人民检察院检察长、副检察长和检察委员会委员。但是，“撤换”其本质仍然是撤职，全国人大组织法和地方组织法未将其作为法定任免方式列入，这里只作简介。

三、任免程序

地方各级人大常委会人事任免程序主要包括以下内容。

（一）提名

本级人大常委会主任会议（或主任）、同级人民政府、监察委员会、人民法院、人民检察院正职领导人分别提名任免有关人员。上述提名由提名机关向人大常委会报送人事任免的书面材料，应包括拟任免人员简历、任职资格、现实表现、考核评价及任职理由等。

提请任免的书面材料名称，人大常委会主任会议、政府提请的一般用“议案”（地方组织法赋予县级以上地方各级人大常委会主任会议和地方政府议案权），监察委、人民法院、人民检察院一般称“报告”。需要在这里特别予以说明的是：地方组织法未赋予地方各级监察委、人民法院、人民检察院议案权。之所以这样规定，此前修改地方组织法的有关说明已对地方各级人民法院和人民检察院（当时国家机构中尚无监察委员会）无议案权作了明确解答，全国人大常委会法制工作委员会也在地方组织法的相关释义和问题解答中指出："没有规定地方各级法院和检察院可以向本级人大及其常委会提出议案，主要考虑是，司法方面的事项应当由全国人大及其常委会立法，地方人大及其常委会无权对司法方面的事项作出决定，所以，地方各级法院、检察院没有什么议案需要向本级人大及其常委会提出。"[1] 地方"两院"提请任免的文件同样不能使用"议案"，正是源于上述法理逻辑的延伸结果。因此，"两院"在有关文件中规定地方各级"两院"采用"议案"文种和一些地方"两院"实际使用"议案"提请任免，都是不符合法律规定的。

（二）审议

1. 初审。人事任免案一般先由人大常委会办事机构受理，并进行初审。初审的内容主要包括：拟任免职务是否符合法律规定和人大常委会的要求，是否符合任免职条件，材料是否完备，手续是否齐全等。发现问题应及时与提请机关沟通、磋商。当初审意见与提名机关意见不一致时，可将双方意见一并报告主任会议。

2. 列入议程。任免案由同级人大常委会主任会议在听取工作部门初审汇报后，决定是否列入常委会会议议程。

3. 常委会会议审议。各地具体做法不尽一致。主要形式为：一是由初审部门报告初审意见；二是由提请机关领导作提请任免

---

〔1〕 乔晓阳、张春生主编：《〈中华人民共和国地方各级人民代表大会和地方各级人民政府组织法〉释义和问题解答》，中国民主法制出版社 2012 年版，第 27 页。

案的说明，介绍拟任免人员情况，说明任免职理由等；三是由拟任人员到会与常委会组成人员见面。有的地方人大常委会实行由拟任领导职务的人员在常委会全体会议上作供职发言，内容包括任期内主要工作目标，实现目标的主要措施、办法等；四是常委会分组审议；五是主任会议听取审议情况汇报，决定是否提交表决。实际操作上，各地的先后步骤并不完全一致。

（三）表决

一般采用按表决器或无记名投票方式表决。常委会组成人员可以表示赞成、反对或者弃权，但不能另提他人。表决结果具有法律效力。

（四）公告

表决结果由常委会书面向社会公布。

第三节　任前审查和任后监督

任前审查和任后监督，在法理上属于人大及其常委会的法定职权——选举任免权和监督权的范畴，是选举任免和监督工作相结合的一种方式，是人大及其常委会行使职权的题中应有之义。但是其作为人大工作专门用语的时间并不太长，是近年来各级人大开展对选举、任命干部全过程监督的实践探索，并对“任前审查”“任后监督”形成较为一致共识的成果。例如，有些省级人大常委会就出台了关于对“一府一委两院”任命人员进行任前审查和任后监督的规范性文件，其中的内容，既有将法律原则进一步细化的程序性规定，也有在法律原则下有所创新的实体性措施，具有符合法理原则的探索性质，并取得了较好的实践效果。这里作一概括性的介绍。

一、任前审查

任前审查，是指对人大选举和人大常委会任命或决定任命的国家行政机关、监察机关、审判机关、检察机关人员，任前进行任职资格、工作经历、履职能力、专业知识、文化水平等方面的审查、考察，并提出拟任意见。

（一）规范“一府一委两院”提请任免材料。提请机关在本级人大常委会会议召开的若干日之前（各地规定不一，有些地方规定一个月前，有的规定 15 日前）将人事任免材料报送人大常委会任免工作机构。人事任免材料要附有提请任命人员简历、现实表现等内容的书面材料。书面材料应如实反映提请任命人员的基本情况，要求全面、客观、准确地反映其德、能、勤、绩、廉等各个方面。

（二）任职资格审查。主要是对提请机关报送的法官、检察官拟任命人员的书面材料进行初步审查时，依法对其是否具有法律专业知识、从事法律工作以及通过国家司法考试等情况进行审查。凡不具备法律规定的法官、检察官任职资格条件的，不得提请本级人大常委会审议。

法官法、检察官法分别对担任法官、检察官必须具备的条件作了明确规定，其任职资格基本一致。以法官为例，除国籍、政治和业务素质、身体条件等基本要求外，还应具备以下条件：第一，具备普通高等学校法学类本科学历并获得学士及以上学位；或者普通高等学校非法学类本科及以上学历并获得法律硕士、法学硕士及以上学位；或者普通高等学校非法学类本科及以上学历，获得其他相应学位，并具有法律专业知识。第二，从事法律工作满五年，其中获得法律硕士、法学硕士学位，或者获得法学博士学位的，从事法律工作的年限可以分别放宽至四年、三年。第三，初任法官应当通过国家统一法律职业资格考试取得法律职业资格。另外，下列人员不得担任法官：因犯罪受过刑事处罚的；被开除公职的；被吊销律师、公证员执业证书或者被仲裁委员会除名的；有法律规定的其他情形的。

（三）任前考察。目前，任前考察的做法一般按干部管理权限由组织部门主导，也有一些地方人大常委会的相关工作部门参与其中，主要考察了解拟任干部是否有违法、失职行为，任职能否胜任。实践中，拟提请任命的人大常委会副秘书长及工作机构主任、副主任，政府组成人员、监察委和“两院”副职以及（地区）中级人民法院院长、人民检察院分院检察长的考察，一般由同级党委组织部门主导实施；其他人员，如监察委委员和“两院”法官、检察官一般由其所在机关人事部门主导考察，人大常委会的选举任免工作机构参与。考察情况以适当形式在人大常委会会议上汇报，为人大常委会组成人员行使人事任免权提供参考依据。

（四）任前公示。对拟任“一府一委两院”人员进行任前公示。公示内容，主要是拟任命对象的姓名、性别、年龄、政治面貌、学历、学位、曾任职务、现任职务。公示期限参照党政领导干部选拔任用相关规定。在公示期限内，有关单位或个人均可以真实身份对拟任人员的品行和执法等方面存在的问题，以口头或书面形式向人大常委会人事任免机构反映。人大常委会人事任免机构事先应公布联系电话。公示对象在公示期限内，群众无不良反映的，才能进入人大常委会会议审议表决程序；对群众有反映，但经相关部门调查核实没有重大问题、不影响任用的，经主任会议同意后，提请常委会会议审议表决；对群众反映的问题性质严重且一时难以查清的，由主任会议讨论决定暂缓任命；对群众反映的问题严重且查有实据，由主任会议讨论决定，不予提请人大常委会任命。

（五）法律知识考试。随着依法治国步伐的加快，人民群众对国家工作人员，尤其是各级领导干部依法办事的要求愈来愈强烈。干部法律水平的高低，法制意识的强弱，事关能否依法行政和公正司法问题。干部任前法律考试制度，已成为任前审查的一项重要内容，既可促进拟任干部养成学法风气，又可增强其人大意识，推进民主法制步伐。一些地方还制定了“关于对提请任命人员进行任前法律知识考试的办法”，对任前法律知识考试的人员范围、考试内容、考试组织及注意事项等作出具体规定，明确“考试合格者方可提请任命”。

（六）供职发言。供职发言就是任前表态承诺，即拟任人员在任职前向人大常委会所作的任职承诺。拟任人员在审议任命之前制定施政计划，提出施政任务，确定施政目标，并向人大常委会组成人员作出任职承诺，既有利于拟任人员任职后的自我警醒和自我鞭策，也有利于人大常委会对任命的干部实施更具针对性和更富实效性的跟踪了解和检查监督。同时，任前供职发言也增加了常委会组成人员在任命表决前对拟任人员的直接感知。有些地方将拟任人员的供职发言或者其发言的书面材料通过电视、网络、报刊等媒体向社会公开，让社会各界了解被任命人员的履职承诺，以利于更广泛的社会监督。

（七）颁发任命书。人大常委会会议通过人事任命事项后，通常当场即向被任命人员颁发任命书（有些人员也可委托被任命人员的主管机关颁发任命书，如“两院”的庭长、审判员、检察员）。一般由本级人大常委会主任向被任命人员颁发任命书，全体常委会组成人员和被任命人员均正装出席，有一定的仪式感。

二、任后监督

任后监督，是指对人大选举和人大常委会任命或决定任命的国家行政机关、监察机关、审判机关、检察机关人员，任后的履职情况、工作业绩及执行法律法规和人大决议决定等各方面进行考核、评价。加强任后监督，是人大常委会依法行使人事任免权和监督权的内在要求。任后监督主要有以下几种具体方式。

（一）履职评议。履职评议或称履职情况报告、履职点评等。基本做法是，人大常委会听取由本级人大及其常委会依法选举和任命的国家机关工作人员履行职责情况的报告，并对其进行评议。目的是促进其牢固树立法律意识、公仆意识和勤政廉政意识，自觉接受人大监督，依法行政、公正司法。

履职评议的缘起可以追溯到述职评议，述职评议发端于基层人大。如黑龙江省肇源县人大常委会，在20世纪80年代初探索性地组织常委会组成人员和部分人大代表，对由县人大常委会任命的“一府两院”工作人员进行了评议。此后这种监督方式在全国地方人大逐渐展开，很多地方人大都制定了涉及述职评议的相关规定。2006年制定的《中华人民共和国各级人民代表大会常务委员会监督法》，虽然没有明确将“述职评议”作为法定监督方式纳入其中，但是并不影响地方人大此类符合法理原则的探索实践。特别是2015年中共中央转发的《中共全国人大常委会党组关于加强县乡人大工作和建设的若干意见》，强调“要加强对人大选举和任命人员的监督”，在此背景下地方人大常委会的“任后监督”日趋活跃，监督评议的具体方式、称谓也多种多样，有的叫“听取和审议述职报告”，有的称“履职评议”、“履职点评”或“述职评议”。

履职评议的程序，归纳各地的做法大致有以下步骤。

1. 制定工作方案。人大常委会相关工作机构制定评议工作方案，并由主任会议通过。方案明确评议范围、对象和内容、工作步骤和方法重点。

2. 调研走访。为了保证评议质量，人大常委会成立履职评议调查组，深入被评议者所在的单位广泛开展调研。既听取述职对象所在部门的意见，又听取其下属单位负责人和群众的意见，还要听取与其工作有关的部门的意见。通过调研，进一步掌握述职对象贯彻法律法规、执行人民代表大会决议决定、日常工作等情况，形成调研报告供常委会审议时参考。

3. 述职报告。一是述职对象在人大常委会会议上口头或书面述职。述职的主要内容包括：贯彻执行宪法、法律法规和人大及其常委会决议、决定的情况；依法履行职责及完成工作任务的情况；廉洁从政情况；办理人大代表建议、批评和意见的情况；贯彻落实人大常委会审议和评议意见的情况；人大常委会认为需要评议的其他内容。二是调查组在人大常委会上汇报调研情况，为常委会组成人员评议提供参考。

4. 评议。人大常委会组成人员听取述职报告和有关调研报告后，进入审议环节，对述职者的履职情况开展评议，肯定成绩，指出不足，并可以采取无记名票决方式进行民主测评。

5. 督促整改。在评议之前，要求述职对象开展自查自纠，做到未评先改；在评议中，及时将收到的意见建议反馈给述职对象，做到边评边改；述职评议后，由人大常委会相关机构将评议意见汇总整理，形成书面评议意见，经人大常委会主任会议讨论通过后，连同民主测评结果反馈述职人员主管机关，要求述职人员根据人大常委会会议的评议意见，认真研究，积极改进工作，按照规定时限将改进措施和整改情况书面报告人大常委会。对被测评为不满意的，责成其作出深刻检查并认真加以整改，并按管理权限将相关情况报送人事主管机关处理。有些地方，还进行再次测评，对仍不满意的，征求有关部门意见后，按照法定程序和有关规定予以免职或撤职。

（二）履职报告。目前大多数地方人大常委会有关履职报告的规定和实际操作程序，可以说是简版的述职评议。一般规定，人大常委会任命和决定任命的干部，都要定期向人大常委会递交履职报告，详细报告遵守宪法和法律、履行工作职责、自觉接受监督等方面情况，由人大常委会组织对其进行满意度测评，同时将测评结果按干部管理权限提交有关主管部门，作为干部使用的重要依据。有些地方规定，人大常委会任命的“一府一委两院”人员每年度递交书面履职报告一次，任期制干部每届至少向人大常委会口头述职报告一次。

（三）听取和审议专项工作报告、执法检查、专题询问。听取和审议有关国家机关的专项工作报告，开展法律法规实施情况的检查（即“执法检查”），询问和质询，都是监督法予以明确的法定监督方式。近年来，包括全国人大常委会在内的各级人大常委会都先后开展了专题询问，很多地方还将专题询问与听取和审议专项工作报告结合起来，也就是人大常委会预先确定某一特定专题，听取专题报告，就所定专题集中开展对相关机关、部门及人员的询问，这种形式的针对性、程序性和约束力都很强，监督实效明显。通过听取和审议专项工作报告、执法检查、专题询问及质询发现人大常委会任命的“一府一委两院”工作人员履职中存在的问题，及时核实，并提出整改措施，以加强任后监督。

（四）办理群众来信来访。人大常委会把受理人民群众来信来访作为监督被任命人员的一条重要渠道。对于被任命人员的检举和控告，以及在信访中发现的重大问题，专题研究，指定专人负责，认真调查落实，并对相关单位及人员进行约谈，督促有关部门和个人抓好问题整改和结果反馈。

（五）聘请人大代表担任专项工作监督员，邀请人大代表旁听庭审等。

（六）财务审计。人大常委会依托或责成审计部门采取届中审计与离任审计、全面审计与重点审计、账面审计与座谈延伸审计、经济责任审计与基建工程审计相结合的办法，审计选举任命干部其任职期间的工作目标完成情况，重点审计监督履行经济责任、重大经济活动的程序和效益、遵守财经法规及廉洁自律情况，发现问题及时处理。

另外，还包括组织关于特定问题的调查委员会、撤职等法定监督方式。

三、宪法宣誓

宪法是国家的根本法，是治国安邦的总章程，具有最高的法律地位、法律权威、法律效力。国家工作人员必须树立宪法意识，恪守宪法原则，弘扬宪法精神，履行宪法使命。为彰显宪法权威，激励和教育国家工作人员忠于宪法、遵守宪法、维护宪法，加强宪法实施，全国人民代表大会常务委员会决定建立宪法宣誓制度。因此，宪法宣誓仪式具有对国家机关工作人员显著的警示意义。

（一）宣誓制度的建立。十二届全国人大常委会十五次会议于2015年7月1日通过《全国人民代表大会常务委员会关于实行宪法宣誓制度的决定》，以立法方式确立了我国宪法宣誓制度。宪法宣誓制度实行以来，对各地区、各部门、各方面认真贯彻落实法律规定，依法组织开展宪法宣誓活动，对于激励和教育国家工作人员忠于宪法、遵守宪法、维护宪法，加强宪法实施，弘扬宪法精神，发挥了积极作用。2018年2月24日，十二届全国人大常委会三十三次会议对决定进行了新的修订。

（二）地方国家机关参加宣誓的人员范围。《全国人民代表大会常务委员会关于实行宪法宣誓制度的决定》规定："地方各级人民代表大会及县级以上地方各级人民代表大会常务委员会选举或者决定任命的国家工作人员，以及地方各级人民政府、监察委员会、人民法院、人民检察院任命的国家工作人员，在依照法定程序产生后，进行宪法宣誓。"

（三）宣誓誓词。2018年2月24日全国人大常委会修订的宣誓誓词如下："我宣誓：忠于中华人民共和国宪法，维护宪法权威，履行法定职责，忠于祖国、忠于人民，恪尽职守、廉洁奉公，接受人民监督，为建设富强民主文明和谐美丽的社会主义现代化强国努力奋斗！"

（四）地方国家机关宣誓仪式的组织。地方各级人大选举的人员，在就职时公开进行宪法宣誓，由本级人民代表大会主席团组织。本级人大选举的人民检察院检察长，待批准任命后进行宪法宣誓，由本级人大常委会组织。其他任命的人员的宣誓由任命机关分别组织。宣誓的具体组织办法由省、自治区、直辖市人民代表大会常务委员会参照全国人大常委会的决定制定，报全国人民代表大会常务委员会备案。

（五）宣誓仪式。宣誓仪式可以采取单独宣誓或者集体宣誓的形式。单独宣誓时，宣誓人应当左手抚按《中华人民共和国宪法》，右手举拳，诵读誓词。集体宣誓时，由一人领誓，领誓人左手抚按《中华人民共和国宪法》，右手举拳，领诵誓词；其他宣誓人整齐排列，右手举拳，跟诵誓词。宣誓场所应当庄重、严肃，悬挂中华人民共和国国旗或者国徽。宣誓仪式应当奏唱中华人民共和国国歌。

丛书后记

我国的人民代表大会制度，是中国共产党领导人民在长期革命斗争中创造的一种新的政权组织形式。1949 年 9 月 29 日，中国人民政治协商会议第一届全体会议通过的《中国人民政治协商会议共同纲领》提出：“中华人民共和国的国家政权属于人民。人民行使国家政权的机关为各级人民代表大会和各级人民政府。”人民代表大会制度由此确定。1949 年至 1954 年 8 月，从中国人民政治协商会议和地方各界人民代表会议向各级人民代表大会过渡。1954 年 9 月，第一届全国人民代表大会第一次会议召开，我国人民代表大会制度建立。至今，人民代表大会制度走过了 70 年，回顾这 70 年历程，从 1954 年到 1966 年人民代表大会制度全面确立并曲折发展；“文化大革命”的 10 年，人民代表大会制度遭受严重破坏；从粉碎“四人帮”特别是党的十一届三中全会开始，人民代表大会制度得到恢复和进一步健全，人大工作取得重大进展。党的十八大以来，我们党立足新的历史方位，深刻把握我国社会主要矛盾发生的新变化，积极回应人民群众对民主法治的新要求新期盼，着力推进国家治理体系和治理能力现代化，健全人民当家作主制度体系，加强基层政权建设，改进人大代表工作，人大工作取得历史性成就，人民代表大会制度更加成熟、更加定型。

《中国特色社会主义根本政治制度——人民代表大会制度纪实》丛书，则是尽可能通过整理历史文献的方式，记录和展现人民代表大会制度确立、曲折发展、不断健全、逐步成熟、完善定型的制度发展和人大工作全貌。项目实施过程，是回顾中国特色社会主义根本政治制度逐渐完善的过程，是汇集70年来历代人大工作者工作成就和艰辛探索的过程。同时，也是编写团队记录、整理、学习，以及勤奋耕耘的过程。该丛书具体构成和分工如下：

《人民代表大会制度引论》，万其刚著；《人民代表大会制度发展历程》，万其刚著；《人大选举制度和任免制度》，徐丛华著；《人大立法制度》，主编：张生，副主编：刘舟祺、邹亚莎、罗冠男；《人大代表工作制度》，章林、李跃乾、刘福军、王仰飞编著；《人大讨论决定重大事项制度》，任佩文、吴克非、王亚楠编著；《人大监督制度》，吉卫国著；《人大会议制度》，陈家刚、蔡金花、隋斌斌著；《人大对外交往工作》，王柱国、陈佳美思、庞明、刘亚宁编著；《人大自身建设》，唐亮、万恒易、梁明编著；《人大选举和任免工作纪实》，主编：任佩文，副主编：王亚楠；《人大代表工作纪实》，主编：任佩文，副主编：吴克非；《人大会议工作纪实（目录）》，主编：李正斌，副主编：高嵩；《人大立法工作纪实（目录）》，主编：曾庆辉，副主编：邱晶；《人大监督工作纪实（目录）》，主编：曾庆辉，副主编：邱晶。

上述作者分别来自全国人大、北京市人大、安徽省人大、兰州市人大、人民代表报、中国社会科学院法学所、北京联合大学、西安交通大学、西北师范大学、江西师范大学、中共广东省委党校等单位，既有一直从事人大制度研究的学者，也有长期从事人大工作的实务工作者。

限于出版篇幅，丛书暂未收录地方人大相关文献；同时，适应出版新形态的需要，部分工作纪实将目录纸质出版，具体内容同步以数据库方式出版。参与数据库编纂工作的人员有杨积堂、周小华、王维国、崔英楠、曾庆辉、邱晶、李正斌、高嚣、王柱国、陈佳美思、庞明、刘亚宁、任佩文、吴克非、王亚楠、刘宇、周悦、曹倩、赵树荣、姜素兰、王岩、魏启秀、沙作金、马磊、张新勇、李少军、喻思敏、钟志龙、王婷、邱纪贤、钮红然、祝蓉、陈敏、杨世禹、常晓璐、周义、王乔松、梅润生、杨娇、周鹏、李俊、杨蕙铭、徐博智、于淼、陈东红、冯兆惠、石亚楠等同志。丛书由杨积堂和吴高盛担任执行总主编并负责统稿。

“中国特色社会主义根本政治制度——人民代表大会制度纪实”是所有参与人员努力协作的成果，由于时间跨度大，内容交叉多，为了尽可能反映70年来人大工作的全貌，各部分作者之间反复进行沟通、协调，力求内容准确全面，同时尽可能避免重复。在编写过程中，每一位作者、编辑都倾尽全力，以高度的责任感和使命感投入工作，翻阅了大量文献资料，进行了深入研究与探讨。虽然我们已竭尽全力，但深知丛书一定存在不足之处，我们期待着读者的反馈与建议，以便在未来不断改进和完善。

在丛书即将出版之际，我们要特别感谢全国人大图书馆为文献查阅提供的帮助和支持，感谢北京联合大学人民代表大会制度研究所从选题策划到最终编写全过程给予的大力支持。中国民主法制出版社刘海涛社长、贾兵伟副总经理带领团队，对丛书编写、审读、编辑、出版的每一个环节给予严谨的指导和热忱的帮助，责任编辑张霞、负责数据库开发的翟锦严谨、敬业，在此一并表达敬意和感谢。

习近平总书记强调:“人民代表大会制度,坚持中国共产党领导,坚持马克思主义国家学说的基本原则,适应人民民主专政的国体,有效保证国家沿着社会主义道路前进。人民代表大会制度,坚持国家一切权力属于人民,最大限度保障人民当家作主,把党的领导、人民当家作主、依法治国有机统一起来,有效保证国家治理跳出治乱兴衰的历史周期率。人民代表大会制度,正确处理事关国家前途命运的一系列重大政治关系,实现国家统一高效组织各项事业,维护国家统一和民族团结,有效保证国家政治生活既充满活力又安定有序。”值此全国人民代表大会成立 70 周年之际,我们希望这套丛书能够为人民代表大会制度研究和实务工作的更好开展尽绵薄之力,把国家根本政治制度坚持好、完善好、运行好、宣传好,努力开创人大工作新局面。

编　者